역사의 시공을 넘나들며

김정의 지음

역사의 시공을 넘나들며

역사의 시공을 넘나들며

머 리 말 □

　이성이 육체를 지배하는 사람은 건실한 사람이고, 꿈을 품고 진솔하게 사는 사람은 나이와 관계없이 젊은 사람이라고 한다. 비록 노년이라 하더라도 영혼이 해맑은 한 행복한 삶이리라.

　나는 역사를 공부한답시고 사림(史林)의 오솔길로 들어섰으나 사림의 숲은 헤쳐보지도 못하고 오솔길을 헤매는 데에 30여 년을 보냈다. 그 동안 사림의 오솔길에서 겨우 피상적인 역사를 익혔을 뿐인데도 무엇인가를 학생들에게 가르쳐왔다. 또 청탁을 받고 어줍잖은 글을 여기저기에 끄적여왔다. 참 많은 오류를 계속 범해왔다. 부끄러운 일이다. 그러나 그 글들을 쓸 때에는 제법 이생각 저생각 해보고 썼었다. 그러기에 애정이 가는 것이 또한 사실이다. 문득 여기 저기에 흩어져 있던 자식같은 글들을 한데 모으고 싶어졌다. 모으니 어느새 꽤 많은 분량이 되었다. 그러자 충동이 일었다. 이 글들을 수정 보완하여 단행본으로 출간하면 어떨까. 범상한 필부라 충동을 억제치 못하고 내친 김에 출간 준비를 감행했다. 누군가가 무식하면 용감해진다고 하더니 이는 필시 나를 두고 이름이리라. 그러나 세상에는 나같은 사람도 있어야지 내가 쓴 글이라고 나만 움켜쥐고 있는 것이 반드시 옳은 생각이라고 할 수 있겠는가. 드디어 자기합리화까지 하며 출간 준비를 서둘렀다.

□ 머 리 말

　　아무튼 여러 사람이 읽고 그분들로부터 질책을 받는 것이 오히려 사람사는 풍토에 부응하는 것이라고 치부해 두고 싶다. 한편 늘 남의 생각에 접할 기회가 많았는데 이번엔 나의 생각들을 드러내는 것이 이제까지 빚진 것에 대한 보답도 되리라고 본다.

　　모은 글들은 분야에 따라서 취사선택하여 다섯 편으로 분류하였다.

　　제1편은 「한민족사의 현장을 찾아서」로 지난날 간도대륙이나 일본열도를 다녀왔을 때의 기행문 내지는 회상문을 담았고,

　　제2편은 「사림의 오솔길에서」로 역사와 관계되는 단상들을 모았다. 어제의 상념들인 것 같은데 벌써 여러 해 전에 일들이다.

　　제3편은 「소년운동사를 부여안고」이다. 내 딴에 한 분야를 제법 파고들었던 부분들 중에서 몇 꼭지를 골라 평이하게 고쳐썼다.

　　제4편은 「시대사는 어느 만큼이나 이해해야 하나」로 편성했다. 그래도 한국의 지성인이면 전공과 관계없이 최소한도로 여기에 실은 내용 정도는 필수교양으로 이해해야 하지 않을까를 염두에 두고 간략히 서술하였다.

　　제5편에는 「오늘의 문제를 반추하며」를 넣었다. 주로 나의 일상 관심사를 맴돈 문제들이다. 심각할 것까지는 못되고 그저 부담없이 생각해 볼거리들을 모았다.

머 리 말 □

그리고 「부록」으로 다른 사람의 글을 몇 편 실었다. '나'라는 존재를 객관화시키는 데에 도움이 되리라고 생각해서였다.

그러고나서 책 전체를 꿰뚫는 표제를 궁리하였다. 많은 제목들을 생각해 봤지만 최종적으로 『역사의 시공을 넘나들며』로 결정하였다. 이제는 던져진 주사위이다. 욕심 같아서는 10년쯤 있다가 광복 60주년 해에 다시금 속편의 주사위를 띄우고 싶다.

이 책이 출간될 때까지 많은 사람의 도움을 받았다. 특히 시종일관 곁에서 의견을 서로 존중하며 협력을 아끼지 않은 아내 최금숙님과 새별·한별 두 아들의 헌신을 밝혀둔다. 출판계가 불황인데도 기꺼이 출판을 맡아주신 혜안출판사의 오일주 사장님과 편집실 여러분에게도 심심한 사의를 표한다.

광복 반세기 해 3월 12일
반포 우거에서 김정의

□ 차 례

제 1 편

한민족사의 현장을 찾아서

1. 고구려의 425년간 도읍지 집안(集安)

    집안(예전엔 輯安이었으나 1965년부터 集安으로 고침) 가는 길은 멀고도 험난했다. 매 학기마다 몇 차례씩 되뇌어 고구려사를 강의하면서도 막상 고구려의 옛 땅을 가본 일은 없었고 가볼 수도 없었다. 어디 그것이 필자만의 일이랴. 이념의 장벽이, 분단의 망령이 초래한 민족적 슬픔이었다. 그럴수록 가보고 싶은 마음은 꿈처럼 피어났고 그 꿈은 현실로 다가오고 있었다. 이건 진정 행운이었다. 5, 6년 전부터 중국에 개방의 물결이 일기 시작하자 국내에서도 적은 수이긴 하지만 죽의 장막의 문호를 두드리는 인사들이 서서히 늘어났다. 그러다가 서울 올림픽이 기폭제가 되어 왕래는 눈에 띄게 증가되었다. 이런 추세는 필자에게는 크게 고무적이었다. 그러나 지난 6월 천안문사태가 돌발하자 이제까지의 꿈은 물거품으로 돌아가는 게 아닌가 했다. 거의 가능성이 희박하다고 생각했었는데 7월 19일 산동대학에서 반승동(潘承洞) 교수의 초청장이 날아들었다. 번개같이 출국준비를 마치고 숙원인 '한민족사의 현장'을 찾아 7월 29일 오전 9시 25분 대륙행 KE 617에 몸을 실었다.

탐사일행은 7명으로 구성되었다. 성신여대 이현희 교수, 동국대 김창수 교수, 명지대 김위현 교수, 총신대 유준기 교수, 단국대 김원모·서영수 교수, 그리고 필자로서 모두 간도 땅 유적에 남다른 관심이 있는 사학 전공의 학자들이었다.

출국 이후 탐사단은 홍콩, 텐진, 베이징, 하얼빈, 장춘, 길림, 연길, 두만강, 용정, 이도백하, 백두산 천지를 연이어 답사하고 8월 4일 오후 9시 37분 백하역 시발 통화행 밤열차에 탑승하였다. 하늘에는 서울에서보다도 별떨기가 선명했다. 화차는 우리를 실은 객차를 끌고 밤새 칙칙폭폭 칙칙폭폭 달렸다. 우리는 백두산의 웅장한 경관에 저마다 도취한 채로 담소하다가 엎딘 채로 이렇게 저렇게 잠이 들어 버렸다.

8월 5일 새벽 5시 새우선잠에서 기상, 떠오르는 붉으레한 태양을 바라보며 유서깊은 원고구려의 젖줄기 동가강(지금은 혼강이라고 부름)을 건너서 통화역에 이르렀다(6시 7분). 약 300km의 산악지방 철로를 무려 8시간 30분간에 걸쳐 달려왔다. 통화지구는 고구려 초·중기의 중심무대였다. 그 당시의 수도였던 졸본성, 환도성, 국내성이 모두 통화지구에 있는 것이다. 이 중에서도 서기 3년 유리왕이 도읍을 국내성으로 옮긴 이래 장수왕이 평양으로 천도하는 427년까지 425년간의 옛 도읍지가 바로 길림성 통화지구에 있는 집안시인 것이다.

오전에는 휴식을 취하고 오후 1시 30분에 마이크로버스로 집안행, 도중에 양정우능원을 관람하고 장백산맥을 넘고 넘어 관모산성을 지나 집안에 닿았다. 가는 길가에서 차창 밖으로 바라보이는 풍경은 필자의 소년시절 우리나라의 시골과 너무나 흡사하였다. 자연스러운 산세, 맑은 개천, 올망졸망한 가옥, 가로수의 배열, 미역감는 초동들의 모습에서 옛 고향의 모습을 연상하는 타임머신이 실제로 작동된 착각이었다. 다만 산비탈의 인삼재배지만이 낯설었다.

어느 마을을 지나가다 35℃ 무더위에 목이 하도 타서 잠시 정차하고 수박을 사 먹었다. 매우 달고 시원하였다. 갈증을 면하고 시속 40km로 다시 달렸다. 이 길은 지난날 관구검(244), 모용황(342)이 내

습했던 길로 오늘날도 통행증이 없으면 지나지 못하는 통제구역이라 사진촬영도 제한되어 있었다. 말로만 듣던 통행증을 보니 새삼 공산주의 국가에 들어와 있음이 피부에 와닿았다. 우리가 주행한 길은 비포장도로이나 잘 닦여 있었고 오늘 승차한 차는 어제 탔던 것보다 좋았다. 노령의 마지막 고개를 넘자 북한쪽 만포에 산이 보이며 집안의 자태가 드러났다(16시 30분).

집안은 그야말로 앞은 험산준령이고 뒤는 배수의 진(압록강)을 친 천연의 요새지로 관구검의 기록이 납득되는 난공불락의 도읍이었다. 돌이키니 서울을 출발하여 여기까지 오는 데 비행기로, 기차로, 배로, 버스로, 때로는 사태난 도로를 노역보수하며 장장 175시간, 3만 리 길을 찾아온 것이다. 실로 만감이 교차되는 순간이었다.

우리는 유준기 교수의 선창으로 '황성옛터'를 합창하며 집안시의 동북방쪽으로 가옥과 과수원 사이의 길을 따라서 먼저 장군총을 찾아 나섰다. 9분 가량 가니 장군총이 차창 밖으로 시야에 들어왔다. 가까워질수록 묘가 커져가더니 드디어 능원에 당도하였다. 묘의 모습은 교재에서 보던 것과 같았지만 느낌은 전혀 달랐다. 밑변둘레 132m, 높이 13.6m의 7층 방형적석총으로 피라밋이 연상되는 장엄함에 탄성이 절로 터져 나왔다. 상상해 보라. 신장이 170cm인 사람의 여덟 배 높이의 적석무덤이니 어찌 압도되지 않겠는가.

이 능은 예전에는 광개토대왕릉으로 정설처럼 추정돼 왔었지만 지금은 '願太王陵安如山固如岳'이란 글자가 찍힌 구운 벽돌이 발견된 국강상(國岡上 : 지금의 집안시 구화리)의 거대한 대형계단적석묘(밑변둘레 268m, 석축은 파괴되어 높이는 미상)가 새롭게 광개토대왕릉(일명 호태왕릉)으로 확인되었으므로 중국측에 의해 장군총은 장수왕릉으로 설명되고 있었다. 이에 대해 서영수 교수는 고국양왕(?~391)의 무덤일 것이라고 신중히 의견을 개진했다. 양자가 모두 광개토대왕릉이 아니라고 하는 점에 대해선 견해가 일치하였다. 필자는 이러한 문제의 검토를 위해서도 남·북학자들간의 공동연구가 절실하다고 절

감하였다. 우리 조상의 유적을 놓고 중국이 주도권을 행사하는 현실을
어떻게 해석해야 되는 것인가. 더욱이 집안시박물관 부관장 경철화(耿
鐵華) 씨에 의하면 우리가 대한민국에 거주하는 한국의 학자로서는
최초로 집안의 유적·유물을 탐사하는 학술조사단이라는 설명에 아연
실색하였다. 장군총, 광개토대왕릉비, 무용총벽화, 환도성 등 유수한
우리의 문화재를 간직하고 있는 425년간의 고구려 도읍지를 한국의
역사학자로서는 이제서야 처음으로 탐사하고 있다니 그 동안 이념의
비정이 야속하기만 하였다.

이들 한국의 문화재는 지금은 중국의 중점문물로 보호되고 있는 중
이다(중국 국무원, 1961년 3월 4일 공포). 그 점에 대해서는 중국이 우
리의 고구려사를 중국사의 한 부분으로 포함하고 있다는 정책적인 배
려의 느낌이 와서 심히 착잡하였지만 그래도 온전히 귀중하게 보전해
주어서 고맙게 생각되었다. 생각같아서는 우리 조상의 빛나는 유적·
유물은 그것이 비록 잃어버린 땅에 있다고 하더라도 당연히 우리의 국
보로 지정하여 기리는 것이 옳지 않을까 한다. 그렇게 하는 것이 후손
으로서 민족적인 정당한 권리행사이자 민족의 의연한 자긍심을 지키
는 행위라고 생각되어지기 때문이다.

아무튼 고구려의 위력은 이 무덤 하나만 보아도 넉넉히 짐작이 갔
다. 필자는 무덤 내부에 들어가 나란히 놓여 있는 두 개의 석관과 한
조각의 매우 넓적한 마당돌로 이루어진 천정을 관찰한 연후에 무덤 위
에 올라가 주변을 살폈다. 동편 경내 모서리에는 북방식 고인돌이 자
리잡고 있었다. 자연스레 청동기시대의 무덤양식과 고대왕국의 무덤양
식을 동시에 대비해 볼 수 있었다. 고인돌보다는 물론 장군총이 훨씬
거대하고 웅장했지만 여기의 고인돌은 우리가 보아왔던 강화도의 고
인돌보다 안정감이 가고 정교하였다. 내려와서 $100m^2$의 경내를 다시
금 둘러보고 장군총에서 4.5km 떨어져 있는 서남쪽의 광개토대왕릉비
를 박물관 다음으로 답사할 요량을 하고 그냥 지나쳐서 집안박물관으
로 갔다. 필자는 책임자의 안내로 무용총, 각저총, 오괴분 등의 벽화를

감상하며 고구려인의 야심어린 힘찬 기상에 감전된 듯 발길이 자주 멈
춰졌다. 이번 답사중 여기까지 오면서 보아온 달려도 달려도 끝이 안
보이던 드넓은 간도평원과 넘어도 넘어도 험준한 장백산맥의 산악지
방이 이 벽화와 오버랩되어 고구려의 역사가 가슴 속 깊이 살아 움직
임을 느꼈다. 필자는 확실히 집안에 머물며 고구려 문화재에 심취되고
있는 것이다.

많은 감동을 간직한 채 부관장의 도움으로 대망의 광개토대왕릉비
앞에 섰다. 이 비는 지금부터 1575년 전인 414년에 장수왕이 부왕인
국강상광개토경평안호태왕(國岡上廣開土境平安好太王, 약칭 광개토
대왕 : 재위 391~413년)의 공덕을 기리기 위하여 광개토대왕릉 동편
에 위치한 이곳에 대형으로 세워 놓았다. 비석은 한덩이 불규칙한 장
방형주상체(長方形柱狀體)의 거대한 각력응회암(角礫凝灰岩)으로
높이 6.39m, 윗면과 아랫면은 약간 넓고 허리부분은 약간 좁은 모양인
데 한 면의 폭은 1.35~2.00m였다. 그리고 방향은 남에서 동쪽 45°
각도로 치우쳐 있었고 좌단(座壇)은 화강암으로 받쳐 있었다. 네 면의
글자 총수는 예서체(隷書體) 대형 음각으로 원래 1,775자였는데 141
자는 이미 탈락되어 판독이 불가능하였다. 또한 마모된 글자도 더러
있어서 보는 이에 따라 판독이 달라 논쟁이 계속되고 있지만 "太王"
등 또렷하게 보이는 글자가 대부분이었다. 필자는 일본인들이 억지를
써오고 중국의 학자 왕건군(王建群)마저 동조한 문제의 '신묘년조'를
유심히 보았다. "百殘新羅舊是屬民由來朝貢而倭以辛卯年來渡海破
百殘□□□羅以爲臣民"에는 재일사학자 이진희 교수의 지적처럼 회
칠했던 흔적이 희끗희끗하여 육안으로도 확인할 수 있었다.

국내학자가 이 문제의 비문의 사진을 촬영하거나 탑본을 떠간 일은
그 동안 없었다고 한다. 필자는 국내학계에서는 처음으로 광개토대왕
릉비 실물을 접하고 있다는 역사적 사실에 눈에선 빛이 나고 가슴은
벅차 올랐다. 얼마나 지났을까. 설레이는 마음을 진정하고 집안벌에
우뚝서서 숱한 민족의 흥망성쇠를 묵묵히 응시하다가 불길에 싸이고

회칠까지 당한 이 거대한 비석을 지고지순한 애정으로 쓰다듬고 보듬었다. 그리고 기록에 남겨 두어야겠다는 일념으로 사진과 비디오를 촬영하였다. 서영수 교수는 탑본에 관하여 집안 박물관측과 협의를 하였다. 기간은 한 달이 소요되고 경비는 미화 1만 불 선에서 대체적인 타협을 보았다. 1만 불이라면 거액이지만 광개토대왕릉비는 고대의 한·중·일 3국관계에서 우리의 위상이 가장 잘 드러나는 역사적인 관건의 비석이란 점을 감안한다면 1만 불이 아니라 1억 불을 들여서라도 한 개인의 연구가 아니라 국가적인 성원으로 지원해야 마땅할 것이다. 고구려 때 이미 중·일을 석권했느냐, 아니면 그들에게 압도당했느냐 하는 해답을 이 비는 간직하고 있다고 보기 때문이다.

이 중차대한 논쟁의 실마리는 1백여 년 전으로 거슬러 올라간다. 1875년 중국인 서계관 관월산(關月山)이 처음으로 광개토대왕릉비를 발견·탑본하고, 1883년 일본인 첩보장교 사코 가게아키(酒匂景信) 중위가 밀파되어 비문 변조를 단행한 이래로 한·일 양국간에는 광개토대왕릉비문을 둘러싸고 2백 편이 넘는 논문이 발표되었다. 근자에는 중국까지 가담하여 한·중·일 3국간에 치열한 학문상의 논쟁으로 확대되고 있다. 이러한 추세는 사실 이 논쟁이 실제로 함포를 앞세운 무력전보다도 더 엄청난 심리전의 측면이 내재된 까닭이리라. 이 학문상 논쟁의 결과 여하는 이후 한·중·일의 새로운 판도에 심대한 영향을 끼칠 것이 틀림없어 보인다. 그 점이 바로 광개토대왕릉비문에 관한 연구를 위하여 국가적인 지원이 각별히 요청되는 소이이다. 더군다나 광개토대왕릉비의 건립정신으로 보아 국가적으로 성원한 만큼 보답이 올 것으로 기대된다.

필자는 광개토대왕릉비에서 좀 떨어져 나와 다시 비석을 바라보며, 고구려인의 약진은 한국인 기상 형성에 역사적 토양을 어느 정도 조성하고 있는 것인가, 이미 고구려인의 기백이 재현되고 있는 것은 아닌가, 오늘날은 예전처럼 군사정복으로 위세를 부릴 시대는 아니므로 문화·경제면으로 진취적인 기상을 가일층 발휘한다면 고구려시대의 옛

영화를 능가하는 민족으로서 세계사를 주도할 수 있는 기회가 반드시 올 것이 아니겠는가 하고 자문자답하여 보았다.

석양에 노을이 물들자 우리는 취원빈관에 투숙하였다. 425년 전 고구려 도읍지였던 곳에 터전을 잡은 사람들이라 그럴까. 이곳에서 만난 사람들은 다른 지역과는 달리 퍽 밝고 친절하게 느껴졌다. 그들은 한국의 경제성장, 서울올림픽, 대통령직선제 등에 관하여 부러움을 갖고 선망하는 기색이 역력했다. 따스한 인정의 교환 속에 고구려 옛 도읍지의 밤은 깊어만 갔다.

8월 6일 날이 밝았다. 집안을 떠나는 아쉬움 속에 아침 햇살을 받으며 오전 8시부터 장군총과 광개토대왕릉비를 다시금 답사하고 광개토왕릉을 주마간산격으로 본 다음 압록강 북안에 멈춰섰다. 눈앞에 펼쳐진 지호지간의 북한땅이 애절하게 심금을 적셨다. 밭에는 곡식이 잘 자라고 산에는 삼림이 무성했다. 분단의 슬픔을 아는가 모르는가. 유유히 흐르는 압록강 수면 위에는 물오리떼가 평화롭게 노닐고 있었다. '통일이여 어서 오라' 염원을 씹으며 떨어지지 않는 발길을 단동으로 돌려 집안과 만포가 아련해질 때까지 뒤돌아 보았다. 얼마 안 지나 통화지구를 벗어나 넓고 깊은 동가강 하류를 뗏목 원리로 고안된 배를 타고 차째로 도하하였다. 미천왕이 서안평 점령(313)을 위하여, 광개토대왕이 비려 정복(395), 요서 정복(402)을 위하여 군사를 이끌고 달리던 그 길을 따라 마이크로버스는 먼지를 자욱히 내며 굽이굽이 달렸다.

험준하면서도 아름다운 산야에서 말발굽 소리와 고구려 군사의 함성이 들려오는 듯하였다.

(『한양여대신문』 86, 1989년 9월 12일자)

2. 간도대륙 - 태양은 평원에서 평원으로

　오늘의 한국인은 민족의 요람이자 번영의 무대였던 간도대륙을 잃고 아리수를 건너 남하한 무리의 후예들이다. 그래서 생장의 고향은 분명히 한반도의 남녘이건만 마음 속 깊이에는 간도대륙이 품어져 있는 것이다. 이것은 순전히 마음의 고향이 간도대륙이기 때문이리라. 그러기에 간도대륙 상실의 한은 아리랑의 애조로 심금을 울리며 면면이 전승되고 있는 것이 아니겠는가. 그렇다면 어떻게 해야 이 한이 풀릴 것인지는 명약관화한 셈이다. 그것은 한반도의 통일과 간도대륙의 회복이다. 이것이 진정한 조국통일의 참모습이리라. 이 꿈은 대대를 이어서라도 언젠가는 반드시 실현될 것이다.

　간도대륙 답사에 선뜻 나선 것은 평소에 꿈꾸던 이러한 생각에 조그만 실행이라고 자위해 본다. 드디어 새가 되었다. 중국민항기로 북경공항을 발진, 화북평원을 솟아올라 곧 만리장성을 뒤로 하고 연산산맥의 상공을 날고 있는 것이다.

　엷은 구름 사이로 사행(蛇行)의 난하가 아스라이 기창으로 들어오자 가슴이 뭉클해졌다. 고조선의 서남부 무대가 바로 저기가 아닌가.

동북아시아 최초의 청동기문화를 꽃피웠고, 8조의 홍범을 펴 홍익인간의 이상을 실현했던 한민족 최초의 국가인 고조선의 영역을 굽어보니 만감이 교차하였다.

상념이 꼬리를 잇는 중에 여객기는 어느새 내몽골 사막의 고공을 지나 서요하의 상류인 거대한 시라무친강 위를 날고 있었다. 일찍이 고구려 광개토대왕이 비려 정복(395)을 단행하여 개척한 고구려 전성기의 변경지방이 기창 밖에 전개되고 있는 것이다. 편기를 이루어 말 타고 달리는 고구려인의 억센 기상이 용솟음치던 초원에는 개간이 이루어지고 있었다. 날씨가 맑아지자 빙하구 호수가 많이 보인다.

붉은 지대로 점철된 흥안령산맥 기슭에 이어서 드넓은 대평원이 나타났다. '간도대륙은 참으로 넓구나. 과연 동북아 최대의 평원이구나' 하고 탄성이 터졌다. 잘 정리된 평원은 푸른 농작물로 끝없이 펼쳐져 있었다. 아! 송화강이 보인다. 드넓은 평원을 살찌운 부여, 고구려, 발해의 젖줄이 아니던가. 고도를 서서히 낮추어 1시간 28분 만에 하얼빈 공항에 안착, 트랩을 내리며 광대무한한 평원을 밟으니 눈물이 앞을 가렸다. 우리는 이 땅을 일구었던 자랑스런 선조의 후예답게 그분들의 뜻을 재현할 사명이 있다고 생각되었다.

공항을 나와서는 안중근 의사 외손인 정덕재(鄭德在) 씨 부녀의 따뜻한 영접을 받으며 시내로 들어왔다. 하얼빈시에는 4만 명의 동포가 산다고 한다. 동포가 거주하는 땅이면 바로 한민족의 땅이 아닌가. 확장된 땅인 듯 낯설지가 않다. 승차한 마이크로버스에서는 주현미의 '신사동 그사람'이 흘러 나오고 있었다. 거리를 살피니 하얼빈의 분위기는 북경에 비해 훨씬 생기있고 분주한 모습이다. 개방화물결을 타고 4, 5년 전부터 급격히 자유화되었다고 한다. 몰개성의 인민복을 팽개치고 청바지, 미니스커트 등 외형의 변모에서 자유화가 피부로 느껴졌다. 이제 중국의 공산화는 회귀불능처럼 보였다. 그들은 공산기간, 특히 문화대혁명기간을 악몽처럼 떠올리고 있었다.

강남춘(江南春)에서 중식 후 스탈린공원을 산책하면서 송화강가에 이르렀다. 송화강은 요하, 압록강과 더불어 고구려 3대 강의 하나로서 매우 큰 줄기의 강폭이었다. 한강만 보아온 필자로서는 커다란 충격이 아닐 수 없었다. 고구려, 발해 등의 약진의 기초가 바로 이러한 중심무대를 확보했기에 가능했으리라고 생각되었다. 강가에서는 흙탕물에 아랑곳하지 않고 옷을 훌훌 벗고 팬티만 입은 채로 수영들을 즐겼고, 보트놀이하는 선남선녀들은 뙤약볕에 젊음을 발산하고들 있었다. 멀리서 뱃고동소리를 내며 목단강으로 여객선이 떠나가고 있었다. 그렇게도 그리던 마음의 고향이 더 보여줄 게 많다고 손을 흔들며 오라는 듯하였다.

돌이키니 고조선, 고구려 때에는 우리가 중국을 압도했었지만 그 이후에는 오랫동안 중국의 영향을 받아오다가 최근에 이르러서야 다시 중국인들은 한국인들을 대우하기 시작하였다. 특히 조선 때에는 울화가 치밀도록 한국은 능멸당해 왔다. 영은문, 삼전도비 등은 모멸의 상징적인 기념물이었다. 그러던 한국이 우뚝 일어선 것이다. 이제는 병자호란 때 붙잡혀간 후예들마저 실로 350년은 족히 흘렀는데도 한민족임을 애써 밝히고자 한다니 얼마나 세상은 변했는가. 하기야 중국의 대학교수 봉급은 미화 50불 내외이니 더 말해 무엇하리. 중국은 공산화 40년간을 줄기차게 못살기 경쟁만 했나 보다. 거리는 온통 자전거, 마차, 무궤전차의 물결이다. 집들은 80~90년 전 러시아, 일본이 지어놓은 건물 그대로이다. 좋게 보면 고풍의 낭만이 어린다.

덕분에 안중근 의사와 관련된 유적들을 쉽게 발견할 수 있었다. 한국같으면 그 사이에 한두 번의 재개발은 있었겠다. 그랬더라면 그토록 귀중한 안 의사의 유적들은 영영 못찾을 수도 있었을 것이다. 안 의사의 의거 전 유숙처, 안 의사가 감금되었던 일본 영사관, 하얼빈역 선로, 의거장소, 정찰처 등을 찾을 수 있었던 것은 역설적으로 보면 중국의 무개발에 있었으니 더없이 고마운 일이다.

그러나 어디에도 안 의사의 유적지임을 표시하는 표지는 없었다. 올해 10월 26일은 마침 안 의사 의거 80주년 기념일이다. 이처럼 의미있는 해에 안 의사의 의거 현장을 밟으니 가슴이 찡했다. 필자는 언젠가 "見利思義 見危授命"이라는 휘호와 그 옆에 "大韓人 安重根"이라 쓰고 왼손 약지를 절단한 지문으로 낙관을 찍은 것을 보고 큰 감명을 받았었다. 역시 그러한 정신을 가진 분이기에 드디어 해냈구나 하는 생각을 했었다. 그런데 막상 이 장소를 보니 대단히 송구한 생각이 들었다. 그것은 역시 조그만 표지판 하나 없다는 사실 때문이다. 정덕재 씨는 안중근 의사 의거 기념비 건립을 추진하였지만 북한(여기서는 북조선이라고 부름)을 의식한 중국정부의 비협조로 불가능했다고 말한다. 듣자 하니 북한을 어떻게 이해해야 할 지 망연했다.

어쨌거나 우리 민족은 안 의사에게 많은 빚을 졌는데 이것은 예우가 아니구나 하는 생각을 했다. 바라건대 이 장소에 안 의사의 동상을 세울 수 있게 여론 조성을 해야 되겠다고 소망했다. 한 가지 더 제안한다면 현재 통행되는 여러 나라의 화폐는 오늘의 그 나라가 건국되는데 공적이 뛰어난 사람이 화폐도안에 들어가 있음을 보는데, 우리도 신종 화폐가 나오는 경우 그 화폐에 안중근 의사의 초상화를 삽입한다면 그분의 정신도 기릴 겸 조금이나마 빚을 갚는 길이 아닐까 한다.

안중근 의사 유적지 답사를 마치고 오후 늦게 흑룡강신문사를 방문, 홍만호(洪滿浩) 사장으로부터 흑룡강성에 거주하는 한인동포(현지에서는 조선족이라고 부름)의 현황을 청취하였다. 그들은 다른 소수민족에 비해 월등히 문화수준이 높다고 한다. 역시 한국인은 어디에 나가 살더라도 뛰어난 민족임을 다시금 입증하였다. 흡족한 마음으로 하얼빈 스완호텔 1106호실에 투숙하여 55도의 향기로운 사천배갈을 음미하며 이국이면서도 이국같지 않은 정취에 젖어 간도대륙의 첫 밤을 맞이했다.

7월 31일 동터오는 5시 30분에 기상. 부여, 고구려, 발해의 거점이었던 이곳에서 지평선 위로 쑥쑥 떠오르는 태양을 바라보니 감개가 무량했다. 조식 후 장춘(長春) 가는 길은 특급열차를 이용했다. 3시간 40분이 소요된 여행중 차창 밖은 내내 지평선이 보이는 대평원의 끝없는 연속이었다. 가슴이 확 트였고 마음이 커져갔다. 평원에는 주로 옥수수, 콩, 조, 수수 등 밭작물이 자라고 있었다. 선조들은 이토록 드넓은 벌판을 경영했었다. 그래서 그들의 웅지는 스케일이 컸었나 보다.

가도 가도 끝이 없는 광야를 달리던 열차는 마침내 장춘에 당도하였다. 장춘은 대평원의 중심지로 부여의 도읍지, 고구려의 부여성(夫餘城), 발해의 부여부(夫餘府)가 있었던 곳이었으나 옛 흔적은 간 데 없고 다만 위만주국(僞滿州國) 때 건설된 도읍지(新京)를 지금은 길림성 성도(省都)가 천도하여 공원도시로 가꾸었다. 우리 일행은 길림박물관, 길림대학, 동북사범대학, 옛 만주군관학교 그리고 장춘대학(만주건국대학)을 둘러보고 태양이 뉘엿뉘엿 지평선으로 함지하자 중국에서 최초로 운영되기 시작했다는 무도장인 장춘조선족군중예술관을 찾아나섰다. 한인들의 춤은 남녀노소가 격의없이 어울려 우리 가락에 맞추어 덩실덩실 흥겹게 돌아가는 것이 마치『삼국지』위지 동이전에 나오는 "踏地低昻手足相應"한다던 한국춤의 원형을 연상시켰다. 한국은 지금 많이 변형되었는데 조상의 터전에 와서 대대로 전승된 원형의 춤을 보니까 간도대륙은 잃어버린 땅이 아니지 아니한가 하는 생각이 들었다. 이데올로기를 떠나 남·북한의 가락을 모두 수용하고 한국춤의 원형을 간직해온 간도대륙의 한인들에게 마음 속으로 뜨거운 격려의 박수를 보냈다. 그들은 순수 한민족답게 살고 있기에 타민족에게 부러움을 사고 있었다.

동포들의 생활단면이 뇌리에 강하게 박힌 채 장백산호텔(長白山賓館)에 투숙, 우리 민족의 얼과 간도대륙의 확보책에 관해 이생각 저생각 하다가 1시가 넘어서야 잠이 들었다. 8월 1일 6시 기상. 날씨는 여전히 맑았다. 창 밖의 장충공원에는 많은 사람이 산재(散在)해서 중국특유의 아침체조를 하고 있고, 더러는 조깅하는 사람도 보였다. 길은 마치 옛 풍물이 혼재되어 있는 이국도시로서 '부지런히'보다는 '만만디'의 즐기는 모습으로 비춰져 친근감이 갔다.

조식 후 마이크로버스를 타고 길림(吉林)으로 향발. 가면서 장춘 시가지를 내다보니 숲속의 좋은 집은 공산당 간부의 집이었다. 난민촌같은 초라한 집이 인민들의 거처인 데 비해 너무 대조적이었다. 이제까지 인식돼온 '공산주의는 평등하다'는 일반화된 통념에 일대 혼란이 왔다. 공산주의가 평등하다는 것은 단지 환상일 뿐이었다. 거리에는 드문드문 건군 62주년 기념 플래카드가 나부꼈고, "세계인구는 51억, 중국인구는 11억"이라는 표어도 보였다. 한편 천안문광장 폭란자 현상 신고 대자보도 눈길을 끌었다. 그리고 악명높은 옛 관동군사령부는 지금은 으시시한 공산당길림성위원회로 변모되어 있어 경비가 삼엄하였다. 우리 조상의 땅이, 우리 마음의 국토가 온통 오염되어가는 모습이었다.

드디어 장춘을 벗어나 고속도로로 진입하여 간도대륙을 가로질러 달렸다. 노면은 한국의 일반 국도에도 못미치나 중국으로선 중요한 간선도로인 것이다. 주변은 사방 모두 지평선이 보여 심신이 트였고 공기가 맑아 심호흡을 자주하였다. 가도 가도 벌판은 초록빛인데 태양은 위치가 달라지고 있었다. 도중에 원두막에서 부여, 고구려, 발해 등 간도대륙의 주인공을 그리면서 달고 시원한 참외와 수박을 먹었다. 그런데 원두막에서 바라본 수박밭마저 지평선을 이루었다. 필자가 어렸을 때 간도대륙에서 이주해 온 어떤 아저씨가 새참을 들며, 간도대륙은 한 이랑의 김을 하루종일 매도 못맨다기에 허풍쟁이로 생각했었는데 직접 와보니 그 아저씨의 말이 진실임을 알겠다.

간도대륙, 어쩌면 이리도 드넓으냐. 태양이 지평선에서 떠올라 지평선으로 지는 평원이니 이게 어디 있을 법한 일이냐. 동네마다 산이 있고 몇 시간만 가면 바다가 나오는 한국에서 어떻게 간도벌판을 상상할 수 있겠는가. 그러나 우리는 간도대륙을 경영한 조상의 후예라는 사실을 크게 자각해야 할 것이다.

간도대륙은 태초에 우리 겨레가 개척한 우리나라의 발상지로서 대대로 한민족의 활동무대였고, 지금도 2백만의 동포가 거주하는 연고지이다. 또 우리들에겐 가슴 속 깊이 요지부동 자리잡고 있는 마음의 고향이다.

마이크로버스는 다시금 한민족의 애환이 서린 간도대륙을 질주하기
시작했다.

이 땅은 언제쯤 수복될 것인가. 아리랑 아리랑 아라리요…….

(『한양여대신문』87, 1989년 10월 13일자)

3. 민족운동사의 피어린 교두보 간도땅

　간도 지도는 펼쳐만 보아도 웅비하는 느낌이었는데 그 간도땅의 본 거지가 실제로 눈에 들어온다. 오랫동안 광대무한한 평원만을 달리더니 길림시(吉林市) 10km 전방부터 야산들이 나타나기 시작한다. 우리 민족은 이민가서도 산세가 좋은 곳에 터를 잡고 있다. 한글 간판이 보이고 한옥들이 나타나고 논들이 점차 많아지고 있다. 산길을 꼬불꼬불 몇 차례 돌아넘어 8월 1일 드디어 평화로워 보이는 길림에 도착하였다(11시 40분). 일행은 먼저 교외에 있는 한국인 자치마을 아라디촌(阿拉底村)을 찾아 나섰다. 이 마을은 한국의 농촌마을과 흡사하였다. 노숙해 보이는 촌장 김석배(金錫培) 씨가 차분히 현황을 소개하고 점심까지 마련해주었다. 이제껏 매일 느끼한 중국음식만 먹었는데 모처럼 담백한 한국식 음식을 들으니 입맛이 당겼다. 식후에 밖으로 나오니 촌로들이 나무그늘에 옹기종기 모여서 남도 사투리로 담소를 나누고 있었다. 마치 경상도의 한 마을을 간도땅에 옮겨놓은 인상이었다. 그들에게 이곳 한인들의 실정을 물으니 아라디촌의 한인들은 거의 다 근면하여 농가소득이 다른 민족의 마을보다 높다고 한다. 그들은 한인이라는 자부심이 역연했으나 눈가엔 두고온 고향을 그리는 이슬이 맺혔다. 그들은 한국의 현실을 잘 알고 있었다. 한국 라디오도 들을 뿐 아니라 이곳의 텔레비전으로도 한국의 발전상을 여러 차례 보았다고 한다. 좀 자리를 옮기니 어린이들이 모여 들었다. "너희들 모두 조선족 어린이냐?"하고 물으니 "아니라요, 난 한족(漢族)이라요"하고 한 어린이가 또렷하게 대답했다. 대단히 신기하게 생각된 순간이었다. 중국에서 중국어린이마저 한국말로 생활하는 마을, 한국인이 중국인으로 동화되는 것이 아니라 중국인이 한국인으로 동화되는 기이한 현상을 목격한 것이다. 그들에게 인도되어 아라디 조선족 중심학교를 방문하였다. 교문에는 '존사애교(尊師愛校)'라는 글씨가 붉은색으로 씌어 있었고 넓은 교정은 일직교사만 나와 잡초를 뽑고 있을 뿐 텅비어 있었다. 복도에는 "교육은 현대화를 대상하며 세계를 대상하며 미래를 대상하여야 한다"는 표어가 걸려 있어 오늘날 중국당국의 원대한 교육정책을 읽을 수 있었다.

우리 일행은 토성마을같이 고즈넉한 한국인 문명촌을 뒤로 하고 길림시로 돌아와 의열단(義烈團) 조직처를 찾아 나섰다. 수소문 끝에 저녁무렵에야 발견했는데 지금은 길림식품점으로 변모되어 있었다. 김상옥 의사의 후손인 김창수 교수는 남달리 감개무량한 표정이었다. 현장을 비디오로 잠시 채록하는데 순식간에 관중이 모여들어 교통이 마비되었다. 길림식품점 주인은 졸지에 자기집이 명소로 등장하자 음료수캔을 우리들에게 하나씩 나누어 주며 싱글벙글 미소가 가실 줄 몰랐다. 지난날 의사(義士)들의 의거활동에 있어서 의열단은 애국단과 더불어 쌍벽을 이루었다. 김원봉이 주도한 의열단은 한민족을 탄압하는 기관 및 착취기관에 대한 폭탄세례, 군자금조달 등의 활동에서 혁혁한 공을 세웠으니 특히 김상옥 의사의 1923년 종로경찰서 폭탄투척의거, 나석주 의사의 1926년 동양척식회사와 식산은행의 투척의거는 청사에 길이 빛나고 있다.

암흑기에 온몸으로 불을 밝힌 성스러운 쾌거에 경의의 염을 간직하고 송화강변으로 가서 저녁바람을 쐬었다. 우리가 온 것을 안다는 듯 길림시민들은 자전거물결을 이루며 강변공원으로 몰려들었다. 말소리를 들으니 조선족, 여진족, 한족, 몽골족, 위구르족 등 황인종의 민족전시장 같았다. 간도의 주인은 정녕 누구란 말인가. 한동안 수수께끼처럼 답이 맴돌 뿐이었다. 그 답은 어쩌면 간도를 석권한 종족이라고 말하면 될 것 같았다. 그것은 간도의 지배자가 동북아의 지배자로 등장한 경우가 허다하였음에서 유추해 본 것이다. 그러고 보니 간도 패권을 놓고 여러 민족 사이에 쟁탈전이 간단없이 벌어졌던 사유를 알 것만 같았다. 그러자 정신이 번쩍 들었다. 현재는 비록 조선족이 많이 살고 있으나 한족이 지배하고 있다는 사실이 떠오른 것이다. 멀리 고구려의 용담산성이 시야에 들어오고 있다. 이곳은 분명 우리 역사에 주요한 무대였다. 고구려 때는 물론이고 그 이전인 부여 때에도, 그 이후인 발해 때에도 우리 강토였다. 그 후 거란, 여진, 몽골 등이 이 땅을 번갈아 지배하다가 청나라 이후 우리나라와 국경분쟁 끝에 일본의 농간(1909년 간도협약)으로 중국에 예속되고 말았다. 주지하다시피 최근세엔 한민족독립운동의 교두보로서 일제를 타도하는 전위의 격전장이 되기도 하였다.

송화강 상류쪽을 한동안 바라보다가 일정에 쫓겨 송화강호텔로 가서 석식 후 오후 9시 40분발 밤열차로 연길(延吉)로 향했다. 숱한 대화의 꽃을 피우다가 자정이 넘어서야 이현희 교수와 김창수 교수는 아래침대에 자리를 폈고 유준기 교수와 필자는 젊다는 이유로 윗침대로 올라가서 누웠다. 그러나 밀폐된 공간에서 밤새 돌아가는 선풍기소리에 잠을 설쳤다.

8월 2일 새벽 5시 기상. 차창을 열고 동터오는 해를 맞이하려고 목을 밖으로 내어 바라보았다. 바로 그때 열차는 조양천(朝陽川)을 지나고 있었다. 문득 아사달(朝鮮) 생각이 났다. 우리 겨레는 태초부터 태양이 밝아오는 곳을 추앙하는 밝고 따뜻한 민족이었다. 그러기에 아사달, 아사녀의 이름이 끈끈하게 느껴져 왔던 터에 조양천이란 지명을 보니 간도는 우리땅이라는 실감이 들었다. 조양천이란 아사내의 한자식 표기임이 너무나 분명하기 때문이다.

6시에 연길역 도착. 모든 간판의 표기가 한글로 병용되어 있어 고국에 온 듯 마음이 포근하였다. 이곳은 인구 24만 명에 조선족이 60% 산다는 연변조선족자치주 주정부가 있는 도시이다. 중국국제여행사 강미월(姜美月) 씨의 안내로 백산(白山)호텔 1011호실에 방을 정했다. 잠시 휴식 후 아침을 먹고 정장으로 갈아 입었다. 9시부터 연변대학 민족연구소에서 박창욱(朴昌昱), 이종림(李鐘林), 최명화(崔明華) 교수 등과 간도지방(여기서는 중국동북지방이라고 부름)의 한민족운동사에 관하여 학술토론을 벌였다. 그들은 남·북한의 이데올로기적 학문 성과는 배제하고 자기들 나름대로의 학문체계를 세우고 있었다. 안타까운 것은 중국측 입장에서 남·북한에 대한 등거리 시각으로 한국사를 바라보는 것이었다. 그들은 한민족이 틀림없지만 동시에 중국인임을 잊지 않고 있었다. 이해는 충분히 갔다. 문화대혁명의 모진 고초를 겪은 그들에게 더이상의 무엇을 바라겠는가. 그들도 살아남아야 한다. 그러나 못내 아쉬웠음도 숨길 수 없었다. 더욱이 그들이 건네준 『조선족혁명투쟁사』에는 민족사에 길이 빛나는 청산리전투마저 빠져 있었다. 그런데도 이를 탓하지 못하는 데 비극이 있는 것이다. 우리도 이제는 포용력을 갖고 민족운동사를 객관적으로 그 실체를 밝히고 역사적 의의를 부여하는 뼈를 깎는 각고의 민족사를 서술해야 한다는 교훈을 얻었다. 이를 위해서도 남·북한의 역사학자 및 국외의 역사학자가 동참하여 한민족의 더이상의 이질화를 막고 동질화를 회복하는 데 학문적인 노력이 절실하다고 느꼈다.

열띤 토론을 마치고 우호의 악수를 나누며 교정을 벗어나 한인동포의 음식점(봉선화식당)에서 점심을 먹고 호텔로 돌아왔다. 간편복으로 다시 갈아 입고 도문(圖們)으로 출발(13시 40분). 도중에 조선족 초가마을을 자주 만났다. 오후 3시 30분 '눈물젖은 두만강'을 합창하며 두만강가에 도착. 산비탈에 '속도전'이라고 흰 글씨로 크게 씌어 있는 북한땅 남양(南陽)을 건너다 보았다. 가슴이 답답하고 형언하기 어려운 감정이 일었다. 산 위에서는 김종서 장군이 '거칠 것이 없어라'고 일갈하는 듯한 소리가 바람결에 들려오는 듯하였고, 강 위에서는 홍범도 장군의 신출귀몰하는 모습이 어른거렸다. 저 산, 저 강을 넘나들며 얼마나 많은 민족지사들이 울분을 씹었던가. 충혼들의 넋이 질타하는 듯하여 갈피를 제대로 못잡고 두만강물로 들어가 티없는 어린이들과 물장난을 치며 마음을 달랬다. '그들의 세상 때에는 이념이여 사라져라 누구나 자유로이 저벅저벅 건너가고 건너오는 그런 강이 되어다오.' 그때에 여기를 다시 오고 싶다. 북한쪽을 통해서 여기 오는 것이다.

통일의 꿈을 안고 연길로 되돌아와 이름없는 한인 동포음식점에서 저녁을 먹고 백산호텔에 투숙. 지도에 그간 온 길을 표시하고 집에 전화를 하니 모두가 안녕하다고 한다. 아내와 조국에 무한한 애정을 보내며 연길의 밤을 안았다.

8월 3일 새벽 5시 30분 기상. 7시 30분에 아침을 먹고 8시에 민족운동사의 현장을 찾아나섰다. 9시에 해란강(海蘭江)이 차창으로 들어오자 현장감을 살려 뜻을 새김질하며 '선구자'를 힘있게 불렀다. 드디어 해란강을 건너 용정(龍井)에 도착. 용문교를 건너가는 달구지 소리에서 1919년 3 · 13의 만세소리와 저지하려는 총포 소리가 뒤엉켜 들려오는 듯 귀가 멍멍했다. 용정의 지명유래가 된 유서깊은 용정우물을 살핀 후 윤동주의 모교인 용정중학을 방문하였다. 유기천(柳記天) 교장으로부터 개황을 듣고 윤동주장학기금으로 성금을 선뜻 후원하였다. 윤동주유적을 살피며, 지고지순한 순정에 다만 숙연할 따름이었다. '하늘을 우러러 한 점 부끄럼이 없기를' 갈망하던 민족시인의 요람지에서 그만 부끄러움을 들키고 만 것이다. 그가 뛰놀고 고뇌하던 운동장은 태양만 작렬하는데 그가 마셨을 지하수를 들이키니 가슴의 피가 걸러지는 듯 용정에 온 보람이 몽실몽실 피어났다.

다음으로 찾은 곳은 숱한 민족지사들을 배출한 서전서숙이었다. 이곳은 국내학계에는 처음으로 알려지는 곳으로 이상설이 설립한 학교이다. 그러나 지금은 옛 교사의 흔적은 없고 다만 그때 심은 홰나무들만 여기저기서 커다란 그늘을 만들고 있었다. 소학생들은 웃통을 벗은 채로 공차기에 열중하였다. 이현희 교수는 특별히 이곳을 발견한 기쁨을 감추지 못하고 있었다.

이어서 학정(虐政)의 본산이었던 간도영사관을 찾았다. 5층의 석조 건물로 제법 우아하였으나 음산한 지하실을 보는 순간 옷깃이 여며졌다. 민족지사들의 독립일념이 확인되는 곳이었다. 박경리『토지』의 현장이기도 한 용정은 이처럼 압제와 항쟁의 본보기적 요건을 갖춘 고장이었다. 구석구석 피땀어린 민족운동사의 실질적인 거점이 바로 용정인 것이다. 일행은 말달리던 선구자의 발길을 따라 마이크로버스를 타고 일송정을 뒤로 하였다. 그 후 오랫동안 김동삼 선생이 뇌리에서 맴돌며 대화의 대상이 되어주었다.

일행은 화룡을 지나 마침내 감격의 청산리(靑山里) 품에 들어갔다. 이 골짜기가 바로 1920년 10월 21일 일본군 연대병력을 유인하여 80리에 이르는 계곡에서 4일간 격전 끝에 3,300여 명을 살상한 민족운동사상 불후의 전과를 올린 곳이다. 김좌진, 지청천, 이범석 장군의 무용담은 들어도 들어도 통쾌한 한민족의 일대 장거였다. 적들을 궤멸시킨 청산리전투의 승전보는 한민족이 절대로 일본의 식민지로 남을 수 없다는 무력시위의 과시였다.

그러나 일제는 무력전에 실패하자 곧 이어 2만 5천여 명의 병력을 동원하여 3개월간 비열하게도 한민족의 양민을 남녀노소 구별없이 닥치는 대로 무차별 학살한 간도참변을 일으켰다. 이는 실로 천인공노할 일이었다. 이때 간도땅은 한인들의 피로 천지사방이 얼룩졌다. 대대로 이어온 간도땅, 피땀으로 개간한 간도땅, 피로 물들인 항쟁과 학살의 간도땅은 불구대천의 철천지 원수의 나라가 일본이라는 사실을 통곡으로 전수하는 역사의 현장이었다. 간도땅은 오늘의 우리 조국을 탄생시킨 민족운동사의 피어린 교두보였다.

(『한양여대신문』88, 1989년 11월 15일자)

4. 한민족의 영지, 아! 백두산 천지

　개방의 물결은 여러 모로 좋은 일이다. 분단 40여 년이 넘도록 한국인이 백두산(白頭山)을 오른다는 것은 단지 백일몽이었는데, 중국의 개방으로 가능성있는 꿈으로 변모되었다. 그러나 아직도 백두산을 실제로 오른다는 것은 쉬운 일은 아니다. 여전히 신의 은총일 뿐이다. 그러기에 백두산 등정일정이 하루 전으로 닥쳐 왔는데도 이것이 꿈인지 생시인지 믿어지지가 않고 다만 설레임만 더해진다.

　8월 3일. 오늘은 백두산 자락에 안기는 날이다. 10시 30분에 용정(龍井)을 떠나 청산리(靑山里)를 지나서 영액령(英額嶺)의 험준한 산세를 다듬어 만든 비포장도로를 시속 2,30km 정도로 기어 올라 드디어 고갯마루에 이르자 고조선(古朝鮮)의 본무대인 광활한 천평(天坪)의 천리(千里) 경관이 시야를 꽉 채우기 시작하였다. 바야흐로 백두산의 성역 안으로 접어들었음을 알아차렸다. 순간 어머니의 품안으로 빨려드는 환상이 길게 일었다.

　오후 2시 송강마을(安圖)의 동풍개장집에서 개장, 쇠고기, 고사리 등 푸짐한 점심을 들었다. 특히 북방식 온돌방에 앉아 이밥의 밥맛과 더불어 원두우의 「백두산 등정기」에 나오는 구수한 숭늉을 거푸 두 사발을 들이키며 한민족의 정통 후예임을 확인하였다.

포만감을 안고 다시 백두산으로 향했다. 도중에 백하(白河)주유소 입구에서 모두 하차한 상태에서 빈차만 급유를 받으러 주유소로 들어가다 기다리는 동안 누처에 설치된 당구장에서 장발이 젊은이들이 긴지하게 당구치는 것을 지켜보기도 하고, 신작로를 오가는 우마차에 시선을 주기도 하며 백두산 마을의 인정을 살폈다. 그들은 태초의 원형을 간직한 듯 순박하게만 보였다. 차가 나오자 다시 승차하여 백하역으로 일단 가서 내일밤 통화(通化)로 가는 기차표를 예약한 후 계속 달려 오후 6시 30분 이도백하에 도착, 천지별장(天池賓館)에 오픈 첫 손님으로 111호에 투숙하는 우연의 행운을 얻었다. 정원은 아직 다듬어지지 않았지만 실내는 깨끗하였고 깔끔한 카키색 제복의 생글생글한 복무원의 써비스는 호감이 갔다. 저녁상은 백두산에서 채취한 각종 산채로 만든 정갈한 나물맛에 혀가 녹아들었다. 모두들 밝은 표정으로 이구동성 칭찬을 아끼지 않았다.

석식 후 밖으로 나와 주변을 완상하며 산책을 했다. 노을이 멀어지자 점차 선선해지면서 별떨기가 총총히 내려와 대삼림과 어우러지는 듯 마치 백두산 등정 전야의 밤을 천지(天地)가 화합하여 온 우주가 축복하는 협연같았다. 이 밤이 유별나게 성스럽고 경건하게 느껴졌다.

침실로 들어와 중국국제여행사의 서비(徐飛) 씨와 한·중간의 우호 어린 환담을 한동안 교환한 후 찬물로 목물을 하였다. 풍진이 모두 씻기는 듯 온몸이 저리도록 차가운 물에 그만 "앗 차거"하며 저절로 움찔움찔거렸다. 목물 후 찬물을 두 번 들이키자 맑은 기운이 몸 안으로 찌르릉 퍼져들었다.

8월 4일 쾌청, 대망의 백두산 등정일이다. 엎치락 뒷치락하다 5시에 기상, 창문을 여니 밖의 기운이 냉냉, 폐 속까지 시원하다. 깊은 숨을 몇 번 쉬고 사파리를 덧입었다. 정말로 꿈이 이루어지고 있는 것인가. 세면을 하려고 하니 수돗물이 안나온다. 엊저녁에 빨아 놓은 양말이 덜 말라 전구에 감아 놓았다가 신었다. 그래도 좋았다. 꿈에도 그리던 백두산을 오를 날이 밝은 것이다.

7시에 간단한 아침을 먹었다. 7시 20분에 국제연합보호림 입구에서 입장권을 끊었다. 아침햇살을 받으며 공사중인 산길을 중국제 봉고차로 산행하였다. 삼림은 온통 울울창창 원시림 그대로이다. 전나무, 가문비나무, 잣나무, 미인송 등등이 쭉쭉 하늘로 곧게 치솟아 태고의 신비에 흠뻑 젖었다. 8시에 해발 1500m정도의 이도백하 협곡에 이르러 하차, 경비원에게 통행증을 보이고 도보로 성큼성큼 등산로로 들어섰다. 각양각색의 무수한 화산석을 밟고 올라가 관교(冠橋)를 건너자 장엄한 68m의 천지폭포(일명 비룡폭포, 백두폭포, 달문폭포 혹은 장백폭포)가 세 갈래로 시원히 물길을 쏟아 붓고, 폭포 위의 새파란 하늘에는 헤아릴 수 없는 칼새떼가 우리의 등정을 환호하고 있었다. 평소 일요일마다 서울 근교의 산을 타며 다진 건각은 마치 오늘을 위해서였던가. 용이 물을 만난 듯 단숨에 70도 경사의 돌밭 벼랑길을 기어올라 옥벽(玉壁)산길을 따라 천지폭포 윗쪽의 찰랑대며 흐르는 승사하를 끼고 걸으니 여기는 지금이 봄이런가, 갖가지 아름다운 고산꽃들이 만개하여 매혹적인 자태를 뽐내고 있었다. 1km쯤 가니 달문을 통해 일직선 남동으로 장군봉(將軍峰)을 중심으로 한 단애의 경이로운 백두 연봉들이 시야에 들어왔다(8시 30분). 순간 쏟아지는 눈물을 주체할 수가 없었다. 아랑곳하지 않고 발길을 보천석으로 옮겼다. 드디어 감격의 천지(天池)가 고스란히 드러났다. 아! 심장이 멈춰진 듯 오직 경탄만 있을 뿐이었다. 한민족의 수만 년의 옹골찬 생명력을 이제사 확연히 알겠다. 천지는 한민족을 거듭 탄생시키는 성스러운 영지였다. 진실로 한민족은 축복받은 민족이었다. 천지는 민족의 신앙 그 자체였다.

잠시 머리를 정리하고 에머랄드보다도 투명한 천지물에 허벅지까지 담그고 청정한 천지물을 마시고 또 마시고, 마시고 또 마셨다. 실로 심신이 새로 태어나고 영혼을 되찾은 느낌이었다. 이 감동을 어찌 필설로 다할 수 있으랴. 천지를 호위하고 있는 백두의 16연봉과 비경(秘

景)의 천지를 바라보며 만감의 교차 속에서 '우리의 소원은 통일'을 소리쳐 불렀다. 그리고 흑룡강, 평양, 서울, 한라산까지 들리라고 "야호—"를 목청이 터지도록, 가슴이 터지도록 외쳤다. 백두의 신령도 화답하는 듯 그 메아리가 천지에 가득찼다.

돌이키면 백두산 천지는 환웅(桓雄)과 웅녀(熊女)의 보금자리였고, 또 단군이 4322년 전 고조선의 신시(神市)를 연 한민족의 발원지이다. 고구려의 건국 또한 백두산과 불가분의 관계였다. 유화(柳花)가 주몽(朱蒙)을 잉태한 곳이 여기가 아니더냐. 최근세엔 한민족 독립운동의 상징적인 거점이기도 하였다. 이러한 연유가 있기에 각종 고지도(古地圖)에도 백두산은 모두 한국령으로 표기되어 있다. 근자에 국사편찬위원회의 이상태(李相泰) 연구관이 발견하여 국보 제248호로 지정된 '조선방역도(朝鮮方域之圖 : 1557년 제작 추정)'에도 백두산은 우리땅으로 표기되어 있다. 그래서 그럼인가, 우리는 대대로 철들기 전부터 백두산을 노래하며 자라났고, 또 자라갈 것이다. 뿐만 아니라 한반도쪽이든 간도쪽이든 백두산 주변에는 지금도 한민족이 옹위하여 살아가고 있다. 비록 국체는 다르지만 중국 속에서 한민족 문화권을 형성하고 있는 연변조선족자치주는 그 좋은 본보기이다.

등정하여 40여 분이 지나자 일행이 오기 시작하였다. 김원모 교수의 눈은 퉁퉁 부어 있었고, 김위현 교수는 60여 종의 꽃을 곱게 채집하는 등 저마다 남다른 감격에 젖어 있었다. 우리는 문헌으로만 접했던 백두산에 관한 여러 사실을 현장에서 확인하였다. 백두산 상상봉인 장군봉은 해발 2744m로 한반도와 간도대륙의 최고봉이며, 봉우리는 마천우, 비류봉 등 16연봉과 함께 9개월간 눈에 덮여 있고 나머지 3개월도 부석(浮石)으로 인하여 희게 보이고 있다. 따라서 백산, 태백산, 장백산, 불함산, 태황산, 성모산 등으로도 불리워지고 있는 것이다.

천지(일명 용왕담, 대택 혹은 달문지)는 세계에서 제일 높은 곳에 있는 제일 큰 화구호로 수면은 해발 2257m, 남북길이 4.85km, 동서의 폭 3.35km, 집수(集水)면적 21.41km^2, 수면면적 9.82km^2, 수면주위길이 13.11km, 최대수심 383m(페루의 티티카카호는 304m), 평균수심 204m, 축수량 20.04km^3, 수온 0℃~11℃, 연평균 강수량 650~1350mm, 증발량 450mm이다. 그리고 천지 밑에는 온천이 분출하는 곳이 있어서 위치에 따라서 수온이 다를 뿐 아니라 겨울에도 얼지 않는 수면이 3곳이 있다. 약 3~4백 년을 주기로 나타나고 있는 화산활동은 1702년을 끝으로 지금은 휴화산이나 1973년의 진도 2.5의 지진을 감안한다면 언젠가는 다시금 화산활동이 재개될지도 모른다.

사실 지난날 여러 차례의 화산 활동으로 오늘의 절묘한 백두산이 생성되었지만 동시에 고조선시대의 도읍(神市)이 흔적조차 없이 묻힌 것은 몹시 안타까운 일이다. 트로이 문명이나 봄베이의 영화가 발굴된 것같이 신시의 영광이 발굴될 날도 최남선(崔南善)이 예언했듯이 반드시 올 것이다. 또한 안재홍(安在鴻)이 아사달(阿斯達)을 천평으로 비정한 실체도 드러날 것이다. 그것은 고고학적으로 초기 고조선의 정체를 밝히는 쾌거가 될 것이다.

천지는 또한 압록강, 두만강, 송화강의 시원(始源)이 되기도 한다. 그런데 눈으로 확인되는 시원은 오직 송화강뿐이고 압록강과 두만강은 천지의 물이 잠류수(潛流水)로 흐르다가 지표면에 나타난다는 차이점이 있으나 역시 시원지임엔 틀림없다. 따라서 한 · 중 접경지대의 지세는 백두산이 사방으로 뻗어나가 이루어졌고, 천지에서 시원한 물줄기에 의해서 비옥해지고 있음을 알겠다.

천지의 상공은 평균 풍속 11.7m/초로 구름 · 안개 · 비의 조화가 변화무쌍하나 오늘은 드물게 쾌청한 날이라는 안내원의 설명이다. 1989년 8월 4일, 이날은 영원히 잊지 못할 기념비적인 날이다. 고기도 못산다는 맑고 찬 물 속에는 여러 종류의 동전들이 등정기념으로 겹겹이 깔려지고 있었지만 필자는 아무 물체도 남길 기념물이 없었다. 다만 11시 30분 헤어짐에 즈음하여 즉흥 헌시 한 수를 수면에 새기고, 그 자리에 살며시 입맞춤을 남긴 후 돌아보고 또 돌아보며 떨어지지 않는 발길을 하산길로 향했다.

민족정기 서려있는 성스러운 곳
억겁만 년 이어갈 민족혼의 분출지
장엄토다 그 이름 백두산 천지

내려오다가 천지가 마지막으로 아련히 보이는 바위에 올라 김원모 교수와 함께 대한민국 만세, 한민족 만만세를 삼창하고 애국가를 봉창했다. 다른 민족은 의아하게 보고 있었지만 그들이 우리의 벅찬 감정을 어찌 헤아릴 수 있을 것인가.

하산함에 따라 빙하가 떠내려간 이도백하의 단애협곡이 또다른 장엄미를 안겨주었다. 멀리 간도대륙은 우리의 땅이라고 증거하는 토문강(土門江 : 백두산에서 발원하는 송화강 상류인 이도백하의 옛이름)의 몸짓이 선연히 보였다. 토문강으로써 동쪽경계를 삼는다고 1712년 조·청(朝淸) 조정이 각석하여 이 산에 비를 세웠건만 그 간도를 빼앗긴 후손을 선조는 무엇이라 탓할 것인가. 백두산 최고봉인 상상봉은 백두봉에서 조선 때는 병사봉(兵使峰), 국권침탈기에는 대정봉(大正峰)을 거쳐 오늘날은 장군봉을 거쳐 정일봉이 된 것같이 시대에 따라 강역도 변하고 있다. 우여곡절 끝에 현재의 간도는 중국령으로 백두산 천지는 대략 반반으로 나누어 갖고 있는데, 천지와 간도는 한국령으로 원래대로 확보하라고 꾸짖는 듯하여 부끄러웠다.

이런저런 생각을 하면서 하산하여 60~80℃의 노천온천에 움막을 지어 만든 남지(男池)에서 온천욕을 했다. 차가운 천지물로 정기(精氣)를 받고 육신을 온천욕으로 씻는 것도 조물주의 뜻이런가. 유황이 함유된 온천물은 매우 뜨겁고 매끄러워 만병에 효험이 있다고 한다. 목욕 후 시원한 양지에 앉아 천지폭포를 바라보며 명상에 젖었다.

살아생전 백두산에 다시 올 수 있을까
통일을 이룬다면 다시 올 수 있을텐데

그때는 구차하게 중국땅을 밟지 않고
북한땅 천리길을 기차타고 오리라
그렇지 못하다면
아 ~
죽어서라도 오리라
구름되어 오리라

라고 읊조리니 스스로 비감하였다. 기왕에 그렇게 온다면 백두산의 연봉을 맴돌다 천지에 내려 천지물의 한 구성이 되어 오래오래 머물고 싶다. 그러다가 승사하로 흘러들어 저렇게 천지폭포에서 비말이 되어 간도땅으로 스며든다면 하고 생각하는데 유준기 교수가 어서 내려 가자고 어깨를 툭툭 친다.

안녕……. 꿈 속에서도 설레이던 백두산 천지는 이제는 그리움의 추억이 되어가고 있다. 영원히 잊지 못할 한민족의 영지, 아아!! 백두산 천지.

(『한양여대신문』 89, 1990년 1월 15일자)

5. 아들아, 사랑하는 내 아들아

새별아, 한별아, 사랑하는 내 아들아. 상해 가는 비행기 안에서 이 글을 쓴다. 여행중 맑은 날씨가 계속되었는데 오늘은 비내리는 북경공항에서 탑승했단다. 하늘은 푸르고 지상은 온통 새하얀 구름으로 덮혀 있구나.

아빠는 하루 하루 감격과 감동으로 가슴이 벅찼었단다. 하루종일 기차를 타고 달려도 푸른 평원이요, 버스를 타고 달려도 평원인 유서깊은 간도대륙에서 많은 생각을 했었단다. 또한 매일 달려도 산악지방인 웅장하고 수려한 장백산맥에서 아들의 모습을 그렸었단다. 특히 백두산 천지에서 벅차올랐던 시간은 지금도 설레이게 눈에 선하구나. 너희들이 백두산으로 신혼여행을 갈 수 있다면 더없이 보람이 될 것 같구나. 백두산 천지에서 우리는 축복받은 민족임을 절감했단다. 다만 지금은 분단 조국이라 애통한 마음이지만 통일은 시간문제가 아니겠느냐. 중국도 이렇게 개방하고 있는데 북한인들 언제까지나 폐쇄하고 살 수 있겠느냐. 서로 오고 가면 민족의 동질감이 성숙되지 않겠느냐. 나와 보니 가족의 중요성이, 나라에 대한 고마움이 더욱 커지는구나. 중국에는 많은 종족이 사는데 그들은 하나같이 대한민국을 선망하고 있단다. 그 동안 우리나라는 매우 열심히 일했지. 이제 어디를 가나 당당하게 대접을 받으니 감개가 무·량하다. 국력의 신장이 이렇게 한국인을 의연하게 만드는구나.

아들아, 너희는 더욱 열심히 살거라. 지금 열심히 사는 지혜로운 길은 오로지 공부에 전념하는 것이다. 골고루 잘하되 외국어에는 각별히 비중을 두거라. 한국이 비상하는 데는 여러 가지가 있겠지만 국제화, 다원화 사회에서는 우선 외국어에 능한 것이 기초가 되겠더라. 외국어에 능통해야 선진문화에 접하고 소화하는 길이 된다는 것은 상식이 아니겠느냐. 그리고 건강에 항상 유의하거라. 강인한 체력을 길러야 지구전으로 큰 일을 해낼 수 있단다. 천하를 다 준데도 건강을 잃는다면 무슨 소용이 있겠느냐. 건강책을 궁리하고 규칙적으로 운동하거라.

끝으로 부탁하는 것은 화기애애하게 사는 것이다. 학교에서도 집에서도 따뜻한 분위기의 촉매제가 되거라. 특히 어머니께 늘 마음을 쓰거라. 훌륭한 사람은 예외없이 효자임을 잊지 말아라. 네 엄마는 아빠에게는 가장 소중한 아내이고 너희들에게는 더없는 어머니란다. 아빠는 네 엄마에게 많은 빚을 지고 있단다. 너희 어머니를 즐겁게 해드리는 것이 아빠를 생각하는 것이란다. 네 아빠는 너희가 잘 알다시피 어려서 많은 고난을 극복했단다. 그러나 너희들이 본 일도 없는 너희 할아버지, 할머니를 원망한 일은 없었단다. 비록 나는 고생스럽게 자랐지만 부모님을 늘 자랑스럽게 생각하며 살아왔단다. 나라가 위기에 접하자 기꺼이 산화한 분의 후손임을 깊이 간직하거라. 그것이 우리 가계를 뼈대있게 가꾸어 가는 소임이 아니겠느냐. 부탁이 많았구나.

상해에서는 대한민국임시정부 청사와 홍구공원에 있는 윤봉길 의사 의거 유적지 등을 답사할 예정이다. 귀국 날짜가 다가오고 있구나. 그럼 우리 서울에서 기쁘게 만날 날을 기다리자. 안녕히……

상해 가는 기상에서, 아빠가

(1989년 8월 10일자 서신)

6. 요동벌에 대한 향수

몇 년 전에 필자는 기차를 타고 단동에서 심양까지 요동벌을 달려
본 경험이 있다. 이상한 것은 그곳은 중국임이 분명한데도 어찌된 영
문인지 중국이라는 실감이 안났다. 마치 타임머신을 타고 고향에 간
듯이 포근하였다. 왜 그랬을까? 그것은 지난날 고조선인, 고구려인, 발
해인들이 말을 타고 달리던 광활한 역사의 현장이 바로 그곳이기 때문
이었을 것이다. 그래서 그랬는지 국경 밖의 국토인양 낯설지 않았다.
그곳은 여전히 우리의 문화 영토로 존재하고 있었다.

요동벌! 요동벌은 예로부터 동북아(東北亞)의 요충지로서 북방민족
과 남방민족이 교차하던 길목이었다. 마치 서남아시아에서의 메소포타
미아의 위치와 같은 입장이었다. 메소포타미아를 장악하는 세력이 오
리엔트의 패자로 등장한 것같이 동양에서는 늘상 요동벌을 차지하는
국가가 동북아의 패자로 등장하곤 하였다. 요동벌의 장악은 동북아시
아 역사상 그만큼 중요한 역할을 담당하였다.

일찍이 요동벌에서는 동북아시아에서 최초로 서기전 20세기경 청동
기문명이 건설되었다. 그곳에서는 청동기문명의 바탕 위에 국가가 건
국되었으니, 그것이 곧 단군조선이다. 단군조선은 중국 요(堯)임금의

재위와 같은 시기(서기전 2333)에 등장하여 중국문명을 일깨우며 자주국가로 부상하였다. 이 전통은 기자조선으로 이어지면서도 마찬가지였다. 기자조선은 홍범 8조를 전교하며 도덕국가로 성장하였다. 이처럼 문명 초기의 우리 민족은 요동벌을 중심으로 북간도, 한반도 일원에 걸쳐서 자주적이고 도덕적인 국가를 건설하여 이웃 민족을 교화하며 동북아문명의 최초의 패자로 군림하였다.

그러나 그 후 한(漢)이 요동벌을 차지하였을 때는 한이 동북아의 패자로 군림했고 그 뒤에도 이같은 현상은 마찬가지였다. 예컨대 우리의 고구려가 요동벌을 회복했을 때는 물론 고구려가 동북아시아의 패자였다. 그 후 중국인이 세운 당·송, 그리고 북방민족이 세운 요·금·원이 요동벌을 각각 복속하면서 그들도 동북아의 패자로 군림하게 되었다. 역사의 법칙이런가, 달도 차면 기울듯 원의 세력이 점차로 약화되자 그 뒤를 잇기 위한 대혈전이 예고되었다. 드디어 고려 공민왕 때에 이르러 중국에서는 명(明)이 솟아오르고 있었다.

이때 요동벌은 원과 명 사이에 위치하여 원·명의 힘의 균형 위에 진공상태를 이루었다. 요동벌의 확실한 패권이 누구에게 귀속되느냐에 따라 동북아시아의 새로운 패자가 등장하는 판이었다. 고려로서는 원의 지배에서 탈피하여 다시금 자주국가로 등장하고 나아가서 요동벌을 수복함으로써 동북아시아의 패자가 될 수 있는 절호의 기회가 닥쳐왔다. 때맞춰 공민왕은 명과 긴밀히 통하며 자주운동을 전개하여 기철(奇轍) 등 친원파 귀족을 제거하고 원의 간섭기구였던 행성(行省)의 폐지, 원에 의하여 변개된 정치기구의 원상 복귀, 원에 강점되었던 영토의 탈환 등 커다란 수확을 거두었다. 그러나 일련의 개혁은 노국공주가 죽자 사정이 달라졌다. 공민왕의 의욕적인 기백은 온데 간데 없어지고 자나깨나 오직 노국공주에 매여 헤어나지 못하니 정국은 혼미에 빠졌다. 더욱이 우왕이 등극하면서 이인임 등 부원세력(附元勢力)이 고개를 들자 자주운동은 물거품이 되었다. 우왕이 광야의 불길처럼 일어나는 명의 세력을 외면하고 쇠망해가는 원에게로 돌아서자 명의 압박이 가중되어옴은 당연지사였다. 실로 국기(國基) 보전마저 난감해지는 위기였다.

역사에는 가정법이 없다. 그러나 하늘이 도운 이 호기를 잡는 듯 하다가 놓친 것은 너무나 아쉽다. 다만 그러한 상황에서도 새로운 왕조 조선이 개창되고 다시금 국기를 다진 것은 창업하는 과정에서 석연치 못한 면이 있긴 하지만 다행한 일이었다.

신라를 보자. 신라는 백제나 마찬가지로 고구려의 압박에 놓여 있었다. 그러한 신라가 백제와 연합하여 그 힘으로 한강 유역을 차지하고, 이 유역을 발판으로 한반도의 패자로 등장하였다. 고려도 이와 같은 전법을 썼으면 우리나라의 역사는 달라졌을 것이다. 고려나 명이 모두 원의 압박을 받고 있었으므로 고려가 명과 손을 잡고 요동벌을 선점했더라면 동북아시아의 판세는 확연히 달라졌을 것이다. 그러나 고려는 저물어가는 원과 내통함으로써 요동벌의 선점권을 명에게 내주었으며, 요동벌을 발판으로 거대화된 명의 위력에 시달리다가 뒤늦게 공요론(攻遼論)이 대두되었으니 실기(失機)한 처사가 아닌가 한다. 이러한 와중에 부원세력에 의해 요동공략이 단행되었으며, 이어서 개혁세력에 의해 위화도 회군이 자행되었다.

요동벌! 도대체 요동벌은 누구의 땅인가? 그것은 물론 요동 주민의 땅이다. 그런데 바로 그 요동벌의 원주민은 고조선을 건국한 우리의 직계 조상이다. 요동벌의 패자는 앞에서도 언급했듯이 시대에 따라 그 민족이 달랐다. 그러나 고려 후기에 저작된 『삼국사기』나 『제왕운기』를 통해 고조선의 내력이 알려지면서 우리 민족은 요동벌에 대한 향수(鄕愁)를 잊지 못하고 살아왔다. 그것은 요동벌의 원조가 우리 민족인 까닭이며 우리의 뿌리가 요동벌에 있기 때문이다. 따라서 우리 민족의 역사가 전개되는 한 요동벌을 찾고자 하는 다물정신(多勿精神)은 이어질 것이다. 그런 점에서 고려 말의 공요운동은 후손의 심중에 그 방향을 설정한 것이라고 볼 수 있겠다.

비록 고려 말 우왕 때의 요동 공략은 이성계 중심의 개혁세력들에

의해 이른바

① 앞으로 요동성까지는 하천이 많고 강물이 넘쳐 건너기 어렵다.

② 작은 나라로서 큰 나라를 섬기는 것이 보국(保國)의 길이다.

③ 견명교섭사 박의중이 아직 돌아오기도 전에 큰나라(明)를 치는 것은 종사(宗社), 생민(生民)의 복(福)이 아니다.

④ 지금 장마로 인하여 활이 풀리고 갑옷이 무거워 병사와 말이 모두 지쳐 있는데 이러한 군사를 갖고 견고한 성을 치는 것은 필승을 기하기 어렵다.

라는 '공요의 4불가론'을 명분으로 내세우고 회군하였으나 실제로는 군량미의 부족으로 작전상 후퇴할 수밖에 없었다. 이는 개혁세력들에 의해 개창된 조선왕조 초까지도 계속되었던 공요운동으로도 알 수 있거니와, 더욱이 국호를 자주적이고 도덕적인 고조선의 후계자란 의미의 조선(朝鮮)이라고 한 맥락에서도 잘 밝혀지고 있다.

위화도 회군은 전략상의 회군이다. 2보 전진을 위한 1보 후퇴였던 것이다. 앞으로 언젠가는 꼭 2보 전진을 위한 요동공략의 기회가 반드시 올 것이다. 요동벌은 결코 먼 곳에 있지 않다. 위화도를 징검다리로 압록강을 건너면 서안평(西安坪)을 현관으로 하여 이내 펼쳐진다. 한민족(韓民族) 영화의 주된 터전이었고, 그렇기에 그만큼 상실의 한(恨)이 서린 요동벌은 잊을래야 잊을 수 없는 마음의 고향이다. 마음의 고향 요동벌을 현실적으로 끌어 안을 수 있도록 그날을 위해서 우리는 다각적으로 꾸준히 힘을 비축해야 할 것이다. 하늘은 언제나 스스로 돕는 자를 도울 뿐이다.

(『새마을금고』185, 1994년)

7. 일본 국보 제1호의 조각인

인간 우위의 우리 문화

한민족은 예로부터 인근 민족에게 문화능력이 우수한 민족으로서 어느 시대에나 문화를 존중하여 온 민족으로 알려져 왔다. 이러한 우리 민족은 전 시대에 걸쳐서 그 시대마다의 모순 갈등을 극복하며 그 시대에 필요한 새로운 문화능력들을 발휘하여 왔다. 그 결과 전통문화의 전체적인 문화 축적량은 인근의 여타 민족들과 비교해 볼 때 월등하게 클 뿐만 아니라 그 문화 능력의 세련도가 또한 높은 것이다. 특히 우리의 전통문화에는 인간실재(人間實在)의 철학이 생동하고 있다. 대표적 걸작품인 석굴암 부처는 물론, 그 밖의 옛적의 불상들은 인간의 크기(等身大)로 가장 인간적인 모습으로 조각되어 국내외에 보존되어 오고 있다. 실로 우리 문화의 잠재역량은 끊임없는 인간화과정의 연속인 것이다.

이러한 전통문화의 문화역량은 우리들로 하여금 오늘날까지 살아남게 한 본질이고 또, 앞으로도 삶을 계속하게 할 토대이다. 그러므로 이 인간 우위의 문화역량이야말로 세계사 속에서의 우리 민족의 존재가

치를 밝혀준 민족 본연의 강인성의 원천이라고 할 수 있을 것이다.

일본 국보 제1호의 국적

그 얼굴을 요모조모로 쪽을 뜯어보면 웃고 있지 않다. 한데 그 얼굴을 통째로 보면 웃고 있다. 모나리자의 미소를 얘기하고 있는 것은 아니다. 모나리자는 눈을 뜨고 보고 있는데 이 얼굴은 눈을 감고 있는데도 보고 있다.

정신적 숭고미의 순수한 일점을 보고 있는 듯하다. 고졸(古拙)의 미소(archaic smile) 또는 적미(寂美)의 미소라고 하지만 심오한 정신적 표현은 속세의 형용사로는 묘사할 길이 없다. 국립박물관에 가면 가장 강렬한 인상을 받고 나오게 마련인 '금동미륵보살반가사유상'(국보 83호)의 미소가 그렇다.

오른발을 괴고 오른손의 손가락을 볼에 댄 채 연화당에 걸터 앉은 릴랙스된 이 반가상을 우사면(右斜面)에서 보면 미소의 분량이 정면보다 반감된 분량이 다시 반감되며, 좌측면에서 보면 다시 반감하여 미소의 분량을 거의 찾아볼 수가 없다. 이같은 미소의 분량 측정을 일본 교토(京都)의 고찰 고류사(廣隆寺) 영보전(靈寶殿)에 있는 반가사유상(높이 144.1cm)에 적용시켜 보면 미소반감량(微笑半減量)이 신기하게도 같아 미의 동질(同質)을 느끼게 한다.

이 미의 크기 때문에 이 반가사유상은 일본을 방문한 세계적인 석학 야스퍼스로 하여금 감탄을 금치 못하게 하였다. 당시 야스퍼스는 "지상에서 모든 시간적인 것의 속박을 초월해서 얻은 인간 존재의 가장 청정(淸淨)하고 가장 원만하며 가장 영원한 모습의 상징이었습니다. 나는 수십 년 동안 철학자로 행세해 왔으면서 이만큼 인간 실존의 참답고 평화로운 모습을 구현한 예술품을 아직껏 본 일이 없습니다"라고 고류사의 반가사유상에 경탄하였다. 이를 계기로 일본 정부는 이

반가사유상을 일본 국보 제1호로 지정하였던 것이다.

이 일본 국보 제1호를 두고 ① 한국에서 건너왔다는 설, ② 한국이나 중국의 영향으로 일본에서 만들었다는 설, ③ 귀화한 한국인이 만들었다는 설이 꾸준히 맞서왔으나 이 이설들이 구심점을 못찾고 다만 일본 제1의 국보를 외국 것으로 삼기 싫은 국수적 편견이 곁들여져 한국의 영향으로 일본에서 만들어진 것이라는 학설이 상식화되어 왔다.

"고류사의 미륵상은 스이코왕(推古王) 때 신라 또는 백제에서 가져온 것처럼 전해지고도 있으나 7세기 중엽 일본에서 만들어진 것으로 재료도 소나무로 되어 있다. 한국의 경복궁박물관에 있는 금동미륵반가사유상과 닮았으며 중국의 상해미술관에 있는 북제(北齊) 천보(天保) 4년의 석조태자반가상(石造太子半跏像)과도 닮았다. 이같은 선진국으로부터의 영향으로 만들어진 것이다"라고 일본인들은 믿고 싶어 하는 것이다.

흥미있는 것은 이 영보전에 또 하나의 미륵반가상이 있는데 이 미륵상에서는 반가상 특유의 미소를 찾아 볼 수가 없다. 그러기에 속칭 '우는 미륵'으로 불리고 있다. 국보 제1호인 '웃는 미륵'을 두고 "1천 수백여 년 전에 이런 것을 만든 인간이 도대체 어떤 사람이었을까?"하고 질투에 가까운 선망들을 하는데 이 '우는 미륵'을 두고는 전혀 그런 선망을 하지 않는다.

그러기에 '우는 미륵'이 백제에서 건너온 한국 미륵이라는 데 굳이 이설을 내세우려 하지도 않고 오히려 이 졸작이 한국에서 건너온 원상이고 이 미운 미륵을 본떠 국보 제1호인 예쁜 미륵을 일본 사람이 만들었다는 학설을 내세우는 학자도 있었다. 국수적 편견이 완연한 어처구니없는 학설이었다.

한국 도래설(渡來說)도 ① 스이코왕(推古王) 11년(603)에는 백제로부터, 스이코왕 31년(623)에는 신라로부터 불상이 건너왔다는 『일본서기 日本書紀』의 기록, ② 한국의 미륵반가상과 너무나 흡사하다는 점, ③ 일본적인 데가 하나도 없다는 점, ④ 그리고 신라나 백제에서 건너왔다는 속전 이외에는 뚜렷이 뒷받침할 증거가 없었다.

한데 일본의 지바대학(千葉大學) 공학교수로 목재학 전공인 오하라 지로(小原二郎) 박사는 일본의 고대 목조(木彫) 불상 634개를 그 재료면에서 연구·분석한 논문을 발표함으로써 이 국보 제1호의 국적 해명이 자명해졌다.

그가 전자현미경으로 밝혀낸 이 미륵반가상의 재료는 소나무였다. 소나무임은 안목으로 보아도 알 수가 있어 이전부터 알려져 있었다. 다만 그는 이를 여러 부분에서 해부학적 촬영을 하여 이것이 복유관속 아속(馥維官束亞屬)의 침엽 소나무임을 밝혀낸 것이다.

이 나무가 일본에서 생산되지 않는 것은 아니다. 그러나 한국 전역에서 자라는 가장 보편적인 한국의 나무이며 한국인이 쓰는 목재도구 거의가 이 소나무라는 사실은 중요한 것이다. 일본에서는 혼슈(本州) 북부, 홋카이도(北海道) 등과 고산지대에 주로 살며 전혀 조상(彫像)이나 도구로써 이용되지 않는 나무인 것이다.

그리고 오하라 지로 교수가 조사한 고대의 목조 불상 634개 가운데 소나무로 만든 유일한 불상이 이 미륵사유반가상이었다. 또한 조각법을 살펴보면 다른 일본의 불상은 나무 겉에서 나무 속으로 파들어 갔는데 이 미륵사유반가상만은 유독 한국의 불상처럼 역조(逆彫)방법으로 나무 속에서 나무 겉으로 파나갔다는 것이 밝혀졌다.

이 두 가지 점으로 미루어 이 일본 국보 제1호 '웃는 미륵'은 일본 것이 아님이 실증되었다. 백제나 신라에서 그 나라 사람이 그들 자료로 만들었음이 자명해진 것이다. 다만 한 군데 볼에 가볍게 댄 손가락 한 마디가 일본의 소나무로 되어 있을 뿐인데, 그것은 지금으로부터 1백여 년 전 한 신도가 이 미륵을 끌어안다가 손가락을 부러뜨려 보완했기 때문이다.

익살맞게도 백제의 불상이라 해도 굳이 부정은 하지 않았던 괄시받아온 '우는 미륵'이 오히려 일본 자생의 활엽수인 남(楠)나무로 되어 있고 조법도 일본식으로 나무 겉에서 속으로 파들어간 점으로 미루어 일본 사람이 우리의 '웃는 미륵'을 본떠 만들었으나 끝내 '우는 미륵'을 만드는 데 그쳤을 가능성이 짙어진 것이다.

이 신비로운 고졸의 미를 표현할 수 있었던 우리 선조의 솜씨와, 이 미소를 흉내낸다는 것이 그만 울리고 말았던 일본인 선조와의 대조가 자못 미소를 짓게 한다. 우리는 기억하고 있다. 작년 여름 일본 도쿄(東京)에서는 '한국미술 5천년전'이 개최되었다. 그 당시 나카소네 야스히로(中曾根康弘) 일본 수상 이하 많은 관람객이 발을 괴고 걸터앉아 사색하고 있는 우리의 금동미륵반가사유상 앞에 운집하였던 사실을 볼 수 있었다.

그들은 일본 국보 제1호의 원래의 국적을 눈으로 직접 확인하게 되었을 것이다. 한국인이 만든 예술품을 그들의 국보 제1호로 간직해야 하는 일본인들의 심정은 얼마나 착잡하였을 것인가?

세계 속의 우리의 위치

근대화의 물결은 중국문화의 세력이 추가되어 이루어졌던 고대나 중세의 남북대립의 시대로부터 방향이 바뀌어, 구미로부터 오게 되었다. 그러나 지정학적 조건에서 오는 빈번한 국제파동이 정치·경제·문화 등 각 방면에 걸쳐서 우리나라에 미치는 영향은 앞 시대와 같아서 마치 사국시대(四國時代)로 돌아간 듯한 인상까지 주고 있다. 동아시아의 국제관계의 균형을 유지함에 있어 일익을 담당하면서 또한 우리가 국제관계에 참여하는 힘도 그만큼 강화해야 하는 시대에 이르게 된 것이다.

세계사를 움직이는 추동 세력의 파동이 고대와 중세처럼 중국에서 밀려오든지 아니면 근대에서처럼 구미에서 밀려오든지 간에 우리 민족이 늘 세계사에서 차지할 수 있는 위치를 확보해 왔다는 것은 실로 놀라운 민족적 저력, 즉 문화역량을 보여준 것이라 단언할 수 있다. 이러한 민족의 강인성은 한국사의 기본 성격의 하나라고 하여도 조금도 무리가 아닐 것이다.

이처럼 강인한 우리 조상들은 인류보편의 가장 본질적인 문화인 인간중심의 문화를 계승·발전시켜 왔다. 이러한 값진 우리의 문화유산을 경시하거나 무관심 속에 방치하지 말자. 세계사의 무대가 우리 앞에 놓여 있다는 것을 명확히 인식하고, 이러한 우리의 문화유산을 잘 보전하여 활기넘치는 새로운 전통문화 창조에 원동력이 되는 활력소로 삼아야 할 것이다.

깨달음

같은 민족의 혼, 이렇게도 가슴에 와 닿을 수 있을까?

깨달음이란 실로 대단한 것이다. 숨어 있는 역사를 발견하고, 우리민족 그 바른 역사에 얼마나 무지하고 눈이 어두웠던가를 생각하니 새삼 가슴이 쓰린다. 작품 하나 하나가 의지며 사상이다. 그것은 조사한 자료만으로도 능히 깨달을 수 있는 것이었다. 일본 국보 제1호가 우리민족의 것이라고 알려졌을 때 그것만으로는 만족할 수 없었다.

그래서 자료를 샅샅이 뒤지고 그에 대한 사진을 보고, 그래도 양이 차지 않아 우선 고류사를 탐방하여 직접 눈으로 실물을 확인해 보았다. 그 결과 우리 것임이 너무도 당연한 사실이라는 것과 우리 땅에 있지 않고 바다 건너 일본에 있다는 것이 심히 안타까웠지만 생각해 보면 오히려 다행이었다. 한국에는 일본 국보 제1호를 능가하는 불상은 여러 곳에 있다. 나무가 아니라 금동으로 혹은 돌로 다듬었으되 나무를 다루듯 조각한 인간미 넘치는 불상은 곳곳에 있는 것이다. 한국인의 불상, 그 인간미 넘치는 불상 중 하나가 일본에 건네져 일본인을 인간화시키는 데 적지 않이 도움이 되었으리라 믿기 때문이다.

한국은 인간중심적인 문화축적의 본고장이다. 이렇듯 인간적인 우리의 문화를 일본뿐만 아니라 전 세계에 더 멀리 전파하여 근원적인 인간성 회복의 문화로 세계사를 변화시켜야 할 것이다. 우리 민족은 그 주역으로 부상하고 있다. 정녕 일본 국보 제1호는 한국의 발견에 눈을 뜨게 해주었다.

(『한양여대신문』 44, 1984년 5월 15일자)

제 2 편

사림(史林)의 오솔길에서

1. 리키·레윈의 『오리진』에 대하여

들어가며

상상이란 것은 참으로 매력있는 일이다. 상상이란 현재 상황에서는 일어나지 않는 일을 그야말로 '상상'해 보는 것으로서, 동아출판사 1987년판 『우리말사전』은 다음과 같이 설명하고 있다.

> 상상 : ① 미루어 생각함. 맞대어 짐작함(imagenation) ② 이미 아는 사실이나 관념을 재료삼아 새로운 사실이나 관념을 만드는 마음의 작용

결국 상상에는 미루어 생각할 수 있는, 즉 직관적인 개념뿐만 아니라 추상적 관념까지도 사고할 수 있다는 논리성이 포함되어 있고, 또한 이미 아는 사실이나 관념을 바탕으로 새로운 것을 창조할 수 있는, 즉 학문과 지식의 체계를 세우는 것에 있어서 약간은 모험감을 느낄 수 있는 도구의 능력까지도 포함된다고 해석할 수 있다. 그러므로 상상이란 일상의 생활에서뿐만 아니라 고도의 논리성을 요구하는 학문

의 체계에도 중요한 역할을 하게 된다.

상상이 그러한 학문의 체계에서 중요한 역할을 하게 되는 주된 요인 중의 하나는 시간을 극복할 수 있다는 점이다. 상상이 가지는 시간 극복이라는 이점은 인간의 학문적 사고능력을 현재에서 과거와 미래를 통합하는 광범위한 한계로 끌고 나가게 한다. 그러한 전제 아래 우리들은 인류학이나 고고학같은 역사학을 성립시킬 수 있었다. 그러나 이들 학문은 그 타당성과 객관성을 위해서 많은 과학적 방법들을 동원하게 된다. 리키(Richard E. Leakey)와 레윈(Roger Lewin)의『오리진(Origins)』도 역시 이러한 종류에 속한다.

『오리진』의 구성

『오리진』은 인류의 기원을 밝히기 위한 저서로 인간의 과거를 이해함으로써 인간의 미래를 예측한다는 취지 아래 저술되었다. 이 책은 전 10장으로 구성되어 있으며 크게 다음과 같이 분류할 수 있다.

첫째는 서론에 속하는 1장「인류의 발자취」이다. 1장에서는 인류의 기원을 밝히는 목적 혹은 취지, 또 방법 등이 대단히 간략하게 설명되어 있다.

둘째는 본론에 속하는 부분으로 2장에서 9장까지의 내용이다.

2장「위대한 혁명」에서는 인류의 기원에 대한 배경이 되고 있는 이론적 근거를 설명해주고 있다. 18세기부터 움트기 시작한 창조론자들과 진화론자들 사이의 지적(知的) 대립관계, 거의 모든 분야에 획기적 전환점을 마련하는 다윈(Charles Darwin)의 진화론 등을 설명함으로써 자신들의 '추측'에 대한 기초를 설명하고 있다.

3장「인간성의 뿌리」에서는 흔히 인간의 우월성을 설명해주는 직립보행, 도구의 이용, 색채감각 등의 형성을 진화론적 관점에서 설명하여주고 있다. 또한 최고(最古)의 유인원으로 간주되는 에집토피테쿠스, 그 후의 드리오피테쿠스 등을 화석을 통해 설명하여주고 있다.

4장 「인류의 시작」에서는 개체로서의 인간이 아닌 인류, 즉 인간의 군집구조 혹은 사회관계 등을 설명하여주고 있다. 그러한 과정에서 군집을 지키기 위한 방어 목적으로 메일(male)이 대형화되고 성장기가 길어지는 것들을 연관설명하고 있으며 인과(人科)의 최초대표 라마피테쿠스에 대한 설명을 자세하게 하는 도입부분이 된다.

5장 「인류의 요람」에서는 유적발굴을 통한 인과(人科)계통과 생활상의 연구에 대하여 설명하여주고 있다. 여기에서는 특히 1972년 발견된 1470의 발견과 루시(Lucy)의 발견에 대해 자세하게 설명하고 있으며 그와 함께 화석을 통한 연대측정방법에 대해 서술하고 있다.

6장 「아프리카에서 농경으로」에서는 라마피테쿠스에서 호모하빌리스를 거쳐 진화한 호모에렉투스가 농업혁명을 이룩하고 음식물을 운반하는 등 구체적 행동양식으로 발전하고 있었다는 설(說)을 설명하고 있다. 또한 운반작업에서 발생된 언어의 발달, 불을 사용한 요리방법의 발견 등 문화 전반에 대한 설명을 하고 있다. 그 밖에도 장례식·벽화 등을 통한 예술생활, 호모에렉투스에서 호모사피엔스, 호모사피엔스사피엔스, 크로마뇽인으로의 진화, 아메리카·오스트레일리아로의 이주, 농업혁명에 따른 인구급증에 대해서도 언급하고 있다.

7상 「최초의 혼합경제」에서는 수렵과 채집생활의 공존, 그로 인한 사회현상 - 분업·협력·교육과 인간성에 대한 제반 문제, 공격성·영토권·우월성 등에 대해서 설명하고 있다.

8장 「지능·언어·인간의 심성」에서는 언어와 문화와의 관계, 지능과 진화, 또한 개념 구성력·발명 등 지적 능력에 관해서 설명하고 있다. 그리고 그러한 모든 것의 영향으로 발생되리라고 추측되는 사회의식 등을 설명하고 있다.

9장 「공격성·섹스·인간의 본성」에서는 인간의 진화에 대한 기본적 입장의 설명으로서, 과거 인간을 '공격적 동물'이라고 통용되었던 설에 전면적인 부정을 나타내고 있으며 종족보존 능력에서 근친상간의 문제를 다루고 있다. 결국 인간의 본성을 협동으로 봄으로써 상당히 낙관적 입장을 취하고 있다.

마지막은 결론에 속하는 10장 「인류, 그 전망」이다. 10장에서는 현존하는 사회문제 - 인종차별·전쟁·자원문제 등에 관하여 설명하고 있으며, 인류의 미래는 인간 자신의 오만함을 버리고 평화롭고 공정한 인류의 생존이라는 하나의 목표를 향해 전 인류가 매진해야 함을 강조하고 있다.

『오리진』의 연구방법

『오리진』에서 리키와 레윈은 진화론에 바탕을 두고 논리적 상상을 전개시키고 있다. 인류는 진화를 해왔다는 것, 또한 그 진화는 자연선택설 등에 의거하고 있다는 것 등의 커다란 전제를 중심으로 하여 그 추측의 체계를 성립시키고 있다. 그러한 상상의 체계들을 논리적 타당성과 객관성을 갖추게 하기 위하여 이 책에서는 다음과 같은 몇 가지 과학적 방법을 선택하고 있다.

첫째는 화석 및 유물을 발굴하는 것이다. 그리하여 화석 및 유물을 근간으로 거기에 포함되어 있는 방사성원소들을 검사하여 연대를 밝히거나 유물이 포함되어 있는 지층의 연대를 파악함으로써 시간을 측정한다. 그리고 대부분의 유물들을 해부학을 통하여 당시의 생활을 추측한다. 그러나 화석이나 유물은 보존될 수 있는 가능성에 한계가 있고 발굴해내는 것에 한계가 있다.

둘째는 인류와 친척 관계가 있다고 생각되는 유인원 - 비비, 고릴라 등의 생활을 관찰하는 것이다. 이 방법은 인류와 유인원은 한 근원에서 비롯되었다는 추측에 근거해서 유인원의 생활은 초기 인류의 생활과 유관하다는 생각을 기초로 한다.

셋째는 현존하는 원시부족사회의 생활을 관찰하는 것이다. 아직까지 현대문명의 영향을 받지 않고 그들만의 문화를 고수하며 살아가는 부족사회의 생활을 관찰함으로써 초기인류의 생활에 대해 알 수 있을 것이라는 믿음에서 적용되는 방법이다.

위의 방법들은 인류의 기원을 밝히기 위해 고고학, 고인류학, 지질학, 인류학, 동물행태학, 심리학 등 다양한 학문에서 통용된다. 이러한 모든 방법들은 어느 정도까지는 과학적 근거를 마련해줄 수 있으나 아직까지는 '추측'의 한계를 넘을 수 없다. 이러한 것은 결국 인간의 한계일지도 모른다. 그러나 우리는 앞으로도 계속 '상상'보다는 '사실'에 접근하기 위한 노력을 게을리해서는 안될 것이다.

생각해 보아야 할 점

『오리진』을 읽으면서 몇 가지 재미있는 점들을 발견했다. 그것들은 대부분이 책의 논리를 완전히 믿지 못하는 마음에서부터 비롯된 것이긴 하지만, 이 글은 소감문이므로 그러한 점들을 몇 가지 제시해보기로 한다.

첫째는 저자들이 『오리진』에 서술한 모든 내용을 진리로 생각하고 있다는 점이다. 물론 이 책의 첫 장에서는 추측과 예상이라는 점을 시사하고는 있지만 뒷장으로 넘어갈수록 앞의 가정들이 더욱 더 확실한 표현으로 서술되고 있다. 단적인 예로 초기인류의 경제생활을 서술한 것을 들어보자. 1장에서는 '~였을 것이다'(김광억 역, 『오리진』, 14쪽)의 추측형이 7장에서는 '~였다'(같은 책, 184쪽)라는 단정형의 서술방법으로 변화하는 것을 볼 수 있다. 현재까지 밝혀진 인류의 기원은 여러 가지 설로 나눠져 있으며 크게는 창조론과 진화론으로 구분 될 수 있는 것으로 알고 있다. 물론 현재의 흐름이 진화론쪽으로 흐르고 있다는 것은 알지만 확인되지 않는 한 그러한 식의 전개는 지양되어야 한다고 생각된다.

둘째는 인류발전의 커다란 요소로 간주되는 직립보행의 자세를 방어에 효과적이었던 데서 나온 것으로 보았다는 점이다. 인간은 맹수에 대항할 만한 공격적 무기가 없었으므로 방어와 경계에 용이한 상태를 필요로 하였다는 것이다. 이것은 꽤 재미있다는 느낌을 받는데 그 이유는 위협적인 무기를 지닌 맹수를 피해서 직립보행할 수밖에 없었던 초기인류가 오늘날은 직립보행이라는 이점을 이용해 많은 문화를 발생시켰고, 또한 여러 맹수들을 사육하기에 이르렀다는 아이러니 때문이다. 아무튼 이 책에 쓰여진 대로 단지 방어와 경계를 위해 인간이 진화해왔다면 종족을 보존하기 위해 그들이 이루었던 군집이라는 것이 얼마나 유효적절한 것이었나 하는 생각을 하게 된다.

셋째는 위에서 본 것처럼 인간성의 본질을 '협동'이라고 본 점이다. 인간은 자기종을 죽이고 먹는 유일한 동물이며 공격적인 동물이라는 종래의 설을 완전히 뒤엎고 있는 것이다. 그럼으로써 이 책은 인간의 미래에 대한 예측을 낙관적으로 이끌 수 있는 바탕을 마련하고 있다. 그러나 그러한 유리한 근거에도 불구하고 많은 사회문제들과 함께 인간 스스로의 오만함을 버리지 않는 한 비관적이라는 결론을 내린 것은 참으로 흥미롭다. 인간성의 본질은 '협동'으로 보지만 역사는 인간성에 의해 이루어지는 것이 아닌 듯한 느낌을 받기 때문이다.

넷째는 근친상간에 대한 견해이다. 프로이드(Freud)에 의하면 근친상간이 금지되는 이유는 인간에게는 선천적으로 근친상간의 욕구가 강하므로 사회의 질서유지를 위해 도덕적 금기(taboo)로써 이를 저지시킨다고 한다. 그러나 이 책에서는 비비의 생활을 예로 들어 근친끼리는 성적 관심을 갖지 않으며, 이계교배의 이점(다양한 변종이 산출되어 종족을 보존하기에 유리하므로)에 의해 자연적으로 근친상간에 대한 금기가 이루어진다고 본다. 이것은 프로이드에 대한 전면적 부정으로서 역시 인간성 자체에 대한 입장이 서로 다름을 내포하고 있다.

나가며

보통 어떻게 할 수 없을 때, 즉 한계상황에 부딪쳤을 때 신(神)을 찾게 된다. 마르크시즘을 비롯한 꽤 많은 현대사상들이 그러한 인간의 자세를 주체로서 생(生)을 살지 못하는 어리석은 인간의 자세로 여기고 있지만 그건 어쩔 수 없는 일이다. 이 책을 읽으면서도 그런 느낌을 받았다.

또한 만약 인간이 정말 우수한, 진정 만물의 영장이라면 오늘과 같은 문명은 이룩될 수 없었을지도 모른다는 생각도 들었다. 인간에게 한계가 없다면 도구를 발명하는 따위의 문명은 성립될 필요도 없었을 것이고, 인간은 좀더 느긋한 마음으로 광활하게 펼쳐진 자연(自然)을 있는 그대로 놓아두고 감상했을지도 모르는 일이다.

그러나 인간에게는 한계가 있기에 진화를 해야만 살아 남을 수 있었고 자연을 인간에게 맞도록 변화시킬 수밖에 없었다. 그리하여 현재와 같은 고도의 문명을 성립시킬 수밖에 없었을지도 모른다. 그러한 생각들을 하다 보면 인간에게 있는 자부심의 선을 넘어선 오만함은 얼마나 어리석은 것인가 하는 데까지 이르게 된다.

결국 이 책의 결론대로 인간은 오만함을 버려야 할 것 같다. 인간은 자연의 왕(王)이 아닌 자연 속의 한 구성요소에 불과하기 때문이다.

(『행원』 12, 1988년)

2. 한국사의 북방강역

들어가며

울타리가 자못 삼엄한 집을 보면서 넓은 땅을 놓아두고 몇십 평 안되는 집터만을 자기 집이라고 고수하는 것이 얼마나 답답한 일인가 하는 것을 생각해 본다. 어디 가옥뿐이겠는가? 공원도 학교도 마을도 산천도 우리의 선조가 이루어 물려준 것은 모두 우리의 영유가 아니겠는가? 집터에 얽매이지 말고 열린 자세로 우리가 숨쉬고 있는 천하가 우리의 땅이라는 것을 자각해야 할 것이다. 그렇다면 어느 곳에서도 집에서나 마찬가지로 우리의 땅에 대한 애착이 움터날 것이다.

시야를 시공으로 둘러보자. 우리 선조가 개척한 땅은 결코 한반도만이 아니었다. 지금은 한반도가 그나마 반조각이 났지만 역사상 우리 땅은 끝없이 펼쳐진 간도대륙은 물론 동북 중국, 남부 일본까지도 포용함을 직시하게 될 것이다. 어찌 한반도만을 우리의 땅이라고 고수할까 보냐. 물론 한반도가 옛부터 우리의 터전임은 말할 것도 없다. 그러나 우리는 너무나 분명한 우리의 땅인 간도 벌판을 잊은 채 해가 가고 있으니 안타까운 마음에 이 글을 청년학도에게 전한다.

우리 민족의 형성과 그 활동 무대

'83년에 수정된 중학교 국사 교과서 첫 항목의 내용을 보면 선사시대에 "우리 조상들은 환경의 변화를 극복하면서 생활무대를 넓혀갔다. 우리 민족은 한반도는 물론, 만주, 요서, 산동지방까지 활동무대로 하여, 여러 지방의 문화를 흡수하면서 독자적인 문화와 전통을 세우게 되었다"라고 기념비적인 민족 분포설을 담았다. 한국사의 첫 출발부터 우리 민족의 활동무대가 한반도, 간도, 요서, 산동 일대임을 그 동안의 고고학상 및 문헌학상의 연구에 힘입어 선명히 밝혀 놓은 것이다. 이 간도 일원의 영유는 우리 민족이 국가 생활로 들어와서도 여전하였다.

고조선의 건국과 그 강역

우리나라의 첫번째 나라인 고조선은 단군성조(檀君聖祖)가 요(堯) 임금과 동시대(서기전 2333)에 개국했다고 『삼국유사』에 『위서 魏書』를 인용하여 기록해 놓았다. 중국사의 경전으로 불리는 『사기 史記』에서는 자기 나라의 역사는 황제(黃帝)로부터 출발했다고 하는데 그의 뒤를 이은 오제(황제, 곡, 전욱, 요, 순)·삼대(하, 은, 주)는 모두 동성(同姓)이라고 기록되어 있다. 그런데 『맹자』 제8권에 순(舜)은 동이인(東夷人)이라고 하였다. 이것은 중국 역사의 첫 출발은 우리 한국인에 의해서 출발되었음을 의미한다. 이때에 중국은 지방 천 리 가량의 작은 나라였는데, 요임금 때 순이 양곡(暘谷)에 있는 동방의 임금을 찾아뵙고, 그 나라 문화를 채용하여 중국문화의 기틀을 세웠다고 『사기』는 밝히고 있다. 그렇다면 양곡은 조선(朝鮮)과 같은 의미의 해뜨는 곳이란 말이니, 이로써 서기전 2333년의 조선 건국의 역사적 사실이 입증되고 첫 출발부터 고조선의 강역이 요·순이 지배하고 있던 지역의 동쪽 지방까지 뻗쳐 있음을 알 수 있다. 그리고 조선의 문화수준이 요·순의 기틀 역할을 했음이 분명해지는 것이다. 이는 우리 조상들이 중국문화의 창시자임을 뜻할 뿐 아니라 동아문화 건설의 주체세력이었음을 의미하는 것이다.

이토록 자명한 역사적 사실을 우리는 어찌『삼국사기』에 없고 일본인 학자가 부인한다고 하여 한국사에서 포기하고 고조선의 강역을 서간도와 한반도로 끌어들여 스스로 그 영토를 축소시킨단 말인가? 그러나 동북 중국과 간도를 포함하는 지역이 조선의 강역이었음이 문헌 도처에 실려 있음은 우리들의 눈을 개안시키기에 족할 것이다. 몇 가지 예를 더 들겠다.

⑴『사기』송미자 세가(宋微子世家)에는 기자의 무덤이 양나라 몽현(梁國蒙縣)에 있다는 주(註)가 있다. 그곳은 오늘날 하남성이다.

⑵ 전국시대(戰國時代)의 소진(蘇秦)은 그의 합종책(合從策)에서 "연나라는 지방 2천 리며 동쪽에는 조선과 요동이 있다"고 했다. 그곳은 지금의 하북성이다.

⑶『한서』에는 "동이의 예군 남려(濊君南閭)가 28만 인을 이끌고 귀순하였으므로, 창해군(滄海郡)을 설치하였다"라는 기록이 있다. 창해군의 위치는 압록강 유역이 아니고 하북성 일대이다. 지금도 그곳에는 창(滄)이란 도시가 있거니와 훗날 수(隋)의 수군이 창해도에서 떠나 고구려로 갔다는『수서』의 기록으로도 입증된다.

⑷『사기』에는 한나라 무제가 조선을 평정하고 이른바 4군을 설치했다는 기록이 보인다. 즉 당시 한 무제의 사관이었던 사마천은 한사군이 홰청·추저·기·온양임을 확연히 밝혔다. 이들의 위치는 오늘날 하북성 일대에 있다. 따라서 낙랑·진번·임둔·현도의 사군은 후세의 조작임이 분명해지는 것이다.

고대 왕국의 간도대륙 할거

『삼국사기』나『후한서』에 보면 "후한 광무제가 낙랑 땅을 공취하여 낙랑군을 만들었다. 그러나 다시 5년 후(49) 고구려군은 낙랑을 지나서 후한의 북평(北平), 상곡(上谷), 태원(太原)까지 침공하였다"라고 기록되어 있는데 이는 낙랑이 중국과 고구려 사이에 있는 지방이었으므로 때로는 독립된 왕국이 그곳에 서기도 하였고, 때로는 중국에 속하기도 하였고, 때로는 고구려에 속하기도 하였음을 알 수 있다. 그러나 고구려는 낙랑 소유에만 그치지 않고 하북성 북부까지도 영유했음에 유의해야 한다. 그것은 오늘의 하북성 북부에 있는 북경시 교외에 고려영(高麗營)이라는 지명이 남아 있는 것으로도 알 수 있다. 이는 고구려군의 병영이 있던 곳임을 이름이다.

한편, 백제의 팽창도 특기할 만하다.『송서』열전 백제전에는 "백제국은 원래 고구려와 더불어 요동 동쪽 천여 리에 걸쳐 있었으나 고구려가 요동을 취하니 백제는 요서를 공략하여 그 치소를 진평군 진평현에 두었다"라고 실려 있다. 이는 백제가 요서지방을 아우르고 있었음을 뜻한다. 또한 이 사실은『양서』의 "晉世句麗旣略有遼東 百濟亦據有遼西 晉平二郡地矣 自置百濟郡"라는 기록에 의해서도 뒷받침된다.

이토록 강성한 우리의 사국은 중국 역사상의 어느 왕조보다도 더 오래 동방에 군림하였다. 같은 시기에 중국에서는 한 - 신 - 후한 - 삼국 - 위·진 남북조 - 수 - 당의 왕조가 흥망을 거듭하였다. 그 동안 고구려 왕족(高氏)은 후연의 왕을 배출하는가 하면 북위의 영토를 갈라 북제를 건설하는 등 중국 진출을 활발히 하였다. 이로 인해 수·당과 고구려의 결전은 불가피했던 것이다. 한반도 북부와 간도 전체를 차지한 고구려는 수·당의 큰 위협이 아닐 수 없었기 때문이다. 상고시대 이래 이처럼 고구려 때까지도 간도뿐만 아니라 중국 동북부의 상당 부분이 우리 민족의 영토였다는 것은 우리 민족의 자화상에 대하여 무한

한 긍지를 안겨주는 사실이며, 이를 거울로 오늘날 우리 민족의 재기에 큰 힘으로 삼아야 할 것이다.

남북국시대의 재인식

660년과 668년에 나·당연합군에 의해 백제와 고구려가 멸망한 것은 남북국시대로 우리 민족사가 재편성되는 계기가 되었다. 즉 신라는 대동강 북쪽으로 당의 세력을 몰아냈고 고구려 땅에서는 고구려 유장 대조영이 고구려를 계승하여 발해를 건국하고 당의 세력을 축출, 신라와 대치하였다. 이것이 역사상 남북국시대인 것이다. 그러나 통일신라시대라고 칭하면 같은 민족의 민족국가인 발해를 우리 역사 정사에서 저버리는 우를 범하게 되는 것이다. 이는 또한 스스로 간도대륙을 우리 민족사에서 포기하는 결과가 되는 것이다. 그렇다면 왜 삼국통일이란 말인가? 사국시대의 영토가 1/3로 줄어들었는데도 다만 신라 영토가 3배 정도 늘어났다고 하여 통일이란 말인가? 발해의 등장은 사국시대의 영토를 거의 고스란히 회복했음을 상기하여야 한다. 따라서 고구려를 계승한 발해사의 의미는 막중한 것이다. 우리는 당연히 신라와 발해의 대칭시대를 남북국시대라고 함축함으로써 신라와 발해를 모두 우리 민족사에 포용함이 마땅할 것이다.

고려의 진취성과 여진의 간도법통 계승

진취적인 고려가 우리 민족임은 부언의 여지가 없다. 다만 여진을 이민족시함을 바로잡고 싶을 따름이다. 발해가 말갈인을 피지배층으로 하여 나라를 세웠다고 한다. 말갈인은 도대체 어느 민족이란 말인가? 말갈인이 고구려시대에 분명 고구려인이 아니었던가? 그렇다면 우리 민족임이 입증되는 것인데도 마치 발해가 멸망하고 고구려 계통은 고려로 귀화하고 이민족인 말갈인은 그 지역에 그대로 남아 여진을 이룬 것처럼 말함으로써 간도 땅을 우리 민족사에서 제외시킨 것은 언어도단인 것이다. 고조선 → 부여 → 고구려 → 발해 → 여진으로 이어지는 간도 땅의 주인공이 어찌 우리 민족이 아니란 말인가? 고구려가 망하고 고구려 땅에 살고 있던 고구려 유민이 세운 나라가 발해이고, 발해가 망하고 발해 땅에 살고 있던 발해 유민이 세운 나라가 여진인데 어찌 여진이 이민족이 될 것인가? 이는 고구려가 국경방위를 위한 적대감 조성을 고취하기 위해 오랑캐라고 부른 것이 끝내는 이민족으로 오인하기에 이르렀을 뿐, 사실은 동족인 것이다. 마치 지난날 북한을 괴뢰라고 한다 해서 북한이 이민족이 아닌 것과 같은 것이다. 북한이 동족인 것과 마찬가지로 여진도 동족인 것이다. 또한 여진이 그 국명에 금(金), 후금(後金 : 淸)을 고집한 것이나 신라가 그 지배족을 일러 금(金 : 김씨족)을 내세운 것도 우연한 일이 아닌 것이다. 이는 동족임이 암시되어 있지 아니한가. 그 여진이 북중국까지 우리의 강토를 회복했던 것을 어찌 민족사에서 외면할 수 있겠는가? 그 여진이 우리 민족인 것은『금사』에서도 밝혀 놓았다. "금의 시조는 이름이 함보이다. 처음에 고려에서 왔다. 형 아고내는 고려에 남고 따라 오지 않았다. 말하기를 후세에 우리가 서로 뭉치게 할 자손이 반드시 나타날 것이다. 나는 떠날 수 없다." 또한 금 태조 아구타는 발해인을 일러 "女眞渤海本同一家"라고 말했다. 이러한 사실들은 우리의 가슴을 뭉클하게 한다. 그런데 간도대륙과 한반도가 우리의 역사무대임을 망각하고, 그나마 한반도마저 동강냈으니 어찌 통탄치 아니하랴?

조선의 내실과 후금(淸)의 약진

『만주원류고』에 의하면 "명나라 중엽에 건주위 추장 이만주라는 이가 있었다. 조선 함길도에서 흥경으로 이사하여 살았다. 그의 후예 청 태조는 그 도통을 이어 호를 만주라고 하였으니 이가 곧 만주한(滿洲 汗)이다"라고 하였다. 또한 조선은 이성계에 의하여 건국되었는데 원 래 이성계는 북간도 여진 땅에서 일어나서 고려 동북면에서 많은 군공 을 세운 장군 가문 출신으로 고려왕을 폐하고 조선을 세웠음은 주지의 사실이다. 그러고 보면 후금은 조선 사람이, 조선은 여진 사람이 세운 격이니 음미할 바가 많은 것이다. 그러나 조선과 여진이 동족임을 깨 우치면 간도와 한반도의 역사를 민족사에서 떼어놓을래야 떼어놓을 수가 없는 것이다.

여진의 청태조가 조선의 광해군에게 보낸 국서에서 "요동은 본시 조선 국토이다. 지금 명나라 사람들이 그 땅을 빼앗았는데, 너희는 명 나라가 원수인 것도 모르고 도리어 신복하고 있다"라고 개탄하고 수 호협력하여 명나라를 무찌르고 국토를 찾도록 하자고 제의해온 것을 조선은 수락하지 않다가 여진에게 제압당한 바 있다. 여진(淸)은 끝내 명을 섬멸하고 중국대륙을 통치하였으니 우리 민족사상 일대 쾌거다. 이처럼 우리 민족은 중국과 밀고 밀리면서 대치하다가 끝내는 중원을 석권하기는 했어도 민족의 본거지인 간도대륙을 중국에게 잃은 일은 없었는데, 불행히도 우리들 시대에 들어와 간도를 상실하고 말았다. 1911년 신해혁명을 기점으로 중국인의 세력이 확대되어 오다가 1949 년 중공이 일어나고 1950년 한국동란에 중공군이 참전함으로써 간도 는 중공 수중에 넘어가고 만 것이다.

나가며

여진은 고구려, 발해의 후손이며 우리의 동족임을 알고 여진의 역사 가 끊어진 오늘날 그것을 계승할 자가 우리임을 자각하고 후손들에게 알려야 하겠다.

  금·청의 여진이 한국인의 동족이라는 사실과 그들의 활동무대가 조선·고구려·발해가 활동했던 간도대륙이라는 점을 깊이 인식하고 간도에 대한 우리의 역사적 영토권을 자타에게 알리고 간도 수복운동을 민족사적 과업으로 일깨워야 할 것이다. 이에 간도에 대한 우리들이 취할 자세를 다음과 같이 제안한다.

  ⑴ 일찍이 우리 민족이 고조선·고구려·발해·여진·후금(淸)으로 국명을 달리하며 활약했던 무대를 조선 후기부터 다시금 진출하기 시작하였다. 이와 같은 사실에 바탕을 두고 그곳을 바라 본다면 그곳은 분명히 간도가 될 것이다. 그렇다면 우리 민족의 입장에서는 중국의 견지에서 부르는 동북지방, 일본의 관점에서 만주라고 지칭하는 개념으로부터 구분될 것이다. 이제 우리는 중국인 시각의 중국 동북지방이나 일본인 시각의 만주 개념을 모두 청산하고, 우리의 시각에서 간도 개념을 일상화시켜야 할 것이다.

  ⑵ 간도대륙의 고유명사는 중국식 발음이 아닌 우리 발음으로 표기해야 할 것이다(예 : 퉁거우→통구, 랴오둥→요동 등).

  ⑶ 우리나라 지도를 그릴 때는 간도대륙을 포함한 한반도를 그려야 할 것이다(예 : 구석기 및 신석기시대 유적 발굴 분포도, 일기 예보도 등).

  ⑷ 한국사의 시대구분을 반도사관에서 탈피하여 간도대륙사까지를 포용하는 시대구분을 하여야 할 것이다.

  ⑸ 우리는 옛 기록을 비판적으로 수용하여야 한다. 식민사관에 의하여 지어낸 이야기는 불식하고 매몰된 간도대륙사는 원래대로 복원해야 할 것이다.

  ⑹ 휴전선을 없애 남북한을 통일하고 나아가 고구려·발해·금·후금(청)으로 이어진 우리 겨레의 강토 간도대륙을 수복하는 일을 역사적 사명으로 삼아야 할 것이다.

(『국제대학보』 252, 1984년 10월 15일자)

3. 충희공 박명원의 충직한 생애

요즈음 필자는『파주군지』의 인물편을 집필하다가 뭉클 가슴에 와 닿는 한 분의 인물을 만났다. 그래서 이번에는 그분의 인품을 간추려 우선 독자에게 간략히 소개하고자 한다. 그분은 바로 충희공(忠僖公) 박명원(朴明源 : 1725~1790)이다.

공은 영조의 부마(駙馬 : 임금의 사위)로 자는 회보(晦甫)요 본관은 반남(潘南)이며 사로왕은 그 비조(鼻祖)가 된다. 후세에 문정공 박상충이 굳은 절개로 고려에 봉사하여 이름을 빛냈다. 조선에 들어와서는 좌의정인 평도공 박은과 금계군인 충익공 박동량이 있어 나라에 공을 세워 이름이 있었고, 금양위인 문정공 박이에 이르러서는 문장으로 이름을 떨쳐 마침내 동방의 갑족(甲族 : 훌륭한 문벌)이 되었다. 이러한 명문가문을 배경으로 하여 공의 증조할아버지 박태두는 군수, 할아버지 박필하는 참봉을 제수받았다. 그리고 아버지인 박사정은 예조참판으로 영의정에 추존되었고, 어머니는 함평 이씨이다. 부인은 영조의 셋째 딸이자 정조의 고모인 화평귀주(和平貴主)이다. 자녀는 상철(相喆)을 양자로 두었고, 세 딸은 장선, 서근수, 이건영에게 각각 출가하였다.

공은 1738년(영조 14)에 금성위(錦城尉)에 봉해졌으며 영조의 깊은 사랑을 받았다. 처음의 품계로는 순의대부(順義大夫)를 받았으나, 여덟 번 옮겨 뒤에 수록대부(綏祿大夫)에 승진되었다. 벼슬은 오위도총부 도총관 겸 선공사재, 장흥부와 제용부의 제조(提調)를 역임하면서 1776년(영조 52), 1780년(정조 4), 1784년에 걸쳐서 도합 세 차례 중국에 정사로 다녀왔다. 붓글씨를 곱게 써서 나라의 애경사(哀慶事) 때면 금옥보책명정서관(金玉寶冊銘旌書官)이 되었는데, 모두 10여 차례에 이르렀다.

공은 몸가짐에 절도가 있었으며 검소하였고, 또한 풍류와 운치가 있었다. 성품과 도량이 간결하고 풍채가 준수하며 단정하였다. 말하는 데 있어서는 항상 다른 사람을 존중하였고, 번거로움을 경계하였다. 비록 높은 벼슬자리에 있으면서도 치밀하기가 정숙한 여인과 같았고, 담백하기는 마치 가난한 선비와 같았다. 그리하여 안으로는 그 완벽함에 이르게 하고, 밖으로까지 그 혜택이 넘치도록 하니 왕왕 사람들은 그의 능력에는 미칠 수 없다고 하였다. 고고(孤高)한 충성과 큰 절의는 늠름하게 빛나 마치 열사(烈士)의 풍도가 있었으며, 아무리 어려운 일이라 하더라도 꺼리지 않고 기어코 다하였다.

처음 귀주가 시집올 때 배고개(梨峴)에 대군의 저택이 있었는데, 영조가 명하여 그곳에서 살게 하였다. 그러나 그는 글을 올려 극력 이를 사양하여 마침내 다른 집으로 바꾸었다. 혹 논이나 밭을 특별히 하사받는 경우에도 반드시 간절히 청하여 이를 반환하였다. 강제로 명하여 이를 따르게 하면 첩지를 집에 감추고 감히 받지를 아니하였다. 성품이 자연을 즐겨 일찍이 교외의 들에 조그마한 집을 짓고 꽃씨와 대나무를 심었다. 그리고 그 사이를 지팡이를 짚고 소요하며 맑은 눈동자를 굴리면서 흰머리로 유유자적하니 마치 세상 밖의 신선 같았다. 조정에 있을 때는 대궐에 출입을 삼가하는 법도를 지켜 이를 항상 유의하였으며, 이것은 어려서부터 늙을 때까지 실수한 일이 없었다.

공의 아들 상철은 젊은 나이에 대과(大科)에 장원하였으나, 공은 문을 닫고 대면조차 하지 않으니 대신들이 오히려 마음이 위축되어 매우 근심하였다. 친척들이 벼슬자리에 있었으나 한 번도 정치에 관여하지 않고 또 사사로이 인사청탁에도 관여하지 않았다. 당시에는 붕당정치의 폐단으로 조정의 의견이 갈라져 세상이 여러 번 변하고 권력자의 집안이 후에 대부분 피에 몰려 몰락하였다. 그러나 공은 홀로 이를 면하여 이름을 보존하고 가문을 유지하였으니, 이는 항상 조심하고 법도를 지켜 처신하였기 때문이다.

한 번은 연경(燕京 : 오늘날 北京)에 사신으로 갈 때 장마비에 물이 넘쳐 길이 막혔다. 수행원들이 모두 조금만 머물렀다가 가자고 만류하였으나 "사신의 일정은 정해져 있는데 어찌 내게 위임된 명령을 초개와 같이 하겠는가?"하고는 전진하여 마침내 강을 건너니 물 또한 능히 해치지 못하였다. 청국(淸國)에 이르니 예부에서 강요하기를 "번승(番僧)에게 머리숙여 절하라"하였으나 조금도 움직이지 않고 "내가 신하로서 외교상 오지 않았다면 너희들에게 무릎을 꿇을 수가 있으나 지금은 사신이니 그럴 수 없다"하고는 저들이 아무리 꾸짖어도 끝내 굴하지 않았다.

1786년(정조 10) 왕세자가 죽자 그 장례에 상지관(相地官 : 관상감에 소속되어 묘터 및 집터를 잡는 관원)이 천한 직책이라고 나서지 않자 이를 나서서 처리하였다. 병이 들어 위독하여도 더위를 무릅쓰고 부지런히 일을 추진하니 끝맺음에 아무 하자가 없었다.

공은 운명 직전에 유언하기를 "나라의 은혜에 보답하지 못하고 죽으니 눈을 감을 수 없다. 내가 죽더라도 예장(禮葬)은 하지 말라"하고는 사사로운 말은 하지 않았다. 이에 정조가 손수 명(銘)하기를 "향기로운 바람 헤치며 달리는 아름다운 저 말고삐를 어느 누가 곁눈질로 시비하랴. 공은 오직 진실되고 순박하여 그 정밀하기가 마치 요조숙녀 같았네. 마음은 맑고 행동은 부드러워 윗사람 공경하고 아랫사람에게 어질었네. 수컷이 암컷을 지키는 분수의 이치를 알아 내가 주고자 하여도 몸굽혀 받지 않았도다. 처음부터 끝까지 큰 절의 지켜 일발천균

(一髮千鈞 : 韓愈의 『興盟尙書』에서 나온 말로서 극히 위험하다는 뜻)의 의리를 지켰네. 높고 높고 높은 저 봉우리, 아름다운 기운이 천지의 음양에 화답하네. 어느 누가 저런 공(功)을 차지할꼬, 성하고도 빛나도다"라고 공의 생애를 각인하여 넘볼 수 없는 삶을 칭송하였다.

저서로는 『만보정시집』, 『연행록 燕行錄』 등이 있고, 서적(書蹟)으로는 『국구오흥부원군김한기표 國舅熬興府院君金漢耆表』가 장단(長湍)에 남아 있다. 특히 1790년(정조 14) 풍수지리를 중시하는 공의 상소문이 파주(坡州)에 있는 충희공 신도비(191×46×75cm)에 새겨져 있어 눈길을 끌고 있다. 여기서는 긴 상소문 중에서 그 요체만 부기해 두고자 한다. "……신은 비록 식견이 어두우나 감히 지리의 설을 논하여 단지 사람들이 쉽게 알 수 있고, 쉽게 볼 수 있는 것만을 골라 말씀드리고자 합니다. 잔디를 말리는 것은 잘못의 첫째이며, 청룡의 지세를 꿰뚫는 것은 두번째의 잘못이며, 배후에 수세(水勢)가 세차게 부딪치게 하는 것은 그 잘못의 세번째이며, 묘 뒤에 석축을 쌓아 자연의 정기를 끊어 버리는 것은 그 네번째 잘못입니다. 만약에 이 네 가지 잘못으로 자리를 잡는다면 풍기(風氣)가 불순하고 토성(土性)이 온전하지 못하여 지세(地勢)는 물이 고여 웅덩이가 됨은 말할 것도 없으며 여기에 이르러 독사뱀의 자취가 무덤 안에 들어오게 된다면 더욱 놀라고 뼈를 깎는 듯한 아픔을 갖지 않을 수 없을 것입니다.……"

조정에서는 공의 충직한 생애를 기려 충희공의 시호를 내렸다.

(『새마을금고』 180, 1993년)

4. 민중의 성장과
임술민중항쟁의 비중

민중운동의 개념

　민중은 사회구조의 측면에서 볼 때 권력구조상 피지배 상태에 놓여 있는 사람들이고, 경제구조상으로는 생산물의 분배에서 소외되는 직접 생산자들을 가리키는 말이다. 이때의 민중은 지배자의 도구로 되는 피동적 성격을 가지게 되지만, 민중은 수동적 상태에만 머물러 있는 것이 아니라 어떤 역사적 국면에서 피지배·피수탈 상태를 개선하려는 의지를 가지고 집단적인 행동으로 나아가는 능동적인 성격도 가지고 있다. 따라서 민중은 권력과 부, 명예로부터 소외되어 있는 다수의 인간을 가리키는 말인 동시에 소외에서 회복하려는 인간집단을 가리키는 역사적 개념이다.

　민중운동은 이 능동적 민중에 의한 저항운동을 이르는 것으로 그것은 오랜 인류사의 전개과정에서 역사가 진보의 방향으로 나아가는 데 중요한 역할을 수행해왔다. 인류가 지배자와 피지배자로 나누어진 이래 민중운동은 양자의 관계를 재조정하고 지배층을 재편성하게 하는

과정을 통해 거시적으로 볼 때 소외로부터 점차적인 인간회복을 선언
해온 원동력이었다. 이 과정은 보다 많은 사람들이 정치권력에 참여하
고 직접적 생산자들이 보다 많은 부를 향유하며 정치적·경제적 지위
에서 사회구성원들 간의 격차가 좁혀지는 과정이었다.

피동적 민중이 능동적 민중으로 전환하고 민중운동이 분발하기 위
해서는 사회적 모순의 노출이라는 객관적 요건과 함께 민중의식의 고
양 및 민중의 조직화라는 주체적 조건이 선결되어야 한다. 민중의 일
상적·비일상적 체험이나 원망의 집적이 민중의 공유체험으로 자각되
고, 이 자각은 응축되어 민중의식으로 정립된다. 민중은 이해관계를
같이 하는 단일한 층으로 이루어진 것이 아니라 역사의 발전단계에 따
라 그 구성을 달리하는 복잡한 여러 층으로 이루어지기 때문에 이 복
잡 다양한 여러 층이 하나로 묶여지기 위해서는 민중의 공유체험에 바
탕을 둔 민중의식의 고양과 민중의 자연발생적인 힘을 결집시키는 조
직화가 필요한 것이다.

이처럼 민중의식의 고양과 조직화는 정도의 차가 있기는 하나 민중
운동의 불가결한 요건이 된다. 그렇지만 이것은 전근대와 근현대에 있
어 질적인 차이를 나타낸다. 전근대의 민중운동이 시기적 일시성 내지
단속성, 지역적 분산성을 극복하고 민중의 광범위한 연대까지 나아간
적이 없지는 않으나 결국은 자연발생적인 약점을 완전히 극복하지는
못했다. 지배층의 입장에서 볼 때 그들의 권력투쟁의 도구로서 민중운
동을 이용할 수 있었던 것은 이러한 한계에서 기인하는 것이었다. 이
한계가 극복되고 민중주체의 민중운동이 가능하게 되는 것은 적어도
근대 이후의 일이다.

근대 민중운동은 특히 선발 자본주의 국가들이 세계시장을 성립시
키는 과정에서 식민지·반식민지 상태에 놓이게 된 주변부 종속지역
에서의 민중운동이 주된 관심사가 된다. 이것은 식민주의의 종속지역
에 대한 지배가 대체로 전통적 지배관계를 해체시키지 않고 그 낡은
껍질을 그대로 이용하여 자기의 이익을 관철시키는 방식을 취했기 때

문에 이러한 지역의 민족독립운동은 구래의 전통적 지배층에 기대할 수 없고 오로지 식민주의의 피해자인 민중에 의지할 수밖에 없다는 사정에서 유래한다. 이 식민지·반식민지에서의 민중운동은 필연적으로 외세와 전통적 지배관계에 저항하는 성격을 띠게 되는데, 이 성격은 전근대 민중운동에서도 발견할 수 있다.

민중의 성장

조선은 그 성립에서 민본주의를 표방한 바 있다. 즉, 농민의 지지기반 위에 사대부의 왕조를 개창하기 위한 필연적인 양상이었다. 그래서 지난날 향(鄕)·소(所)·부곡민(部曲民)의 양인화(良人化)를 시행하였다. 물론 여기엔 국가의 조세원(租稅源) 확보가 정책적으로 깔려 있기도 하였다. 따라서 전세(田稅)·공납(貢納)·군포(軍布)의 수취량이 고려에 비해 향상되어갔다. 그것은 일석이조의 득이었다. 양민이 증가함으로써 적은 수가 내던 것을 많은 수가 내게 되니 세액은 줄면서도 세원의 저변화로 국가재정은 튼튼해졌다. 그러나 양난(兩亂)을 겪으면서 기강이 해이해짐을 틈타 방납(防納)의 폐해가 누증되었다.

이에 조정에서는 그 해결책으로 대동법·균역법을 책정하여 대처하였다.

대동법의 실시 결과, 농민부담의 기초부분인 지역별 특산물이 일정액의 미(米)·포(布)·전(錢) 등으로 전환되었다. 즉 특산물로 내던 것을 그에 해당하는 값만큼 미나 포나 전으로 내게 되었다. 이는 농민의 부담이 종전대로 지속됨을 의미한다. 그러나 이 대동법이 실시됨으로써 방납을 통해 무제한하게 수탈을 감행하던 지배층의 자의성이 무너지고 농민의 생산의욕이 커졌음은 커다란 소득이었다. 일정한 징수는 농민층의 부력(富力)증가를 보장하게 되므로 생산력 발전의 계기로서의 기점이 된 것이다. 지난날 부의 축적이 관리의 주구를 초래하고 초적의 목표가 될 뿐이었다는 상황에서 벗어날 수 있었다. 따라서 대동법에 의한 농민층의 보호는 재부축적의 관심을 촉진, 성장시켰다. 그리하여 중산층이 증가하는 추세가 나타났다.

또한 균역법은 정남(丁男) 1인에 대하여 1년에 포 2필을 징수하던 군포를 영조 26년(1750)에는 1년에 1필의 포를 거두게 하고, 이로 말미암은 재정부족은 어세·염세·선박세·결미 등으로 충당하게 했던 것이다. 이는 군포 징수라는 일종의 인두세에만 의존하였던 군사재정을 이를테면 반감된 인두세, 부가된 전세, 그리고 어·염·선세 등 보다 여러 갈래의 세원을 포착한 의미가 있다.

그러나 대동법이 실시되었다고 방납의 폐가 완전히 소멸된 것은 아니며, 균역법의 강행이 군포의 폐단을 불식한 것도 아니다. 물론 이 과정을 통해서 농민의 형편이 좀 나아진 것은 필연적인 사실이지만 그렇다고 수령이나 서리층의 주구가 소멸된 것은 아니며 반대로 더 치열해졌다. 성장을 하는 민중과, 재정적 수입의 대부분을 수탈이라는 자의성에다 보장받고 있던 지배층간에는 사활적인 이해관계의 대립이 초래되기 마련이다.

더욱이 원초적으로 권력장악의 정당성이 결여되어 있는 세도정치 아래에서의 상황은 더욱 치열할 수밖에 없었다. 그러나 수탈당했다고 처음부터 정면으로 대항하려는 의욕을 갖기에는 사회·경제적 조건이 아직 미성숙하였다. 그래서 수탈로부터 도피할 수 있는 방법을 모색하기 시작하였다. 하나는 유망(流亡)을 하거나 혹은 서리측과 결탁하여 일시적이나마 면세(免稅)·면역(免役)의 방법을 취하는 것이었고, 다른 하나는 대담하게 신분적으로 양반층으로 승진하는 것으로, 부유농민은 그들 뜻대로 면세·면역되었으나 잔존한 영세농민층에게는 보다 많은 부담이 가중되었다.

여하튼 이제는 누구나 재정적 여유만 있으면 양반이 될 수 있다는 생각이 일반화되었기 때문에, 그리고 사실상 많은 양민층의 양반화가 실현된 탓으로 지배적 계급성의 절대적인 지위가 상대적인 위치로 전락되어갔다.

조선조 양반이 갖는 높은 권위가 민중 앞에 상실되었다는 사실은 그만큼 반비례해서 일반 민중의 인간본연의 권리에 대한 자아의식이 성장되었음을 의미한다. 이 민중의 권리의식은 천주교의 집요한 성장에 따른 평등주의의 보급과 함께 더욱 확산되어갔다. 일반 민중에 있어서는 종래의 엄격한 봉건적 전통성에서 벗어나려는 노력이 사회 내부로부터 성장해온 의식과 결부되어 드디어는 점차 그들 자신의 세계관에 변동을 일으키게까지 되었다.

특히 삼남지방은 그 지역이 지배층의 집중적인 생활 근거지가 되어 왔고, 다른 지방보다도 수적으로 보아 압도적으로 다수였다는 점에서 그들이 주는 박해가 컸던 것이지만, 그 때문에 민중은 그와 반비례해서 인간본연의 권리의 문제를 다른 지방보다도 뼈저리게 느낄 수밖에 없었다.

이제 근대적 농민층 분화의 결과로 나타난 서민지주 및 경영형 부농을 포용한 민중은 홍경래의 항거(1811)를 계기로 지배계층의 불법적 처사를 앉아서 감수할 수만은 없다는 것을 자각하고 그것을 제거하기 위한 위세를 줄기차게 봉기로써 직접 표출하고자 하였다. 1813년 제주목에서 양제해(梁濟海)의 거사 모의, 1815년 용인현에서 이응길(李應吉)의 거사 모의, 1817년 장수에서 채수영(蔡壽永)의 거사 모의, 1827년 초산 민중의 소청, 1833년 서울의 쌀값 성토, 1841년 경주부민의 복합상소, 1851년 뚝섬에서의 봉기 등이 그 대표적 예이다.

그러나 이처럼 민중이 전통사회의 변천과정에 따라 지적 수준의 향상 및 경제적 의식의 고조로 점차 개명하여 정면으로 절대권력에 맞서 대항하기에 이르렀는데도 부패 무능한 지배계층은 농민의 요구에 부응하지 못하고, 세도정치를 강행함으로써 이 두 계층간에는 융합될 수 없는 깊은 틈이 생겨나게 되었다. 따라서 민중이 지배계층에 대하여 갖고 있는 불만은 포화상태에 이르게 되었고, 이것이 마침내 진주에서부터 폭발하여 전국적인 임술민중항쟁으로 퍼져 나가게 된 결정적인 요인이 되었다.

임술민중항쟁의 비중

19세기 초에 발생한 홍경래의 항거는 향촌사회의 중간층이 주도하고, 무전농민으로서의 광산 노동자가 일선 군병이 되었으며, 송상·만상 등의 사상(私商) 등이 적극 지원한 민중항거로서 정권 쟁취의 기치를 내걸고 봉건반동적인 노론 일파의 독재체제와 봉건왕조에 도전했으나 지역적으로 서북일대에 국한되었다.

그러나 봉건체제의 위기를 맞은 조선 후기라는 시기는 농업 생산력의 발전과 상품화폐 경제의 진전에 의해 종래의 봉건적 농민층 분화와는 질적인 차이를 가지는 근대적 농민층 분화의 단서를 마련해가고 있었다. 따라서 이 농민층 분화의 결과로 나타나고 이후 자주적 근대화의 담당자로 전환될 서민지주, 경영형 부농을 홍경래의 항거가 그 주도층내에 일부 포함하고 있었다는 데에 종래의 농민봉기와는 다른 측면을 갖게 된다.

홍경래의 항거를 경험하고 난 농민들은 그들의 축적된 힘을 바탕으로 더 이상 지배계층의 불법적 처사를 앉아서 감수할 수만은 없다는 자각이 고조되고 있었다. 그들은 이미 지난날의 수동적인 농민이 아니었다. 이러한 농민들에게 자행된 세도정치하의 부패한 관리들의 가렴주구로 대표되는 조세(租稅)수탈의 강화, 고율지대의 강제 등 봉건 반동에 대항하는 농민들의 저항은 1862년에 접어들면서 진주민중봉기를 기폭제로 하여 삼남지방을 중심으로 전국적으로 확산되어 미증유의 임술민중항쟁으로 파급되었다. 비록 홍경래의 항거와는 달리 자연발생적이고 분산적이었지만 농민의 일상적·비일상적 체험이나 원망의 집적이 농민의 공유체험으로 자각되고, 이 자각은 능동적인 민중의식으로 정립되어 홍경래의 항거 때 보여준 지역성에서 벗어나 사상 초유의 전국적인 확산을 가능케 했고, 또한 농민들의 원래의 목적이었던 지배계층의 경제적 수탈을 제거하려는 농민들 스스로의 자위책이 일정한 성공을 거둔 운동이었다. 따라서 진주민중봉기를 필두로 감행된 임술민중항쟁은 자연발생적인 약점을 완전히 극복하지는 못했지만 농민주체의 민중운동의 선구로서 높이 평가할 만하겠다.

이제 인간 이하의 대우를 받아오던 농민층이 평등사상에 눈을 뜨면서 지배계층의 무제한적 권력에 제동을 걸고, 피지배층이 스스로의 힘으로 그들의 권익옹호를 확보하기 시작한 것은 단순한 사실이 아니라 실로 역사적인 장거였다. 그것은 능동적으로 봉기한 농민층에 의해 봉건체제를 해체시키면서 사회 재편성의 변동을 촉진하였고, 이로써 민족 근대화의 실질적인 개막을 단행한 의의깊은 첫걸음이 되었기 때문이다.

1894년에 폭발한 반외세·반봉건의 민족근대화의 동학농민전쟁이 발생할 수 있는 기반을 이때 이미 자주적으로 구축하였다는 점을 상기하면, 우리 민족사에서 임술민중항쟁은 내재적인 전환기의 기틀을 마련한 막중한 역사(役事)였음이 뚜렷하다.

(『실학사상연구』 창간호, 1990년)

5. 한국 여성교육의 발자취
- 그 득과 실

들어가며

　1960년대는 여러 면에서 세계사의 발전에 획기적인 공헌을 한 시대였다. 월남전 반대운동을 통하여 반전·반핵을 바탕으로 한 새로운 휴머니즘이 탄생하였고 마틴 루터 킹 목사를 정점으로 한 흑인의 시민적 권리 쟁취운동은 20세기적 인권 개념의 새로운 이정표를 제시하였다. 게다가 각 대학을 중심으로 한 학생운동의 전개는 각종 모순으로 찌들어져 가던 사회에 신선한 충격을 주기에 충분한 것이었다. 그러나 무엇보다도 주목할 만한 사실은 선거권의 획득을 종점으로 거의 중단되다시피 하였던 여성해방운동이 반전·반핵운동, 인권투쟁, 학생운동과의 연계 속에서 다시 그 전진의 일보를 내딛었다는 것이다. 그리하여 이와 같은 운동의 열기가 1975년의 '멕시코 세계여성대회' 그리고, 1985년의 '케냐 나이로비 세계여성대회'에서 집약적으로 표출된 바 있다.

　한편 우리나라도 이와 같은 세계사의 조류에 발맞추어 1983년 3월에 '한국여성개발원'이, 같은 해 12월에는 국무총리 산하에 '여성정책심의위원회'가 설치되어 성차별에 의해 여성이 당하는 불이익을 없애기 위한 노력이 정부차원에서 이루어지기에 이르렀다. 그리고 민간 차원에서도 수많은 여성단체와 학자들에 의해 그와 같은 노력이 시도되기 시작하였다.

이 글에서는 이와 같은 상황을 염두에 두고 한국 여성교육의 발자취에 대해 논의를 해보고자 한다. 교육이면 교육이지 굳이 '여성교육'이라는 말을 쓰는 자체가 벌써 남녀차별의 현실을 반영하는 것이라고 할 수 있을진대, 여성교육의 발자취를 논함에 있어 그와 같은 차별이 어떤 양상으로 교육을 통해 나타나고 반면에 또 개선되어왔는가를 보겠다는 말이다. 즉, 한국여성의 발자취를 알아봄에 있어서 본고에서 취할 주된 관심사는 한국 여성교육의 전개와 성차별의 개선과는 과연 어떤 관계가 있는가를 살펴보고자 하는 것이다. 따라서, 한국 여성교육의 역사적 전개를 통해 얻은 것이라면 성차별의 개선이요, 잃은 것이라고 하면 성차별의 온존 혹은 심화라고 하겠다. 왜냐하면 역사의 발전은 평등의 증가 정도에 의해 측정될 수 있으므로 사회·경제적으로 많은 투자가 따르는 교육(여성교육)이 성차별의 개선에 이바지하지 못했다면 그것은 분명히 여성해방론적·관점에서는 한국의 여성교육이 남긴 손실의 발자취라고 할 수 있기 때문이다.

그래서 이 글에서는 한국 여성교육의 발자취를 조선시대부터 개화기, 국권침탈기, 그리고 광복 이후의 단계로 나누어 알아보고자 한다. 그것은 먼저 학교교육을 중심으로 한 양적인 변화를 알아보고 다음으로 교육내용의 질적 변화를 알아보는 순서로 이어가고자 한다. 따라서 학교교육 이외의 사회교육이, 게다가 여타의 정치·경제·문화적 요인들이 성차별의 현실에 미친 긍정·부정의 영향에 대해서는 논의를 할 수 없는 한계를 가진다. 다만 여성교육의 전개 과정이라는 하나의 변수와 성차별의 현실과의 관계를 알아보는 데에서 이 글의 의의를 찾을 수 있을 것이다.

한국 여성교육의 양적 변화

조선시대

제도적인 학교교육을 중심으로 고찰할 때, 한국에서 근대 이전의 여성교육에 대한 논의는 사실상 거의 불가능하다. 왜냐하면, 한국에서의 전근대적 여성교육은 전적으로 가정교육에만 국한되었기 때문이다. 반면에 남성을 위한 교육기관은 중앙의 성균관을 정점으로 하여 그 아래에 서울의 학당과 지방의 향교 등 국가에서 세운 교육기관과 명망이 높은 인물을 중심으로 세워진 서당이나 서원 등 많은 교육기관이 전국적으로 광범위하게 설치되어 있었다. 이것은 그 시대의 유교적 남녀차별의 논리 속에서 여성이 얼마나 반쪽 인간의 대우를 받아야 했던가를 단적으로 증명해주고 있다고 하겠다.

개화기

이때에 이르러 비로소 학교를 통한 여성교육이 이루어지게 되어, 1886년 5월 31일 미국인 선교사 스크랜튼에 의해 이화학당이 성립되고 이어서 정신여학교(1887), 배화여학교(1898), 숭의여학교(1907) 등 전국 주요 도시에 기독교계 여학교가 설립되었다. 그리고 1908년에는 최초의 관립여학교인 한성고등여학교도 생겨났다. 그리하여 당시 기독교 계통에 의해 설립된 여학교만도 10여 개가 되었는데, 그것은 같은 시기에 세워졌던 남학교의 숫자와 거의 대동소이한 것이었다. 결국 숫적인 면이나 시기적인 면에서 근대적인 학교교육의 출발은 여성과 남성의 경우가 거의 비슷했다.

국권침탈기

국권침탈기에 한국 학생들의 남녀 취학 상태를 보면 1915년 현재

보통학교 남학생 56,253명, 여학생 5,976명으로 여학생의 수는 남학생의 1/10이었다. 그리고 관립 고등보통학교의 경우 남학생 822명, 여학생 250명으로 여학생은 남학생의 약 1/3이었다.

다음, 시간에 따른 변화를 살펴보면 여자고등보통학교의 학생수가 378명(1919)에서 2,256명(1935)으로 증가하였는데, 같은 해에 남자고등보통학교 학생수는 7,992명으로 성별에 따라 큰 차이를 보여주었다.

광복 이후

광복 이후의 대한민국헌법에는 일관되게 "모든 국민은 능력에 따라 균등하게 교육받을 권리를 가진다"라고 하여 성차별에 의한 교육에서의 불이익을 명백히 부인하고 있다. 하지만 성별 비교에서 여전히 여성은 남성에 비해 상대적으로 열등한 상태에 놓여 있다. 즉, 유치원에서의 취원율과 국민학교의 취원율에서는 성차가 거의 나지 않지만 점점 교육의 단계가 높아감에 따라 차별의 정도가 뚜렷이 나타나고 있다. 중학교의 경우 1966년 여자 취학율 33.0%, 남자 취학율 50.9%에서 1980년에는 각각 92.6%, 96.4%의 변화를 보여 주었으나 남녀간의 격차는 여전하다. 또한 고등학교의 경우 1966년의 취학율은 여자 19.6%, 남자 35.0%인데, 1980년에는 각각 62.2%, 74.4%였다. 그리고, 고등교육 부분에 있어서는 1980년에 전문대 이상 취학율이 남자가 19.5%인데 비해 여자는 6.7%에 불과한 실정이다.

한국 여성교육의 질적 변화

조선시대

공식적인 교육기관은 물론 없었지만 조선왕조 전기의 여성들에 대한 관심은 여성들을 모두 열녀로 만들자는 데 쏠려 있었다. 그것은 위정자들이 고려 말 조선 초 사회가 혼란했던 요인의 하나가 바로 여성

들에 의한 풍기문란이라 생각하였기 때문이다. 그리하여 세종 때에는
『삼강행실도』를 편찬하였고, 성종 때에는 그것을 국역하고 재혼한 여
성의 자손들의 벼슬길을 공식적으로 막았다. 그리고 조선왕조 중기 이
후부터는 여성교육을 위한 서적들의 내용이 중국서적의 번역단계를
훨씬 벗어나 실제 일상 생활에 필요한 교육내용을 담기 시작했다.

그 내용을 요약해 보면 대체로 다음과 같다.

첫째, 마음가짐과 몸가짐은 온순하고 정숙해야 하며,

둘째, 시부모와 남편에 대한 예의는 순종하고 공경하는 것이어야 한
다.

셋째, 형제·친척과는 화목하고,

넷째, 봉제사와 손님접대는 정성껏 하며,

다섯째, 육아와 자녀교육은 단정·근엄하게 해야 하는 것이었다.

여섯째, 근면·절약하는 것이었으며,

일곱째, 학문이나 문장에 힘쓰는 것이 아녀자의 도리에 어긋난다는
훈계의 내용 등이었다.

개화기

당시 개화운동의 선구적 운동을 담당했던 『독립신문』은 "……여편
네가 사나히 보다 조금도 낮은 인생이 아닌데 사나히들의 천대하는 것
은 다름이 아니라 사나히들의 문명개화가 못되어 이치나 인정은 생각
지 않고 다만 자기의 팔힘만 믿고 압제하려는 것이니 어찌 야만에서
다름이 있으리오"라고 논설을 통하여 남녀차별을 비판하고 여성의 천
대를 남성의 책임으로 돌리고 있다. 이러한 계몽에도 불구하고, 그 당
시의 여성을 위한 교육은 독립된 인격체로서의 여성교육은 결코 아니
었고, 어디까지나 남성의 교육을 위한 종속적 위치에서의 여성교육의
필요성을 강조한 것이었다. 게다가 최초의 여성교육기관이 외국인에
의해 선교를 목적으로 설립되었다는 점에서 순수한 의미의 한국 여성
교육기관은 아니라고 할 수 있다. 또한, 그 후에 생겨난 다수의 관립여

학교를 포함한 각급 여학교의 교육은 그 목표를 현모양처의 양성에 두
었으며, 독립된 인격체로서의 여성교육과는 사실상 거리가 먼 것이었
다.

국권침탈기

일제의 교육정책은 학교교육을 통해 한국 민족의 말살을 도모하는
것이었으며, 그러한 목적에서 여성교육도 예외는 아니었다고 하겠다.
따라서 국권침탈기의 전반적인 여성교육의 성격은 계몽운동·애국운
동 등으로 민족운동의 차원에서 전개되었다. 그러므로 실제적으로는
그 당시 한국의 여성교육은 정규학교 교육보다 오히려 학교외 교육,
즉 사회교육 차원에서 이루어졌다.

광복 이후

현재 학교 교과과정을 보면 전통적 여성의 덕목이 강조되고 있음을
알 수 있다. 중학교의 가정교육의 일반 목표는 "우리나라 고유의 부덕
을 함양시키며 산업사회에 적응하는 현대적 생활을 영위하게 한다"라
고 되어 있으며, 고등학교의 경우에는 "한국 여성으로서의 덕성을 함
양하여 가정생활의 충실, 함양을 기하여 국가 발전에 기여하게 한다"
라고 명시해 놓았다. 따라서 교과서에 등장하는 위인이나 역사적 인물
의 대부분은 남자이며 여자는 남자의 뒷바라지를 얼마만큼 잘 했느냐
에 따라 가치가 평가되고 있다. 게다가 등장 인물도 남자가 압도적으
로 많은 등 현행 교과서에서의 성차별이 여전히 존재함으로써 진로지
도 및 직업지도에 있어서 여성에게는 남성에 비해 낮은 사회적 동기가
부여되고 있는 실정이다.

나가며

한국 여성교육의 성과(=얻은 것)

한국 여성교육사의 현대적 성과는 8·15광복 이후 지극히 자연스럽게 민주주의를 받아들일 수 있었던 사실이 이를 증거한다. 보편화된 남녀 동등의식, 교육에 있어서의 완전히 동등한 권리의 향유, 그리고 선진국에서 수십 년에 걸쳐 투쟁함으로써 쟁취한 여성 참정권 등이 우리나라에서는 아무런 저항없이 법조항으로 명문화될 수 있었다. 그리고 남성과의 상대적 격차가 있기는 하지만, 교육의 질과 양적인 면에서 모두 혜택을 받는 여성들의 수가 급증함으로써 여성 취업의 확대, 소비자 보호운동 등의 사회운동, 그 밖의 각종 봉사활동 등을 통한 사회발전이 급속히 이루어지고 있는 것도 부인하지 못할 사실이다.

한국 여성교육의 개선점(=잃은 것)

그러나 위와 같은 성과에도 불구하고 우리의 여성교육은 투자에 반비례하는 많은 문제점을 안고 있으며, 그러한 문제점들은 결국 성차별의 온존에 기여함으로써 반쪽 인간으로서의 여성을 잉태시키고 있는 것이다. 그 내용을 요약해 보면,

첫째, 여성 자신의 진정한 자아 실현을 위한 의식 고취의 교육이 이루어지지 않았다. 남녀 동등의식, 참정권 등이 결국은 여성 자신의 자각없이 타율적으로 부여되었기 때문에 여성 자신의 권리를 올바르게 사용할 수 있도록 깨우치게 하는 교육이 뒤따라야겠다.

둘째, 교과과정에서 은연중 내포되어 있는 성차별 의식이다. 교과서에 나오는 그림 중, 왜 철수가 영희의 손을 이끌고 가는 것만 나와야 하는가? 둘이서 나란히 손을 잡고 가는 모습으로 고쳐져야 옳을 것이다.

셋째, 전통적인 여인의 덕목이 시대적 변화의 고려없이 강조되고 있는 점이다. 그렇다고 우리의 전통적인 덕목을 무조건 배타적인 자세로 보자는 이야기는 아니다. 다만 그것을 일단 현대사회에 맞게 재조명한 후 남학생에게도 함께 교육시켜야 할 것이다. 그와 같은 교육을 여학

생에게만 치중하는 것을 합당하다고는 볼 수 없다.

넷째, 여성을 지도자로 키운다는 의식을 우리의 교육에서는 찾아 볼 수 없다. 여성도 능력만 있으면 지도자가 될 수 있다는 의식을 가질 수 있도록 교육의 목표가 설정되어야 마땅하다.

전망

앞서 제시한 한국 여성교육사의 득과 실을 고려할 때 한국 여성교육의 발자취에는 꾸준한 양적, 질적 성장에도 불구하고 '잃은 것'들이 많이 발견된다. 이것은 여성교육을 성차별적 관점에서 바라볼 때 얻어진 결론이다. 이렇게 성차별이 개선되지 않고 남녀간의 불평등이 존재함으로써 여성들의 온전한 자아실현이 불가능해지고 반쪽 인간화밖에 되지 않을 때 역사의 발전도 그만큼 더디어질 것이다. 그것은 국민의 절반은 여성이기 때문이다. 따라서 현재를 사는 우리 모두에게 국민적인 각성이 절실히 요망된다.

(『행원』 11, 1987년)

6. 한국근대화의 선각자
송재 서재필

들어가며

1864년 전남 보성에서 태어나 1951년 망명지 미국에서 타계한 송재(松齋) 서재필(徐載弼) 박사는 전근대적인 한국인의 사상을 근대적 단계로 끌어올리는 데 획기적인 기여를 한 우리 민족의 크나큰 별이었다.

개화기에 대부분의 개명된 사상가들이 외국의 기술문명을 수용하여 외형적인 발전을 추구하는 데 주력하였다고 한다면 송재는 민중의 천부인권을 일깨워 이를 자주독립의 근원적인 기틀로 다져나감으로써 내면적인 발전을 추구한 이념적인 사상가라고 할 수 있다. 따라서 한국근대화의 밑거름이 되었던 그의 사상을 조명해 보는 것은 오늘날 우리의 시대적 과제를 푸는 데도 시사되는 바가 있으리라고 본다.

여기서는 그가 1884년 12월 갑신정변에 참여하여 3일천하로 실패한 후 미국으로 망명하여 그곳에서 서구사회를 체험하고 1895년 12월 꿈에도 그리던 조국의 품에 돌아와 1898년 5월 국내 정정의 여건상 다시금 미국으로 되돌아가기까지 2년 7개월간의 짧은 국내활동 기간 중 우리 역사상 불멸의 위업을 세운 초인적인 족적에서 그의 근본사상을 드러내 보고자 한다.

송재의 사회활동

『독립신문』의 창간

윤치호의 권유로 귀국한 송재는 지난날 갑신정변의 실패를 거울삼아 위로부터의 근대화를 지양하고 아래로부터의 대중적인 개화운동을 모색하였다. 이를 위해 그는 『독립신문』의 창간을 우선적으로 계획하였다.

그는 갑신정변의 실패 원인을 「회고갑신정변」에서 "독립당 계획에는 부실한 것도 많았지만 무엇보다도 제일 큰 원인은 그 계획에 까닭도 모르고 반대한 일반 민중의 몰지각이었다"고 하여 민중의 지지가 결여되었던 데서 찾았다. 따라서 민중의 지지를 받기 위해서는 민중의 계몽이 필요함을 절실히 느꼈고, 또 이것이 개화세력이 성장할 수 있는 지름길이 된다는 판단 아래 그 첫번째 사업으로 『독립신문』의 간행을 추진하였다. 그러나 서재필은 귀국 당시 무일푼 상태였으므로 개화파 인사들의 경제적 후원을 얻어 김홍집내각으로부터 신문사 설립자금으로 4,400원을 지원받았다.

이에 대하여 일본 공사 고무라 주타로(小村壽一郎)는 『독립신문』의 간행이 일본의 대한정책과 일본 거류민의 이익옹호를 위한 『한성신보』와 경쟁되기 때문에 일본의 국가이익에 해가 된다고 판단하여 서재필에게 『독립신문』의 창간을 포기하도록 압력을 가했다. 뿐만 아니라 한국정부에게도 『독립신문』의 창간에 재정적 지원을 못하도록 위협하였다. 참으로 어처구니없는 일이었다. 이렇게 『독립신문』 창간을 둘러싸고 한·일간에 미묘한 갈등이 진행중일 때 아관파천(1896.

2. 11)이 발생하였다. 아관파천으로 일본의 영향력이 상실되자 비로소 『독립신문』은 본래의 목적대로 창간될 수 있었다.

이리하여 송재 자신이 사장 겸 주필을 맡고 회계 겸 교열에 주시경을 임명하여 한글판을 짜는 데 돕도록 하고 미국인 헐버트(H. B. Hulbert)로부터 인쇄공 2명을 지원받아 창간작업에 착수하여 1896년 4월 7일 마침내 가로 22cm, 세로 33cm의 4쪽 『독립신문』을 발행하게 되었다. 이로써 한국 신문사상 최초의 민간신문으로 신문다운 신문의 효시 자리를 차지하게 되었다.

이 당시 『독립신문』의 뚜렷한 특징은 순 한글판 간행이었다. 한글판 『독립신문』의 간행은 국민들이 한문만을 진서라고 생각하고 있던 관념에 일대 혁신을 이룩하는 커다란 계기를 만들어 주었다. 한글판의 간행은 보도적인 기능에 못지 않게 계몽적인 기능을 중시했기 때문이었다. 『독립신문』 창간호에 보면 "우리가 독립신문을 오늘 처음으로 출판하는데……국문으로만 쓰는 것은 상하귀천이 다보게 함이라"고 하여 누구나 쉽게 읽도록 함으로써 새로운 문물에 눈을 뜰 수 있도록 하고자 한글판으로 발행했음을 뚜렷이 밝혀 놓았다.

이처럼 분명한 목적하에 간행된 『독립신문』을 통하여 송재는 그의 뜻을 십분 개진하였다. 그는 국민들에게 세계문명사회를 소개함으로써 세계의 발전상을 알렸고, 또한 문명개화를 위해서는 정부는 국민의 정세를 파악하여야 하고, 국민은 정부가 의도하는 정책을 알아야 한다고 역설하였다.

또한 『독립신문』은 관리들의 비행이나 부정을 폭로함을 서슴지 않았고, 열강의 침탈을 규탄하여 국민을 각성시켰다. 그리하여 관리나 열강대표로부터 직·간접으로 탄압을 받을 수밖에 없었다. 그는 더 이상 버티길 못하고 1898년 5월 다시금 망명길에 올랐다.

독립협회의 설립

독립협회는 1896년 7월 2일 독립문과 독립공원의 설립을 목적으로 창립되었다. 송재가 독립협회 조직을 구상할 때는 5, 6명을 중심으로 하였으나 각계의 동조를 얻음으로써 안경수를 비롯한 14명의 발기로 창립총회를 개최하였다. 송재는 미국 국적을 가지고 있었고, 또 회를 주도하였으므로 고문에 추대되었다. 발기회원들은 독립협회의 목적을 달성하고자 회원들 자신이 솔선수범하여 510원을 모금하였으며, 또 각계에 사업목적을 알리고 경제적 지원을 얻고자『독립신문』을 통하여 창립 목적을 보도하였다. 그 결과 각계로부터 적극적인 호응을 얻게 된 독립협회는 헌납자는 물론 회원수도 급증하여 민중세력으로 성장할 수 있는 기반이 조성되었다.

이리하여 점차 소장파를 중심으로 회가 운영되어 갔다. 이들은 1898년 2월 1일 독립관에 모여 정부의 실정을 비판하고, 대한제국이 자주독립을 견지할 것을 황제에게 상소하였다. 또한 같은 해 3월 10일에는 종로에서 만민공동회를 개최하는 등 군중집회를 주도하기도 하였다. 이날 서재필은 이완용 등과 함께 참여하였고 이 자리에서 이승만, 홍정후 등이 러시아의 침투에 대한 불가성을 시민들에게 알렸다. 이처럼 독립협회는 민중의 확고한 지지 위에서 민중계몽운동과 구국운동을 전개해 나갔다. 이 또한 정부나 열강대표들이 탐탁해 할 리가 없었다. 송재는 1897년 12월 중추원 고문직에서 마침내 해임되니 독립협회의 활동에도 먹구름이 끼었다. 그러나 그가 심어놓은 자유민권사상과 자주독립사상은 길이 이 겨레와 더불어 그때 그때마다 우여곡절 속에서도 성장을 거듭해 나갔다.

송재의 사상

자유민권사상

송재 서재필 박사는 국민들에게 자유민권사상을 고취시키는 데 노력하였다. 그는『독립신문』에서 "나라가 진보되어 가는지 안 가는지

첫째 보이는 것은……백성마다 얼만큼은 하나님이 주신 권리가 있는데 그 권리는 아무라도 뺏지 못하는 권리요 그 권리를 가지고 백성이 백성노릇을 잘 하여야 그 나라 임금의 권리가 높아지고……조선 백성들은 몇백 년을 자기 나라 사람들에게 압제를 받아서 백성의 권리라 하는 것은 당초에 다 잊어버렸고 또 무슨 뜻인지도 모르는지라"고 하여 국민 모두가 하늘로부터 받은 권리를 지켜야 하는데 오랫동안의 억압으로 하여 그러한 권리가 있는지조차 망각한 상태라고 현실을 개탄하고 기회가 있을 때마다 이 점을 강조하였다.

또한 남녀간의 불평등에 관해서도 개선점을 지적하고 여성의 지위 향상을 강조하였다. 그리고 인간을 평하는 데도 관직이나 지위의 고하는 후천적인 불평등이므로 이것을 기준으로 사람을 평가할 수 없다고 계몽하였다.

아울러 개인은 나라의 근본이며 백성은 나라의 주인으로서 천부의 권리를 가지고 있다고 주장하고 이러한 사실을 잊고 있는 관료들이 백성을 주인으로 생각하지 않고 오히려 백성 위에 군림하면서 백성을 수탈하고 있다고 규탄하기도 하였다.

실로 국민은 주인의 권리를 자기 힘으로 찾아야 하며 이 천부의 권리를 빼앗거나 욕되게 하는 자는 용납해서는 안된다는 송재의 확고부동한 자유민권사상은 우리 민족이 갈 이정표를 선명히 제시해준 만대의 귀감이라고 보겠다

자주독립사상

송재는 부강한 자주독립국가의 건설은 국민의 자유민권사상 신장에서 연유한다고 보았다. 그는 『독립신문』에서 정부에 대하여 국가에서 법률을 만드는 본의도 국민을 지배하려는 데 있는 것이 아니라 국민의 기본권리를 지켜주려는 데 있다고 지적하고 민권은 불가침의 법률로써 보장하고 신장시켜서 국민을 부강하게 만들어야 국가도 부강해질 수 있다고 역설하였다.

또 국가는 법률에 의해서 유지, 발전되는 것이기 때문에 법은 모든 국민에게 공평하게 적용되어야 한다고 하였다. 법이란 사람이 태어날 때부터 가지고 있는 천부의 권리를 바탕으로 하고 있기 때문에 이를 공평하게 집행할 때 국가는 발전할 수 있다고 역설하였다. 이처럼 송재는 국민의 권리를 보호할 수 있도록 하는 법치주의를 목표로 국민을 계몽하였고 또 그 길만이 국가가 발전하는 원동력이 된다고 보았다.

한편 송재는 자주독립국가 건설에는 교육의 필요성이 절대적이라고 강조하였다. 그 중에서도 기술교육의 필요성을 더욱 강조하였다. 그리고 이러한 목적을 성취하는 데는 뚜렷한 민족의식을 갖고 있어야 한다고 보고 역사교육의 필요성을 강조하였다. 아울러 진정한 자주독립심 고취를 위하여 한글보급에 전력하였다.

이처럼 송재는 근원적으로 자주독립국가 건설에 바탕을 마련하고자 그의 지혜를 다한 실천적인 사상가였다. 『독립신문』의 발행, 독립협회의 설립, 독립관·독립문의 건립, 협성회의 조직활동, 만민공동회의 개최, 소년교육 및 기술교육의 강조, 한글의 보급 등은 모두 자주독립국가 건설을 위한 그의 의지의 소산이었다. 대한제국의 탄생 또한 송재의 애국충정에 대한 열매였다.

나가며

송재 서재필 박사는 우리 민족사에 불멸의 발자취를 남겼다. 그는 꺼져가는 조선 말에 혜성같이 나타난 겨레의 선각자로서 근원적으로 국가가 쇠약해가는 병원을 진단하고 명처방을 제시하였다.

그가 진단한 국가 쇠약의 병원은 국가형성의 기층을 담당하는 민중이 무지 몰각하다는 사실이었다. 그러고야 어떻게 건강한 국가를 지탱할 수 있겠는가 하는 것이었다. 민중의 무지 몰각은 필경 근대국가로의 발돋음을 가로막는다고 보았다.

따라서 그의 처방은 자연히 국민으로 하여금 천부인권에 눈을 뜨게 하여 자유민권사상을 신장하는 길만이 근대화된 자주독립국가로 탈바꿈시킬 수 있는 방안이라고 보았다. 그는 근대화된 자주독립국가만이 세계사에 살아남고 그렇지 못하면 자멸한다는 것을 알았다. 따라서 그는 현실을 좌시하지 못하고 동분서주 그의 처방을 구체화하여 투약하였다. 『독립신문』의 간행, 독립협회의 조직활동 등이 모두 그 예이다. 그러나 당시 용렬한 권력층의 방해와 자국의 국가이익만을 노리는 외세의 개입으로 그의 처방은 실효를 거둘 수가 없었다. 끝내 그가 염려한 대로 국망으로 이어졌다. 그렇지만 그가 심어놓은 자유민권사상과 자주독립사상은 결코 꺼지지 않고 민족성원의 가슴 속에 내면적으로 불타올랐다. 그리하여 3·1민주혁명, 8·15광복과 민주정부의 수립 등으로 나타났다.

우리는 조국을 위해 헌신한 송재 서재필 박사의 일생에 경의를 표한다. 그리고 그의 사상을 계승, 발전시킬 의무감을 느낀다. 오늘도 독립문은 굳건히 서서 뚜렷한 계시를 해주고 있다.

'후손들이여! 자유민권 신장하여 자주독립국가 확립하라'고.

(『한양여대신문』, 1987년 6월 25일자)

7. 애국 일념의 생애 김마리아

김마리아
꽃같이 아름답고
깨끗한 몸을
오직 애국 일념으로
가꾸던 김마리아

김마리아
청춘도, 사랑도, 생명도
모두 불살라
조국과 결혼한
불멸의 김마리아

김마리아
님의 타오르는 사랑은
마침내 조국을 살리었으니
아! 김마리아

당신은 영원한
조국의 애인이어라

이 글은 필자가 김마리아의 생애 속에 파묻혀 몇 자 적어 본 글이다. 실은 이광수가 김마리아에게 헌시한 시조 한 수를 서두에 인용하려 했으나 친일로 변절한 그의 글을 옮겨 적는 것이 김마리아를 욕되게 하는 것 같아 나름대로 필자의 감회를 적어 본 것이나 김마리아를 나타내기에는 역부족임을 실감한다.

김마리아는 일제 암흑기를 애국으로 수놓은 민족의 영원한 빛이다. 그의 민족 자주독립을 위한 숭고한 발자취는 누구도 닮을 수 없는 장거를 이루었다. 김마리아의 행적은 세상에 잘 알려졌지만 그래도 거듭 살펴보는 소이도 여기에 있다. 그는 분명 거룩한 경지에 오른 여걸이요 영웅인 것이다.

그래 그럼인가, 필자는 마리아를 그리다가 눈시울이 뜨거워진 것이 한두 번이 아니었다. 김마리아, 그는 진정 애국의 화신이요 불덩이였다. 이러한 김마리아를 졸필로 쓰게 되어 송구한 마음이 인다. 그러나 내 마음이 그녀에게 가 있는 동안 가슴에 와 닿는 마리아의 훈기는 나의 피를 걸러내기에 족했다.

김마리아, 그는 1892년 6월 18일 황해도 소래 마을에서 아버지 김윤방과 어머니 김몽은 사이에서 출생하였다. 아버지는 언더우드가 선교차 우리나라에 오기도 전에 1880년 이전부터 서상윤에 의해 이미 기독교에 귀의하였다. 언더우드가 오자 그에게 사랑방 전체를 내주어 전도사업을 도왔고, 그 자신은 우리나라 안에서 최초로 개신교 세례를 받고 그의 노비 50명을 해방시키기도 한 사람이다. 그러니 셋째 딸이자 막내딸의 이름을 '마리아'라고 한 것은 각별한 은총이었다. 이 막내가 바로 우리나라 독립운동사상 빛나는 여성지도자로서 만고의 영웅인 김마리아 선생이다.

김마리아는 고향 소래에서 아버지가 창설한 교회이자 학교인 소래

교회를 다니며 소녀시절을 보냈다. 어려서부터 정의감이 무척 강하고 천품이 유별나게 듬직해서 슬픔이나 무서움같은 섬세한 감정과는 거리가 가까우면서도 나타냄을 억제하는 대범한 성격을 보였다. 그는 학업에도 탁월하여 어른들 틈에 끼어 공부했으나 언제나 당당히 1등을 하고 4년제를 졸업했다. 1896년부터는 4년간 서울 정신여학교에서 수학했는데 졸업할 때까지 두 번만 1등을 놓쳤을 뿐 늘 1등을 지켰고, 인품 또한 더욱 틀이 잡혀 지도자적 성품으로 성장했다. 이때에 그의 성장에 크게 영향을 미친 분은 역사교사인 김원근 선생과 가정교사인 신마리아 선생이었다.

그 후 그가 애국일념의 정신을 일체화시켜 한 생애를 보낸 것도 정신여학교 시절에 받은 감화에 힘입은 바가 컸다. 1915년에는 일본 동경여자대학원 대학예비과에 들어갔고 대학과정을 마쳐가는 마지막 학년에 나라없이 졸업장이 무슨 소용이 있느냐 하고 서슴없이 2·8독립항쟁에 가담했다.

1919년 1월 22일 한국인 유학생들은 고종황제가 일제에 의해 독살당하였다는 소식을 듣고 자유토론이 격앙되었다.

김마리아는 고종황제의 독살을 규탄하고 평등과 자유를 지키기 위해서 궐기할 것을 호소하였다. 이것은 남학생들을 크게 움직였다. 드디어 일본 동경 한복판 기독교청년회관에서 2·8독립선언문이 백관수에 의하여 낭독되었다. 실로 국권을 빼앗기고 9년 만에 맛보는 환희의 날이었다.

장내는 진동과 박수 그리고 아우성으로 요란하였다. 이어 여학생을 대표하여 김마리아가 등단하여 일제의 식민지정책을 신랄히 성토·규탄하고 최후의 순간까지 강도 일제와 투쟁할 것을 눈물로 호소하니, 장내는 찬물을 끼얹은 듯 숙연하더니 이내 울음바다가 되고 함성과 진동은 더욱 더 요란해졌다. 이윽고 일본 경찰이 들이닥치자 마리아는 "일본 경찰은 물러가라", "민족의 원수 일본은 한국에서 철수하라"는 등 목청을 돋구어 구호와 만세를 고창하였다. 물론 김마리아는 체포되어 고문섞인 취조를 면치 못했다.

그 후 석방되자 김마리아는 허리띠 속에 조선청년독립단 명의로 된 독립선언문을 감추고 국내로 잠입하여 독립사상 고취에 심혈을 기울이며 일본에서의 독립항쟁 상황을 전국적으로 알렸다.

그는 서울로 들어와 손병희, 최린과 협의하여 국내에서도 독립운동을 일으킬 시기가 왔다고 진언하고 한편, 모교로 가서 동창생들과 부인회운동을 숙론하고 세브란스병원 간호사 및 이화학당과 연결하여 독립항쟁의 봉화를 다짐하였다.

드디어 김마리아의 숙원이자 민족의 염원인 독립항쟁이 봇물처럼 터졌으니 이것이 3·1운동이다. 이때 여성의 독립항쟁은 처절을 극하였던 통쾌한 역사의 한 순간을 장식하였다.

3월 5일 김마리아도 체포되어 혹독한 고문을 당했으나 초지일관 민족의 자존심을 지키고 "독립운동이 어째서 죄가 되느냐"고 호령하여 재판관도 고개를 떨구게 만들었다. 그의 강철같은 독립 열의는 무쇠도 녹여버릴 형국이었다. 그러나, 그는 헌병들이 옷을 벗기고 억센 밧줄로 묶어서 달아매고 참대채로 마구 구타하는 등의 악질적인 고문으로 6개월 동안 형무소 속에서 가사(假死)상태로 있었다.

연루자를 찾아내고자 극심하고도 야만적인 고문을 계속하였으나 이실직고할 김마리아가 아니었다. '지독한 계집'이라는 등 험상망측한 욕설을 감내해냈으나 고문 후유증으로 귀 뒤뼈 속에 고름이 끼는 매스토이라는 불치의 병을 얻어 오십 평생을 곤욕 속에서 보냈으니 아아 원통하여라.

출옥 후 9월 19일 김마리아는 출옥 축하 다과회 명목으로 열린 애국부인회 비밀모임에서 새 회장으로 추대되었다. 그는 손수 애국부인회 취지문을 작성하였다.

"고어(古語)에 이르기를 나라를 내 집같이 사랑하라 하였거니와 가족으로서 제 집을 사랑하지 않으면 그 집이 완전할 수 없고 국민으로서 제 나라를 사랑하지 않으면 그 나라를 보존하기 어려운 것은 아무리 우부우부(愚夫愚婦)라 할지라도 밝혀 알 수 있을 것이다. 아! 우리 부인도 국민 중에 일분자이다. 국권과 인권을 회복할 목표를 향하여 전진만이 있을 뿐이요 후퇴할 수는 없다. 국민성있는 부인은 용기를 분발하여 그 이상에 상통(相通)함으로써 단합을 견고히 하고, 일제히 찬동하여줄 것을 천만 희망하는 바이다.”

이와 같이 구국운동의 일환으로 애국부인회를 이끌어 “나라를 위해 죽음이 있을 뿐이다. 비록 지금 죽는다 해도 한 될 것이 없다”고 의연히 절규하며 비밀리에 독립운동을 계속하였다. 그러나 몇 달이 지나자 기미를 알아챈 일제에 의해 애국부인회 임원과 지방의 지부장의 검거 선풍이 불어닥쳐 1919년 11월 28일까지 애국부인회 일제검거가 자행되었다. 김마리아는 강한 정신력처럼 체력도 남못지 않았지만 피검 8개월 만에 대구감방에서 겨우 목숨만 남은 병약자가 되고 말았다.

제1회 공판 때 “김마리아는 전신에 담요를 두르고 얼굴은 보기도 흉한 흰수건으로 가렸는데 하얗게 센 마리아의 턱이 겨우 보이는 것이 차마 볼 수 없었다.”

이러한 정경을 본 방청석의 부인네들이 울음을 터뜨려 법정은 울음바다가 되었다. 이날 담당검사 가와무라 히데미즈(河村靜水)는 “일본의 신민이 아닌 비국민적 태도를 가진 것이다. 이러한 대역무도한 무리에게는 특별히 추상열화같은 형벌을 내려 그러한 인물을 박멸하지 아니하면 도저히 치안을 유지할 수 없다”고 증오에 찬 논고를 하였는데 이는 마리아의 일제에 대한 증오심의 정도가 얼마나 강하며 그의 민족정신이 얼마나 투철한가를 웅변해주는 기록이다.

그는 징역 5년의 판결을 받았으나 병세가 악화되어 병보석으로 1921년 7월 1일 세브란스병원에 입원하였다가 다시 성북동 보문암에서 정양중 변장을 하고 상해로 탈출하였다. 그리고 해외에서 국내활동 못지 않게 구국운동을 구상하며 담당검사에게 “덕분에 이곳에 무사히 도착했다”는 조롱조의 전보를 치는 여유를 보였다. 이 ‘김마리아 탈출사건’으로 담당검사를 비롯한 관련자 7명이 면직당하였다.

극적으로 망명에 성공한 김마리아는 대한민국임시정부로부터 환영을 받으며 불사조인양 상해애국부인회 간부직을 맡으며 독립항쟁을 전개하다가 미국으로 건너가 파크 대학과 시카고 대학에서 각각 문학 석사 학위를 받고 최고의 여류지식인이 되었거니와 체류중에는 재미 대한민국 애국부인회를 결성하고 군자금을 만들어 상해임시정부에 송부하는 등 구국운동을 활발히 전개하였다.

1932년 탈출한 지 12년 만에 귀국하여 원산신학교에 봉직하며 애국 활동을 계속 전개하던 중 1941년 12월 고문 때 얻은 병이 도져 평양기독병원에서 가료중 의식을 회복치 못한 채 1944년 3월 13일 조국광복을 눈앞에 두고 조국광복의 제단에 몸을 바치니 님의 연수 53세였다. 장례는 화장으로 고혼은 대동강 물에 뿌려졌다.

김마리아, 그는 수난기를 살다 간 선각자였다.

생시에 김마리아의 지시는 한 사람도 이의가 없을 정도로 적절했으며 지시에 따르게 하는 지도력의 발휘는 누구도 따를 수 없었다. 더할 나위 없이 폭이 넓고 생각이 깊어서 죽음을 무릅쓰고 항쟁하는 데 일치단결함을 나타내게 했다. "사심이라고는 손톱만큼도 없었고 일편단심으로 자유가 아니면 죽음을 달라는 정열에 아무도 순종하지 않을 수 없었다." "참 열심이었죠. 밤에는 잠을 안자고 기도실에 들어가 조국의 장래를 근심하며 눈물을 흘리며 기도하는 모습을 여러 번 보았어요. 나[유각경]와 같이 앉으면 항상 얘기가 조국의 독립이었지요. 마리아 씨의 비분강개를 듣고 나는 가슴 속에서 솟아오르는 분노와 울분에 눈물을 흘린 적이 많답니다."

이토록 조국을 사랑하던 아니 조국과 결혼했다던 김마리아, 그는 영원히 갔다. 그러나, 그는 영원히 뜨겁게 살아남았다.

그렇다면 그 흔한 기념관, 동상, 공원 하나 없이 우리의 가슴 속에 불멸의 기념비만 남겼단 말인가? 아니다, 기념관을 건립하자, 동상을 세우자, 공원을 만들어주자. 그리고 기념관 앞에서, 동상 앞에서, 공원에서 김마리아를 이야기하자. 그리하여 김마리아의 숭고한 애국심을 가슴에 심화시키자. 그렇다, 우리 모두 제2, 제3, 제4의 김마리아가 되자.

(『한양여대신문』 51, 1985년 4월 15일자)

8. 세시민속놀이

들어가며

　민족 기층의 잠재역량은 민속놀이에서 두드러지게 나타나기 마련이다. 지난 서울올림픽 개·폐회식 행사에서 보여준 고놀이를 비롯한 민속놀이는 우리의 가슴을 뭉클하게 하였다. 가장 민족적인 것이 가장 세계적인 것이 될 수 있음을 드러낸 순간이었다.

　우리 민족은 본시 동북아를 석권하는 맹주국가의 위치를 오랫동안 누렸지만 내내 그 세력을 유지할 수는 없었다. 더욱이 근자에는 외래문화에 압도되어 우리 문화가 커다란 위기에 봉착해 있다. 그럼에도 불구하고 오늘날 전승되고 있는 민속놀이는 여전히 다양하기 그지없다. 이것은 민족문화의 커다란 힘의 원천임에 틀림없다. 우리는 부분적이나마 민속놀이를 올림픽에서 의연히 세계인 앞에 선보였다. 이를 계기로 기층문화에 대한 새로운 자부심이 크게 팽배하게 되었다.

　놀이라는 것을 또 하나의 생산을 위한 수단으로 생각할 때 그 뜻은 값진 것이 된다. 지금 우리 민족은 새로운 개천(開天)으로 접어들어 다시금 동북아의 지도적인 국가로 떠오르고 있는 감이 든다. 이제 이를 기폭제로 한국문화의 꽃은 세계문화의 꽃으로 피어나고 있다. 이같은 시간대를 살면서 비록 세시민속놀이 아홉 종목에 한정하여 그나마 개괄적이긴 하지만 민속놀이를 우리 학생들에게 소개하는 것은 나름대로 퍽 의미있는 일이라고 생각된다.

세시민속놀이

윷놀이

한국의 수많은 놀이 중 음력 정초 놀이의 하나인 윷놀이는 한국 고유의 독특한 놀이이다. 설날의 정취와 실내오락으로서 흥을 돋우는 데는 윷놀이만한 놀이가 없다고 본다. 높이 쳐올린 윷의 떨어지는 소리가 클수록 상대편은 더 기를 쓰고 대드는 모양, 그리고 손뼉과 고함소리에 집이 떠나갈 듯한 이 윷놀이 광경은 얼마나 즐겁고 흥겨운 민속놀이인가. 이 놀이는 일반 도박과는 달리 어디까지나 건전한 민중오락으로서 한국사람 누구나의 기호에 가장 알맞는 것이다. 이것은 정월 초하루에서부터 대보름날까지 하고는 그만두는 것이 관례로 되어 있다.

윷놀이에서 일반적으로 많이 사용되는 용어는 윷가락의 호칭인 도·개·걸·윷·모와 윷말의 한 동, 두 동, 석 동, 넉 동 등이다. 윷의 각 사위 이름인 도·개·걸·윷·모는 돼지·개·양·소·말 등의 가축 이름에서 따온 것으로 추정되고 그 끗수는 이들 짐승의 몸 크기와 발의 속도에서 이루어졌으리라고 본다. 또는 고대 부여의 저가, 구가, 우가, 마가, 대사 등의 관작제를 모의한 것인 듯하다고 추측하고 있으나 확실한 고증은 없다. 그리고 윷놀이의 본의는 농사와 밀접하게 관계되어 있고 기원은 문헌상으로는 신라 때에 이미 존재한 것으로, 전래 오락 중에서 가장 오래된 것이다.

연날리기

연의 창시자가 어느 나라 누구이고 또 그것이 어느 나라로 어떻게 전파되었는지를 단정할 만한 기록은 없다. 다만 우리나라에서는 김유신 장군이 연을 사용했다는 기록이 처음으로 보이긴 하지만 그렇다고 그것이 창시라는 확증은 없다. 아무튼 연날리기는 오랜 옛날부터 전승되어온 민속놀이임에는 틀림없다. 어린이에서 노인에 이르기까지 음력 정초가 되면 전국적으로 성행하여 장관을 이루어왔다.

연날리기에 대한 세시민속놀이는 조선조 유득공의 『경도잡지』에 잘 묘사되어 있다.

연 만드는 법은 대를 뼈로 하고, 종이를 풀로 발라 마치 키의 모양같다. 그 날리는 법은 한 곳에 국한되지 않고 종횡으로 휩쓸어 남의 연과 마주쳐 남의 연줄을 많이 끊어 쾌락을 삼는다. 승부는 연줄을 잘 교차시키는 능력에 따라 결정된다. 매년 정월 보름 전 하루 이틀은 수표교 연변 위아래를 따라 연싸움을 구경하는 사람들이 담을 쌓듯이 모여 선다. 그러나 보름날이 지난 다음에는 다시 연을 날리지 않는다.

이를 음미하고 나니 그 당시 연날리기에 대한 세시민속놀이가 눈에 선하다.

널뛰기

음력 설날에는 여러 가지 민속놀이가 많지만 여성들의 놀이로서 전국적으로 행해지는 것으로는 널뛰기가 있다.

널뛰기는 기다란 널판을 멍석묶음이나 가마니뭉치 위에 절반을 걸쳐 놓고 하기도 하고, 양 끝에 구덩이를 파서 하기도 한다. 널판 양 끝에 한 사람씩 마주 올라서서 서로 구르면서 몸솟음을 하여 교대로 올라갔다 내려갔다 하여 뛰는 것인데, 높이 솟을 경우에는 몇 자까지 올라간다.

젊은 여자가 찬란하고 아름다운 옷을 입고 새해 새날의 공중을 서로 번갈아 솟았다가 떨어졌다 하며 노는 양은 참으로 한 폭의 그림이라 아니할 수 없다. 조선조 유만공은 그의『세시풍요』에서

> 널뛰는 아가씨들
> 울긋불긋 차렸구나
> 뛰고 굴리어
> 서로 높이 오르려고
> 담 너머 얼굴 뵈는 것
> 부끄러운 줄 모르네

라고 읊었다. 널뛰는 아가씨들이 찬란한 옷을 입고 담 너머 높이까지 서로 뛰고 굴리는 것이 아른거린다.

그네뛰기

그네뛰기는 단오날 행사 중의 큰 놀이이다. 남성의 씨름놀이와 더불어 여성놀이로서는 가장 크고 또한 유명하다. 단오날이 되면 경향 각지에서는 오래 묵은 큰 버드나무 가지에 밧줄을 매어 그네를 뛴다. 짙은 녹음 사이에서 빛깔이 찬란한 옷을 입은 젊은 여자들이 그네를 뛸 때, 바람을 머금고 부풀어오른 치마폭과 나부끼는 저고리 고름, 덜렁거리는 댕기 등이 왔다 갔다 하는 양은 어떻게 보면 제비가 나는 것 같고, 또 선녀들의 놀음같이 보이기도 한다.『경도잡지』단오 절에 "여염집 부녀자들이 그네뛰기를 매우 성하게 한다"고 하였다. 서울에서는 왕년에 남관왕묘 앞과 동관왕묘 앞, 삼청동·사직동의 넓은 광장에서 행해진 그네뛰기가 대단하였다.『개성지』풍속편에는 "5월 5일에 여성들은 성장을 하고 경덕궁에 모여 그네를 뛰고, 남정네들은 만월대에 모여 씨름을 한다"하였다. 이 그네뛰기는 전국적인 행사로서 시기는 5

월 단오날에 거행하였음을 알 수 있다.

이 단오날은 민속상으로는 쉬는 날이요, 때는 신록이 푸르고 화창한 봄날이라, 이날 가정에서 해방되어 나온 여성들의 그네뛰기는 하루를 즐기는 민속놀이로서 그네줄을 붙잡고 몸을 자기 마음껏 날려보는 운동이었고, 또 남과 겨루어보는 경기이기도 하였다. 이는 원래 신체를 가볍고 민첩하게 단련하는 것이니만큼 체육적인 면으로도 가치있는 훌륭한 운동경기다. 그러므로 이 그네뛰기는 오랜 전통을 지닌 우리 여성들의 정서있는 민속놀이로서도 큰 의의가 있는 것이지만, 체육적으로도 가치있는 훌륭한 운동경기가 되는 것이다.

줄다리기

줄다리기는 옛날부터 남한 각 지방에서 성행한 대중적 의의를 가진 특수한 놀이로, 대개는 정월 대보름날에 행한다. 작은 고을이나 마을에서는 당일 하루만 하지만 큰 고을에서는 보통 15일을 전후하여 3일 동안 한다. 그런데 지방에 따라서는 5월 5일 단오날이나 8월 15일 추석날에 행하기도 한다.

한 고을이나 촌락이 동과 서로 나뉘어 집집에서 모은 짚으로 새끼를 꼬아 수십 가닥 합사한 큰 줄을 한 가닥씩으로 하는데 줄에는 손잡이 줄을 무수히 매단다. 그리고 줄머리에는 도래라고 하는 환을 만들어 연결시키고 중앙지점에서 동·서부의 환을 교접시켜 그 속에 큰 통나무를 꽂아 동·서부의 줄을 연결시킨다. 고을 사람들은 노소를 막론하고 총출동하여 줄을 당기어 승패를 다툰다.

줄에는 암·수가 있어 동을 숫줄, 서를 암줄이라 일컬으며, 이긴 쪽은 그 해의 농사가 풍작이 되고 악질에도 걸리지 않는다고 전해온다. 따라서 사람들은 정말로 연중의 풍흉화복이 이 한 판에 달린 것으로 믿어서 함성을 지르면서 필사적으로 당기어 승패를 결정한다. 이긴 편은 타악기를 선두로 덩실덩실 춤을 추면서 진 편 동리를 돌아다니며 기세를 올린다. 바야흐로 마을잔치가 무르익어가는 것이다.

씨름대회

오랜 옛날부터 우리나라는 음력 5월 5일 단오날 놀이로 남자는 씨름대회를 해왔다. 이 놀이는 시대의 변천으로 쇠퇴하여 오늘날에는 옛날과 같이 성행하지는 않으나 아직도 경향 각지에서는 이때가 되면 민속적 연중행사의 하나로 씨름대회를 연다. 씨름경기는 한국 남성이면 누구나 다 할 줄 알고 이해하며, 또 판단할 수 있는 오랜 민속경기로 이미 고구려 각저총에도 씨름하는 광경의 벽화가 있을 정도이다. 이러한 경기가 쇠퇴하기 시작한 것은 20세기 초엽부터였으며, 최근 2차대전 이후로는 서양 경기의 보급과 각종 스포츠 국제대회, 그리고 프로경기의 성행으로 오랜 전통을 자랑하는 씨름경기는 점차 위축되어 최근까지 계속 쇠퇴해온 것이 사실이다. 그러나 지금은 각종 장사씨름대회를 자주 열어 침체해가던 씨름계가 점차 소생하고 있다. 퍽 다행스러운 일이다.

씨름은 현대인의 안목으로 볼 때, 구기처럼 흥미있는 경기는 아닐지 모르나 씨름경기는 우리 민족이 수천 년 동안 즐겨오던 경기이므로 국기로 정해 민족경기로서 중흥시켜 마땅하다 하겠다. 그뿐 아니라 연구와 노력 여하에 따라서는 현대 스포츠의 하나로 국제경기화할 수도 있다고 본다.

차전놀이

차전놀이는 음력 정월 대보름날 낮에 고을의 청장년들이 동부와 서부 두 편으로 나뉘어 넓은 들판이나 백사장에서 거행하는 놀이이다. 종래 이 놀이가 행해지던 지방을 보면 경상북도의 안동을 비롯하여 경기도의 가평, 그리고 강원도의 춘천지방이 있다. 이 놀이는 한동안 중절상태에 있었으나, 최근에 와서 안동지방에서 부활되어 타지방으로 확산되고 있다.

이 싸움은 대개 오후 1시경에 시작하며, 싸움 장소 주위에는 동·서

양부의 수많은 군중이 운집하여 인산인해를 이룬다. 정한 시간이 되면 각 부에서 제각기 수레를 메고 나온다. 각 부 맨 앞에는 머리꾼으로서 힘이 센 장정이 제각기 팔짱을 끼고 'V' 모양으로 40명이 배진해 나온다. 그 뒤에는 수레꾼들이 수레를 메고 나온다. 수레 위에는 힘이 세고 위풍당당한 대장 한 사람이 방석 위에 올라서서 왼손으로 고삐를 잡고 오른손으로 지휘를 한다.

이 대장의 지휘법은 구령으로 하지 않고 반드시 오른손으로 지휘한다. 오른손을 앞으로 하면 앞으로 향하여 나아가고, 뒤로 하면 뒤로 물러가며, 뒤에서 좌·우로 흔들면 빙글빙글 돈다는 신호가 된다. 앞쪽의 수레꾼들은 자기편 대장을 볼 수 없다. 그러므로 뒤쪽에 있는 수레꾼들의 앞을 바라보며 대장이 지휘하는 대로 움직인다. 이때 앞쪽에 있는 수레꾼들이 또한 민감하게 움직인다.

머리꾼들은 반드시 팔짱을 끼고 상대편을 떠밀게 되어 있고, 수레가 앞으로 향하여 나갈 때는 수레머리를 올린다. 대장은 그때 그때 전세를 잘 판단해야 하며, 상대편의 헛점을 잘 보아서 돌진하여 상대편의 수레를 위에서 눌러야 한다. 이때 순식간에 수백 명이 수레 위에 뛰어올라 타고 누르면 상대편의 수레가 땅에 닿게 된다. 그러면 이기는 것이다. 그러므로 동·서 양편은 서로 상대편의 수레 밑에 들지 않으려고 수레머리를 쳐든다.

이 차전놀이는 한국 특유의 장쾌한 남성들의 놀이로서 그 규모도 500명 내외에 이른다. 이 놀이는 민중의 놀이로서 의의가 있는 것이지만 국민화합의 차원에서 보아도 세시민속놀이의 하나로서 부활된 것은 마치 국운의 부활처럼 느껴져 더없이 기쁜 마음이다.

강강술래

강강술래는 전라남도 해안지방의 특이한 민속놀이의 하나로서, 해마다 음력 8월 한가위날 달밝은 밤에 곱게 단정한 부녀자들이 일정한 장소에 모여 수십 명씩 손에 손을 잡고 원형으로 늘어서서 강강술래라

는 후렴이 붙은 노래를 부르며 빙글빙글 돌며 흥겹게 뛰노는 놀이이
다. 그 노래 하나를 여기에 소개한다.

하늘에는 별도 총총 강강술래
동무도 좋고 마당도 좋네 강강술래
솔밭에는 솔잎도 총총 강강술래
대밭에는 대도 총총 강강술래
달 가운데 노송나무 강강술래

이 놀이를 할 때는 그 중에서 목청이 좋은 주도자 한 사람이 그 둘
레 가운데에 서서 앞소리(선창)를 하면, 다른 일동이 뒷소리(합창)로
강강술래라고 후렴을 부르면서 춤을 추며 돈다.

이 놀이의 유래는 지금으로부터 약 4백 년 전 임진왜란 때 수군통제
사 이순신 장군이 수병을 거느리고 왜군과 해전을 벌였을 때, 적군에
게 해안을 경비하는 우리의 군세를 많아 보이게 하고, 또 적군이 우리
의 해안에 상륙하는 것을 감시하기 위하여 창안해 낸 것으로 알려졌
다. 이 놀이는 특히 전쟁터 부근의 부녀자들이 수십 명씩 떼를 지어 해
안 근처의 산에 올라 곳곳에 모닥불을 놓고 돌면서 강강술래 노래를
부른 데서 유래되었다고 한다.

그 뒤 전쟁이 끝나자 그곳 해안 부근의 부녀자들이 당시를 기념하
기 위하여 8월 한가위날 밤을 택하여 하나의 연중행사로서 강강술래
노래를 부르며 뛰고 돌면서 놀이를 하게 되었다. 그리하여 이 행사가
점점 호남지방 일대에 퍼져서 지금은 그 지방 특유의 민속놀이가 되었
을 뿐 아니라 서울올림픽 폐막식에서는 온 인류가 하나가 되어 손에
손잡고 대미를 장식한 뜻깊은 놀이이기도 하였다.

고놀이

고싸움 놀이는 주로 전라도 광산·남평 등지에서 동·서 양편으로

나누어 많이 하던 민속놀이이다. 해마다 음력 정월 초순경부터 시작하여 16일에 놀이가 절정에 이르고 2월 초하루에 놀이를 마치는 것이다.

고싸움 놀이의 고란 옷고름, 고맺음 등에서 나온 말로 한 가닥을 길게 빼어서 둥그런 모양으로 맺은 것을 뜻한다. 이 고싸움 놀이는 짚을 주재료로 하여 만든 고를 놀이 기구로 하여 승부를 겨루는 놀이이다.

고는 대개 20개 내지 30개의 대나무를 휘어서 둥글게 하고, 굵은 새끼줄을 감아 만든다. 고가 완성되면 14일 밤에 당산제를 지내고, 15일은 쉰 다음, 16일에 고싸움 놀이를 벌이게 되는데, 오전에는 두 편이 합동으로 농악굿을 하고, 오후에 고를 메고 싸움터에 집결한다.

싸움하는 것을 보면, 동·서 양편이 제각기 횃불과 농악대를 선두로 하고, 고몸뚱이 밑에 붙은 첫번째 가랫장 위에 줄패장이 올라서서 호령을 하면서 지휘를 한다. 이 싸움은 상대편의 고를 내리덮쳐 눌러서 땅에 닿게 하면 이기는 것으로써 싸움은 끝나는 것이다. 하지만 돌진과 후퇴를 거듭하기 때문에 쉽게 승부가 나지 않는다. 그 사이 농악은 하늘을 진동하고 싸움은 격렬하게 전개된다. 싸움은 20일까지 계속되다가 그래도 승부가 나지 않으면 2월 초하룻날 줄다리기로 결판을 낸다. 이렇게 해서 이긴 편은 줄을 메고 이웃 동네를 돌면서 노래를 부르며 기세를 올리는 것이다.

이 고싸움 놀이는 서울올림픽 개막식 행사에서 흥겨운 고놀이로 승화되어 동·서가 모두 승리하는 민족화합, 인류화합의 정신을 드높여 세계인의 격찬을 받았다. 실로 경이로운 민족 자존의 대서사시였다.

나가며

앞에서 밝힌 민속놀이를 개관해 보면, 우리나라의 민속놀이는 그 대부분이 원시신앙에 근원을 두고 있으며 또 농사에 관계되는 것이 많다는 것을 알 수 있는데, 이는 우리나라가 고대로부터 최근에 이르기까지 농업국가였던 만큼 농사와 관련되어 자연히 이러한 놀이가 다수에 달하는 것으로 당연한 결과이다.

이 세시민속놀이에는 일반적으로 보편화되어 전국적으로 행해지는 것과, 그 지방 특유의 민속놀이로 그 지방에서만 행해지는 것이 있다. 예를 들면 윷놀이·널뛰기같은 것은 전국 어느 지방에서나 다 하는 놀이이지만 차전놀이·고놀이 등은 그 발생 지역에 한정되어 그 지방에서만 하는 놀이이다.

이 민속놀이는 민중의 기층문화로서 그 의의는 오랜 옛날부터 근원을 두고 있어 우리 조상의 생활과 관계를 갖고 있다는 것, 민족적이요 집단적인 놀이로서 민족생활과 결부되어 있다는 것, 건전한 민중의 놀이라는 것이다. 그리고 이 민속놀이는 사회생활을 윤택하게 하고, 나아가 국민 구성원의 융화와 생기를 진작시키는 데에 큰 의의가 있는 살아있는 민중의 역사인 것이다.

(『행원』 13, 1989년)

9. 광주학생운동에서의 여학생의 활약

들어가며

올해는 광주학생운동기념 55주년이자 이의 법통을 인정하여 부활 제정된 학생의 날 원년으로서 그 의의가 큰 해이다.

필자는 '학생의 날에 즈음하여'란 원고청탁을 받고 광주학생운동의 사료들을 고찰하던 중 당시 여학생들의 구국투쟁에 적이 감동되어 광주학생운동에서의 여학생의 활약을 우리 학생들에게 전하고자 이 글을 쓰기로 작정하였다.

여학생 구국투쟁의 역사적 배경

광주학생운동에서 보여준 여학생들의 구국투쟁력의 근원은 역사적으로 견고하고도 깊게 뿌리박고 있다.

일찍이 임진왜란 때 자결로 대항한 열부의 수는 충신의 수의 33배가 넘는 356명이었다. 이러한 국가보위와 민족존립을 위한 전통적 절열관(節烈觀)은 우리나라가 일제의 식민지로 전락되는 과정에서 이를 저지하고 저항하는 강력한 애국애족심으로 나타났다. 최익현의 순사(殉死) 3년상을 마친 그의 부인은 자결로 뒤를 따랐고, 을사조약의 '불(不)'자를 써서 반대한 참정대신 한규설의 부인은 자결로 위정(衛正)의 책임을 다하지 못한 남편을 심하게 꾸짖고 아사(餓死)를 결심하고 방문을 잠겄다. 이러한 부녀들의 구국의식은 국민의식을 고취시키는 데 크게 기여하였다. 1907년에는 남성 중심으로 국채보상운동이 성립하자, 여성사회는 크게 반발하며 다음과 같이 선언하였다.

나라 위하는 마음과 백성된 도리에는 남녀의 차이가 없는 것인데 거족적인 운동에 부인 참여의 방법을 논하지 않았으니, 여자는 나라의 백성이 아닌가? 남자들은 단연(斷烟)으로 구국대열에 참여하는데 반해 우리 여자는 패물(佩物) 폐지로 참여하겠다.

이 취지문은 전국 여성에 메아리쳤고 남녀평등의 민주시민사회로 지향하는 여성의식 고취에 큰 디딤돌이 되었다.

주권침탈 후 3·1운동에서의 여성활동은 특히 주목을 끈다. 그것은 이제까지의 부녀 중심의 구국운동으로부터 여학생 중심의 구국운동으로 전환된 점이다. 동경에서의 2·8독립운동이 거국·거족적인 3·1 민족운동으로 확대된 데에는 여학생의 공로가 컸다고 힘주어 말할 수 있다. 김마리아·황에스터·차경신 등의 유학생이 국내에 들어와 독립의 기회를 스스로 잡아야 한다고 국내 여성의식을 일깨워 준 바 있고, '3·1독립선언서'의 배포도 단속이 심한 곳일수록 여학생이 해낸 바 있다. 서울에 있는 정신·숙명·진명·이화·배화여학교는 물론 대구·부산·원산·개성 등지의 여학생들도 만세시위를 함으로써 민중을 분발 참여케 했다.

더욱이 여학생들은 체포되어 고문을 당할 때면 나체고문의 만행을 당하게 된다. 여성의 정조는 생명보다 더 귀중한 것이므로 나체고문에 여학생이 쉽게 굴할 줄 믿고 비인도적인 온갖 잔인한 행위를 가한 것이나 여학생들은 '이것은 모두 나라를 위하는 일이므로 참고 견디겠다'는 용기와 각오로 인내하였던 것이다. 이는 세계인을 놀라게 했다.

영국인 게일 목사는 로마시대 순교자보다 더 용기있는 국민이라고 찬탄하였고, 네루는 그의 딸 인디라 간디에게 옥중편지로 "독립을 위한 항쟁은 늘 계속되고 또 여러 번 폭발하였다. 그 중에서도 제일 중요한 항쟁은 1919년의 봉기라 하겠다.……한국에서는 여학생들이 이 투쟁에서 중요한 구실을 하고 있다는 사실을 알면 너도 마음이 끌릴 것으로 안다"라고 투혼을 일깨웠다.

3·1운동에서 여학생의 활동은 실로 경이적이었고, 이 운동은 그 이후의 여학생 구국투쟁의 귀감이 되었다.

광주학생운동에서의 여학생의 구국투쟁

우리나라 학생운동의 백미인 광주학생운동의 직접적인 발단은 1929년 10월 30일 오후 5시 30분경, 광주에서 통학생을 실은 기차가 나주역에 도착했을 때 일인 남학생이 한인 여학생을 희롱한 데에서 비롯되었다. 그 저간의 모양에 대해 목격자요 학생운동에 가담했던 박준채는 "……나는 피가 머리로 역류하는 분노를 느꼈다.……그자들이 우리 여학생을 희롱하였으니 나로서는 당연한 감정적인 충격이었다. 더구나 박기옥은 나의 누님이었으니 나의 분노는 더하였다.……'후쿠다, 너는 명색이 중학생인 녀석이 야비하게 여학생을 희롱해?' '뭐라고? 센징놈이 뭐라고 까불어.' 이 센징이라는 말이 후쿠다의 입에서 떨어지기가 무섭게 나의 주먹은 그자의 면상에 날아가 작렬하였다.……"라고 서술하고 있다.

여기서 보는 것같이 이 충돌은 어디까지나 민족적 대립감정에서 생긴 것이었다. 따라서 누적된 민족감정은 1929년 11월 3일 광주고보생과 일본인학교 학생인 광주중학생의 충돌로 폭발되었다. 이를 계기로 광주학생 구국투쟁은 전국적으로 번져 다음해 3월까지 계속되었다. 이 운동기간 동안 참가 학교수가 202개교, 참여 학생수는 무려 5만 4천에 달하였다. 이는 당시 중·전문학생수가 88,791명이었음을 상기할 때 한국 학생운동사상 얼마나 큰 비중을 차지하는가를 알 수 있다. 이 운동으로 인해 퇴학당한 자는 582명, 무기정학자는 2,330명에 달해 총독부조차도 '광주학생사건의 날'이라고 부른 바 있다. 이 운동은 3·1운동을 엄연히 계승한 운동으로서 3·1운동보다 전국적이었다. 이 운동이 있던 날 광주여고보 학생들은 남학생들의 뒤를 따라다니며 치마에 돌과 장작을 날라다 주었고 약품을 구해다 부상자 치료에 나서기도 했다. 이어서 12일에는 광주여고보생 1백여 명이 스크럼을 짜고 시위하면서 전단을 뿌리고 다녔다.

이 운동으로 광주여고보는 무기휴학이 선포되었고 주동자였던 장매성은 4년간이나 수감되었다. 또한 이 학교 4년생인 차인희·최공·강정민·정소진 등 4명의 여학생은 1930년 1월 13일 "시비들을 물관(勿關)하고 조선인 학생들이 많이 잡혀가서 고생하는 꼴을 보고 양심의 가책이 심한 우리들은 안연히 공부할 수가 없다"라는 내용의 퇴학원서를 학교에 제출하였다. 이러한 광주여학생들의 민족 정기는 서울의 여학생에게로 전파되었고, 삽시간에 전국의 여학생에게로 확산되었다.

1930년 1월 15일 서울의 동덕·정신·실천여상·배화·이화·근화여학교가 만세를 고창(高唱)하면서 대시위를 일으킨 것은 커다란 파문을 일으켰다. 이 서울의 여학생 시위는 여러 면에서 주목할 가치가 있다. ① 10여 여학교의 학생 전부가 운동에 가담했다는 것, ② 여학생들의 운동과 구호 속에는 지금까지 볼 수 없었던 표어가 들어 있다는 것, ③ 여학생 운동의 주도권은 이화여학교가 쥐었고 따라서 남학생들은 보다 좀더 구체적인 운동의 목표를 설정하였다는 점에서 학생운동의 새로운 양상을 발견할 수 있다.

이 운동을 주동한 이화고보 4년생 최복순은 20세의 소녀로서 정력적이고 창의적인 인물이었다. 그는 누구나 자기 자신보다 나라와 민족을 앞세워야 한다고 말했고, 만세운동은 부모에게 효도하는 것보다 앞서는 것이라고 역설하여 모두 이 운동에 가담케 했다.

또한 지방에서도 여학생의 구국투쟁은 열화 같았다. 개성의 호수돈고녀, 평양의 숭의·정의 고녀, 영변의 숭덕고녀, 함흥의 영생고녀, 원산의 진성고녀, 청진고녀, 회령여학교, 청주고녀, 부산고녀, 일신여고보, 대구고녀, 전주고녀, 기전여학교, 목포의 정명여학교 등과 더불어 간도의 명신녀·광명여학교까지 시위운동 및 동맹휴학을 전개한 것은 실로 민족적인 장거가 아닐 수 없다.

나가며

광주학생운동은 여학생 주동자의 평균 연령이 19.1세였고, 남학생 주동자의 평균연령은 19.2세로 모두 10대의 소년·소녀가 대종을 이루는 순수한 구국운동이었다.

광주학생운동에서의 여학생의 활약에서 우리가 주시해야 할 것은

(1) 3·1운동이나 6·10만세 운동에서처럼 '대한독립만세'에 머물지 않고 '피압박민족 만세' 등 독립항쟁으로 발전하였고,

(2) 단순한 배일감정이나 차별교육 반대에 그치는 것이 아니라 일제의 사상·탄압에 대한 정면 도전으로서 이전의 독립운동 때는 무저항주의로 만세를 불렀는데 이때부터는 독립을 쟁취하기 위한 조직적이며 정치성이 강한 항쟁으로 힘있게 맞서기 시작하였으며,

(3) 이전의 운동은 여자가 남자를 따라 했는데 서울로 번진 시위운동에서는 여학생이 주도권을 행사하여 이후 우리 민족의 독립항쟁의 커다란 자신감을 안겨주었다는 사실이다.

(『한양여대신문』 48, 1984년 11월 15일자)

10. 민족사의 바른 정립

들어가며

우리가 인생을 살아가는 데 있어서 최종적으로 부딪치는 본질적인 문제는 '인생이란 무엇인가'라는 의문이다. 따라서 오늘을 살고 있는 우리들에게 최대의 과제는 인생이란 무엇인가를 풀고자 하는 데 있는 것이다. 이 문제를 풀기 위하여 우리는 누구인가를 먼저 알아야 한다. 우리가 누구인가를 안다면 인생이란 무엇인가를 터득하게 될 것이기 때문이다. 과연 우리는 누구인가? 이 문제 해결의 열쇠가 바로 역사인 것이다. 우리가 걸어온 길, 즉 우리의 조상이 걸어온 길을 뒤돌아 보면 우리가 어떤 사람이라는 정체(正體 : Identity)가 드러난다. 따라서 크로체(Croce)는 "모든 역사는 현재의 역사"라고 언급했고 카(Carr)는 "역사는 과거와 현재 사이의 끊임없는 대화"라고 말했던 것이다.

그럼 오늘 우리가 부딪치는 문제는 무엇인가? 그것은 이른바 일제가 파놓은 우심하게 왜곡된 식민사관의 수렁 속에서 탈출하는 일이다. 시급히 벗어나서 우리의 발자취를 바르게 더듬어 보는 데에서만 우리의 정체를 바르게 인식하게 되기 때문이다. 바른 인식 위에 원형대로 복원하는 역사의 재구성이 절실한 소이가 여기에 있다.

이를 위하여 일찍부터 민족사학, 실증사학, 사회경제사학이 그 나름 대로의 사명을 띠고 일정한 역할을 담당하였다. 그러나 이들은 서로간에 일장일단이 드러났다. 민족사학은 민족의 주체사관 형성에 기여했지만 국수적이라는 비난을 면치 못했고, 실증사학은 역사를 사실대로 인식하는 과학적인 연구태도에 크게 기여했지만 민족혼을 저버린 시체해부라는 비난을 면치 못했다. 사회경제사학 역시 사회의 구조적인 기층연구에 큰 공을 세웠지만 계층간의 투쟁을 유도시킨다는 비난을 면치 못했다.

그러나 이들은 대국적인 견지에서 볼 때 어느 한쪽만을 강조하기가 어려운 것이다. 이들 삼면의 사학의 성과를 종합하는 것이 민족사 발전에 참다운 도움이 될 것이다. 민중을 기층으로 민족사의 발전적 자취를 실증적으로 고찰함으로써 역사를 진전시키는 것이 크게 바람직한 현상일 것이다.

한국사 발전 원동력의 고유소

어느 나라 역사에나 반드시 그 나라만의 독특한 체취가 있기 마련이다. 그래서 이들 체취를 말하는 재담들이 난무한다.

한 사람의 영국인은 우직하고, 두 사람의 영국인은 스포츠를 하고, 세 사람의 영국인은 대영제국을 만든다.

한 사람의 독일인은 철학을 쓰고, 두 사람의 독일인은 교향악을 연주하고, 세 사람의 독일인은 전쟁을 한다.

한 사람의 한국인은 묵묵히 일을 하고, 두 사람의 한국인은 우국충정을 토로하고, 세 사람의 한국인은 새마을 운동을 한다.

또 이런 것도 있다.

영국인은 걸으면서 생각하고, 프랑스인은 생각하고나서 뛴다. 그리고 스페인 사람은 뛰고나서 생각한다. 그러나 한국사람은 뛰면서 생각한다.

이런 것들은 모두 그 민족의 어떤 체취를, 즉 공통된 역사적 사실에도 영향받음이 없이 존재하는 특성을 말하고 있는 것이다. 이들은 물론 해학에 찬 재담임에 틀림없다. 그러나 이러한 공통(共通)된 사고방식은 자기의 현실문제를 해결해 나가려는 열쇠를 잡으려 할 때 없어서는 안되는 요소이다. 그러므로 우리가 감정에 치우치지 말고 여유있는 태도로 우리 역사의 특성을 깨우친다는 것은 민족적인 적성을 바르게 터득하여 우리 민족의 오늘과 미래의 생활을 바르게 발전시키는 슬기가 될 것이다. 그렇다면 과연 우리 민족의 특성은 무엇인가? 이 고유소를 터득한다면 한국사 발전의 원동력은 선명하게 밝혀지는 것이다. 일본인을 내세우고 한국인을 조롱하는 이런 재담이 있다.

일본인은 먼지와 같아 하나하나로는 미미한 존재이지만, 이들 먼지가 모여 찰흙같이 뭉친다.
한국인은 모래와 같아 하나하나로는 단단하지만, 여럿이 모이면 모래알처럼 흐트러져 버린다.

이 재담은 실로 악의에 찬 이야기이다. 그러나 이 말을 차분히 분석해 보면 그 행간을 통해서 진실이 드러난다. 분명 먼지와 모래는 차이가 있다. 먼지는 그야말로 먼지일 뿐이다. 비록 찰흙 먼지라고 해봤자 찰흙으로 만드는 그릇은 도기일 뿐이다. 여기에 반하여 모래는 한 알

한 알로도 단단하지만 모래로 이루어 만드는 콘크리트는 도기에 비유할 바가 아니다. 마치 김유신을 촉매제(시멘트)로 화랑도(모래)가 굳게 뭉쳐(콘크리트) 사국통일을 하는 장면이 연상된다. 여기에 비해 일본인은 이른바 그들의 국왕을 중심으로 무신(먼지)들이 신복(찰흙)하여 위대한 국가(도기)를 건설했다고 자부했지만 실로 그 국가는 도기가 박살나듯이 약했다.

여기에서도 우리는 우리의 본질의 일단을 알 수 있다. 한국인은 한 사람 한 사람이 주체적이다. 그 한 사람 한 사람이 모여 커다란 협동력을 발휘하여 독창적인 발전을 거듭하여왔다는 점이다. 물론·때로는 소용돌이치고, 때로는 역류하기도 하고, 때로는 급류로 흐르기도 하고, 때로는 고이기도 했지만 전체적으로 보아 한국사는 꾸준히 발전적으로 흘러왔다는 사실이다. 이 흐름 속에서 드러난 자주성·협동성·근면성·창의성·발전성의 요소야말로 우리 민족사의 값진 고유소가 되는 것이다. 일제는 한국인의 이 고유소가 있는 한 식민정치가 불가능함을 간파하고 이를 말살하기 위해서 우리 민족 고유소의 반대 개념을 설정하여 이른바 타율성·분열성·나태성·모방성·정체성이라는 식민사관을 심기에 노심초사함으로써 우리 민족사 행진에 결정적인 해독을 입혔다.

우리 민족의 문화역량

타일러(E. B. Tylor)는 "문화란 인간이 사회성원으로서 획득한 생활능력을 말하는 것이고, 그 생활능력의 축적이며 복합적인 생활양식"이라고 정의하였다. 이는 생활능력의 결함을 계속적으로 극복해 나가고 사회모순을 항상 극복해 나가는 능력이 문화가 된다는 뜻이다.

김철준 선생의 견해를 빌린다면, 한 문화가 어떠한 번영을 가져왔다고 하여도 장래에의 발전성을 갖지 못한다든지 자기 특성이 없다고 하면 그것은 역사적인 안목에서 볼 때 아무런 의미도 없게 된다. 특성이 없는 것에 발전성이 있을 수 없고 발전성이 없는 문화에 어떠한 특성도 수립되는 것이 없다. 그러한 의미에서 한국사는 수많은 좌절과 실패를 거듭하면서도 마침내 자기 역사의 의미를 찾았다는 점에서 생명력이 약동한 역사라고 볼 수 있다.

앞 시대의 사가들은 과거 문화에 대한 비판이 준엄하였는데, 그것은 자기 문화를 비판할 정신적 자신과 비판하고도 남는 자기전통에 대한 신뢰가 있었던 까닭으로 『동국통감』이나 『동사강목』같은 사서를 통해서 철저한 비판을 가한 것은 그러한 자신과 신조에 의한 것이었다.

또 우리 민족에게 넘치는 '멋'도 그 많은 역사적 경험을 통하여 축적한 문화총량에 대한 자신에서 온다고 할 수 있겠다. 성삼문이 형장에 끌려가면서도 읊은 "擊鼓催人命 西風日欲斜 黃泉無客店 今夜宿誰家"라는 시에서나, 안중근 의사가 처형을 앞두고 쓴 "見利思義 見危授命"이란 휘호에 찍은 약손가락이 잘린 손바닥 지문의 낙관(落款)에서 형언할 수 없는 극치의 숭고한 멋이 발견된다. 또 신윤복이나 김홍도가 그린 풍속화에 나타난 해학과 풍자에서도 깊이 있는 멋이 발견된다. 실로 우리의 민족사는 자부심을 갖기에 족하다.

더욱이 우리 민족은 일찍이 자주적으로 청동기문화를 이루었고, 이들은 철기문화로 전환하여 외세와 대항하면서도 고대왕국(사국) 건설에 성공한 바 있다. 신라는 신라 고대문화 그 안에서 다음 단계의 중세문화를 담당할 계층(6두품・호족・선종세력)을 양성하여 중세로의 문화전환을 가능케 했고, 고려는 고려 그 안에서 다음 단계의 조선문화 담당자(사대부)들을 양성하여 역성(易性)혁명을 가능케 할 수 있는 전환 능력을 보유했다는 것은 문화전통을 붕괴시키지 않을 만한 민족적 역량을 가지고 있었음을 말하는 것이다.

또한 고려가 『삼국사기』를 통하여 고대문화를 정리하고, 조선이 『고려사』로써 고려를 바르게 정리하였다는 것은 뒤에 오는 나라가 앞서의 문화를 계승할 능력이 충분했던 것임을 말해준다. 역사에서는 당시에는 번영하였으나 그 다음에 문화를 계승할 능력이 없어 민족을 망하게 한 문화의 예는 많다.

우리의 민족사는 초기 국가시대보다는 사국시대에, 사국시대보다는 남북국시대(신라와 발해의 대칭시대)에, 남북국시대보다는 고려시대에, 고려시대보다는 조선시대에 문화의 폭과 질이 향상되었다. 그럼에도 불구하고 초기 국가시대보다는 사국시대가, 사국시대보다는 남북국시대 문화가 발전한 것은 인정하면서 그 후에는 남북국시대보다는 고려가, 고려보다는 조선의 문화가 그 수준에 있어서 계속 떨어진다고 보는 것은 크게 잘못된 오류이다.

실은 시간이 흐름에 따라 좀 더 세련되고 자신감 넘치는, 여유있는 문화축적 활동이 전개되었다. 신라 진골귀족의 독점적인 문화향유보다는 고려시대의 문벌귀족들의 저변화된 문화 창조 담당은 높이 사야 할 것이며, 더욱이 조선 사림들의 정신적인 측면의 고도의 문화생활은 크게 귀감되는 발전의 면모였던 것이다. 일례를 든다면 성리학을 완성한 퇴계 이황의 업적을 높이 평가함에는 모두 이의가 없다. 그런데 이황의 업적은 이황 한 사람만의 공적은 아니다. 당시의 문헌들을 살펴보면 이황은 다른 선비들과 논쟁을 벌이는데 이는 이황과 맞서 대등하게 논리를 전개할 수 있는 선비가 많았다는 뜻이니, 그 시대 문화의 높은 수준이 가늠되는 것이다. 그런데 어떻게 조선문화가 퇴보했다고 할 수 있으랴. 조선문화는 중세문화로서는 당대의 어느 나라 문화와 비교하여도 알차고 우수한 문화였음을 알아야 한다. 이것은 물론 앞 시대 문화 축적의 기반 위에서 가능했던 것이다.

우리 민족의 통사는 역사 주역의 폭만 보아도 진골 < 6두품·호족 < 문인·무인 < 사대부 < 중인 < 농·상민으로 시대가 흐름에 따라 계속 확대되어갔다. 이는 역사의 발전이 헤겔(Hegel)이 말했듯이 '세계정신(世界精神)인 자유의 확대'라는 개념에서 보아도 일치하는 것이다.

다만 우리의 민족사는 문화의 밀도가 높아 중세문화로서의 자기 능력과 자기 자신을 가진 것이 근대적 성장을 늦추어 민족적 패배를 경험하게 하였고 식민지근대화에로의 전락이라는 결과를 가져왔던 것을 잊어서는 안된다.

일본의 역사왜곡자세 질정(叱正)

『조선왕조실록』편찬에는 임금이라 하더라도 간여하지 않았다. 이는 조선문화의 높은 밀도가 엿보이는 진면목이다. 이것이 한국사학의 전통이다. 오늘의 근대사학에서도 우리는 이 정신을 높이 사고 있다.

이와는 달리 일본의 근대사학의 기본정신은 일본 국왕가의 이데올로기를 날조하는 데서 시작하였다. 이렇듯 중추적 지배세력을 합리화하는 이데올로기의 미신적인 체질을 청산하지 못한 것은, 일본사학이 새로운 학문정신 내지 문화정신으로서 성립할 자격이 결여된 것을 말하며, 일본사학내에 비과학성을 그대로 간직하고 있는 것을 말한다.

1982년에 유발된 이른바 '일본 역사교과서 왜곡사건'도 다시 한 번 일본은 역사기술 능력이 우리의 중세문화의 역사기술 능력보다도 유치하다는 것을 드러낸 것이었다. 이 사건으로 일본은 그들 문화의 저급성을 여지없이 나타냈다. 이는 필경 장차 일본의 불행을 자초하는 조짐이 될 것이다. 우리가 염려하는 것은 그들의 불행은 그 화가 그들만으로 끝나지 않고 우리 역사에 미칠 것이 명약관화하기에 노파심에서 우리는 그들의 '역사교과서 왜곡사건'을 규탄한 바 있었고 지금도 커다란 관심을 기울이고 있다.

우리가 '일본 역사교과서 왜곡사건'에서 얻은 교훈도 많다. 그 중에서도 본질적으로 가장 중요한 것은 고려가 『삼국사기』를 남기고 조선이 『고려사』를 남겼듯이 자유로운 분위기 속에 국가적 사업으로『조선사』와 나아가서 좀 더 완벽한 『한국민족독립운동사』를 펴내야 한다는 사실이다. 우리는 일본과 시비하는 데에만 정력을 소모할 수는 없다. 역사를 왜곡하는 것은 자기문화의 비천을 폭로하는 것이다. 문화는 낮은 곳으로 흐르는 것인 만큼 우리의 역사기술 자세는 일본에 흘러들 것이다. 지금 일본은 300여 명의 사학자가 한국사를 전공하고 있다는 것을 상기해볼 때 그들 스스로 부끄러움을 깨닫고 머지 않아 정필을 들리라고 기대한다. 스스로 깨달아 바른 역사를 쓰는 것만이 동양평화에 기여하고 일본사학 발전에 참다운 공헌을 하게 되는 것임을 성찰하여야 할 것이다.

일본은 고우나 미우나 우리의 영원한 이웃이다. 일본문화의 진정한 성숙은 일본을 위해서나 우리나라를 위해서나 지극히 바람직하다. 왜구(倭寇)의 근성을 간직하면 일본 자신의 부끄러움일 뿐 아니라 이웃인 우리에게는 여간 성가스러운 일이 아니다. 우리는 이미 그들의 35년간의 만행도 이른바 그들 국왕의 '유감'이라는 아리송한 표현만 듣고도 사과의 뜻으로 받아들인 바 있다.

사실 우리는 임오군란 때 일본의 주한공사관을 습격한 정도에도 사죄사를 보내어 정중히 사과를 한 경험을 갖고 있다. 그러한 처지에서 갖은 만행을 자행한 자들의 수뇌인 일본국왕으로부터의, 광복 39년 만의 그것도 겨우 '유감' 발언 정도로 한·일 새 시대의 막을 올리겠다는 것은 정말 '유감'인데도 우리는 관용심을 갖고 사과로 받아들이고 일본을 용서하였다.

그러나 우리는 일본이 우리 민족에게 한 행동까지 잊자는 것은 아니다. 우리는 그들의 행동을 후손에게 길이 알려 다시는 일본의 야욕이 통할 수 없게 일깨우고 있는 중이다.

그런 마당에 '일본 역사교과서 왜곡사건'을 상기하면 더욱 경각심이 발동된다. 이제 우리는 그 부지런하다는 일본 사람을 게으른 민족처럼 보이게 만들었다. 우리는 결코 두 번 다시 일본에 넘어갈 수는 없다. 오로지 참된 우정으로 희구하는 바는 아무쪼록 역사정신을 하루속히 깨우치고 일본 역사교과서의 왜곡을 시정함으로써 말끔히 참회하고, 명실상부하게 우호적인 한·일 새 시대가 도래하기를 기대한다.

나가며

우리는 스스로도 반성을 게을리해서는 안되겠다. 식민사관에 의한 민족사의 훼손이 너무 심해 그것을 바로 잡고자 광복 후 한 세대를 보냈다. 현재 한국사의 발전은 한국사 연구자들의 사명감어린 연구로 커다란 진전을 거듭하고 있고, 진취적이고 문화역량 높은 우리의 민족사를 찾아 역사를 재구성하는 성과는 일취월장하고 있다. 현재 한국사는 매년 수정판이 거듭 나와도 새로운 연구업적을 반영하기에 미치지 못한다. 이는 즐거운 비명이다.

그러나 한 가지 경계해야 할 점은 작금 민족주체성이 너무 강조된 나머지 우리의 것에 대한 국수주의적 과장이 행여 있지나 아니한가 하는 것이다. 이는 비현실적인 자만심을 높여 현실 파악에 오차를 일으키기 쉬우며 세계 속의 대한민국을 사는 현대에 있어서 누구에게도 이롭지 못하다. 일본이 왜곡한다고 우리도 과장한다면 이는 피차의 불행이 될 것이다. 우리는 고대로부터의 문화전달자였다는 금도(襟度)를 갖고 좀더 성숙한 역사를 기록해야 한다. 오히려 우리의 단점, 부끄러운 점도 직시하는 것이 안정복에서 보듯이 자신과 용기와 저력을 가진 자만의 슬기로운 자세라는 것을 깨우쳐야 할 것이다.

우리는 민족사관이나 사회경제사관, 그리고 식민사관까지도 보다 높은 곳에서 살펴보는 단계에 이르렀다. 이제 한국사는 이제까지의 연구업적을 기반으로 민족사학·실증사학·사회경제사학이 어울려 융합한 새로운 사관, 즉 민중을 기층으로 한 민족사의 발전적 발자취를 실증적으로 연구하는 사관으로 정립해야 한다.

이러한 차원에서 민족적 긍지를 갖고 역사인식을 새롭게 탐구하여 우리의 역사를 전반적으로 재조명할 것을 제언한다.

(『행원』 9, 1985년)

소년운동사를 부여안고

1. 화랑도 정신의 부침

최치원(崔致遠)은 그의 「난랑비서 鸞郎碑序」에서 우리나라에는 고유의 '현묘지도(玄妙之道)'가 있다고 언급했다. 그러나 여기에서 고유사상에 대한 구체적인 이야기는 하지 않고 다만 주체적인 입장에서 유·불·도 3교를 다 포함하여 세계사상의 조화를 이룬 민중교화, 충효, 실천이 화랑(花郞)의 본질임을 밝혀주고 있다. 이러한 '현묘지도'의 본질은 5계사상에 이르러 화랑도의 정신으로 일반화되었을 것이다. 『삼국사기』에는 화랑도의 5계라는 말은 없으나, 원광법사가 화랑인 귀산(貴山)에게 가르친 계율인데다, 또 화랑들의 행적에는 5계사상이 잘 구현되어 있으므로 화랑도의 정신으로 여겨온 것이다. 그 내용은 주지하는 바와 같이 ① 사군이충(事君以忠) ② 사친이효(事親以孝) ③ 교우이신(交友以信) ④ 임전무퇴(臨戰無退) ⑤ 살생유택(殺生有擇)이다.

이 내용을 분석해 보면 그 기본사상은 민족 고유의 전통적 신앙을 바탕으로 유·불·선교가 조화되어 이루어져 있는데, 여기에는 종교적 신앙운동의 요소, 도덕운동의 요소, 그리고 진충보국(盡忠報國)하는 열사적인 요소들이 함축되어 있다. 이선근의 『화랑도연구』에 의하면 우리나라의 근대사상 중에서 특히 한 주의(主義)를 표방한 바 있는 동학당의 사상이 신라의 화랑사상에서 연유하였으며, 유·불·선교 등의 진리를 포함하고 있어서 화랑도의 종교성과 대동소이하다고 하였다. 그러나 화랑도가 종교성에만 치중되었다고 하면 이는 필시 새로운 종파를 형성하였을 것이다. 화랑도는 이보다는 청소년들의 도의의 수양집단인 동시에, 국가와 민족을 결합시키고 배달겨레로서의 민족성을 정립하는 일까지 충분히 완수하는데 이와 같이 그 나름대로 타의 추종을 불허하는 철저한 생활지침이 있었다. 그것이 위에서 인용한 5계로서, 화랑도의 본질을 잘 살린 정신이다.

이러한 화랑도 정신이 지배했던 전성시기는 진흥왕 때부터 문무왕 때까지라고 볼 수 있는데 당시 화랑의 수는 200명에 달했다. 여기에서 주목되는 것은 수십 명 단위로 한 사람씩 지도교사격의 상수(上首)가 배치되어 있었는데 이 상수의 지도과목 중엔 '집짓기 법'을 배우는 대목까지 있었다. 이처럼 화랑도 정신의 실천을 위한 훈련과 수양과목은 매우 광범위하였다.

이렇게 여러 모로 귀감이 되고 있는 화랑도 정신은 신라의 사국통일(676), 고려의 건국(918), 윤관의 9성개척(1109) 등으로 반영되었으나, 고려 중엽 서경천도의 실패(1135) 이후 화랑도 정신이 점차로 쇠퇴하고 말았다. 이에 1168년 의종(毅宗)은 '혁구정신(革舊鼎新)'의 교서를 내려 화랑도의 진흥을 꾀해 고려 후기까지도 그 잔영이 남아 선랑(仙郎)의 지칭이 있을 뿐 아니라 국선(國仙)이라고 일컬어진 경우도 있었다.

그러나 역성혁명(易姓革命 : 1392)이 나고 주자학의 시대가 도래하자 화랑도는 쇠잔을 면치 못하고 긴 수면기에 들어갔다. 긴 잠에서 깨어난 것은 조선 후기에 이르러서였다. 변혁의 주체인 동학을 통하여 화랑정신은 기지개를 펴며 동학혁명(1894)으로 분출된 것이다. 연이어 3·1민주혁명(1919)으로 전승되어 마침내 화랑도 정신이 3·1민족정신으로 승화되기에 이르렀다. 따라서 3·1운동이 촉매제가 되어 발생한 근대소년운동은 긴 안목으로 본다면 당연히 화랑도 정신의 산물이다. 이 산물을 근대소년운동의 선도자들은 적절히 원용하며 소년운동을 활성화시켰다. 조선소년군의 창설자인 조철호(1890~1941)는 항상 단원들에게

　　　너희는 이 민족의 화랑이다. 민족을 구하는 선봉이 되어라.

고 했고, 조선소년총연맹을 이끌었던 정홍교는

　　　우리나라 소년운동에 있어서, 가정교육과 사회교육을 가장 순수하고 힘차게 보여준 것이 옛날 고구려, 백제를 정복하고 대신라를 건설한 화랑도 정신에서 찾아볼 수 있다 하겠다.

라고 언급하였다. 한편 민족독립운동가였던 조소앙은 그가 상해에서 만든 소년운동의 단체명을 아예 화랑사라고 이름붙였다. 이들 소년운동가들은 한결같이 근대소년운동을 민족주의 경향으로 전개시킨 것이다.

　이와 같은 사실들을 종합해 본다면 소년운동의 정신적 기반은 화랑도 정신에서 발견된다. 화랑정신은 새로운 봄을 만난 것이다.

　　　　　　(『백산박성수교수화갑기념논총 - 한국독립운동사의 인식』, 1991년)

2. 해월 최시형의 소년존중운동

소년에 대한 근대적 인식은 조선 후기 실학자들에 의하여 부분적, 간접적으로 제기되었다. 그 후 개화사상이 퍼지기 시작하면서 소년에 대한 인식도 점차 발전적으로 확산되어갔다. 이러한 소년에 대한 인식은 동학의 지도이념 실현, 독립협회의 계몽활동, 애국계몽사상가들의 소년문제 제기, 그리고『소년』지 등의 발간을 통해서 선양되었다. 당시 개화사상 구현의 최대 관심사는 소년을 존중하고, 소년의 교육을 중시하고, 소년을 사회적으로 바르게 교도하여 장차 자강독립의 역군으로 삼고자 함에 있었다. 이처럼 개화사상에 부각된 소년애호사상은 동학의 소년존중, 독립협회의 소년교육중시, 애국계몽사상가들의 소년교육실시,『소년』지의 소년선양 등으로 나타나 소년에 대한 인식이 한껏 고조되었다.

이러한 흐름의 선구는 단연 동학의 소년존중사상에서 비롯되었다. 동학은 일종의 민족종교로서 서학(천주교)을 의식하고 민족 고유의 정신에 토대를 두고 1860년 최수운(崔水雲 : 1824~1864)에 의해 창도되었다. 그 후 제2세 교조 최시형(崔時亨 : 1829~1898)을 거치면서 교세가 확장되어 민족종교로서 발전을 거듭하였다. 민족정신이 가장 잘 발휘되었던 것은 1894년 척양척왜(斥洋斥倭)를 내걸고 투쟁했던 동학혁명에서라고 보겠다. 이렇게 민족의 참다운 독립에 기여하여 겨레의 정신적 지주로서의 역할을 발휘한 동학의 지도이념에 소년존중사상이 골격을 형성한 것은 많은 사람에게 어린이 존중관념을 심어주는 데 도움이 되기에 족했다. 1885년 해월 선생은 포유문을 통해서 어린이의 말이라도 한울님의 말씀으로 알라고 가르쳤다. 그는 또 1886년 「내수도문 內修道文」에서도 어린이 존중심을 고취하고 있다.

모든 사람을 한울님같이 여기고 손님이 오면 한울님이 오셨다고 하라. 어린이를 때리지 말라. 이것은 한울님을 치는 것이다.

이처럼 어린이를 때리는 것이 한울님을 치는 것과 같다고 설파할 정도로 어린이 존중에 각별한 배려를 하고 있었다. 뿐만 아니라 그는 소년의 인격을 존중하여 한울님을 모시듯 성경신(誠敬信)으로 대하라고 역설하고 "잉태하거던 몸을 더욱 소중히 하라. 아무것이나 함부로 먹지 말라"라고 태교의 중요성도 지적하였다. 해월 선생은 성인들이 소년을 무관심 내지는 학대하는 것을 전통적인 고정관념이라고 질타 매도하면서 소년의 주장도 경청하는 진지한 생활태도를 취해야 할 것이라고 소년존중사상을 피력하였다. 그리하여 동학도들에게 소년존중관이 함축되어 마침내 동학혁명 때는 소년이 동학군의 선두에서 진두지휘하였다는 신화적인 사실이 나타났다. 즉 백범 김구 선생이 19세의 소년일 때 700여 명의 동학군을 이끌고 해주성을 공략하는 선봉장의 위용을 보여 한민족의 기백을 유감없이 발휘하였다.

이로써 동학은 종래의 전통적인 가치관을 근본적으로 타파하고 소년존중운동을 통하여 실질적인 근대인식의 새로운 지평을 열어가기 시작하였다. 천도교가 소춘 김기전이나 소파 방정환같은 근대소년운동의 주역을 배출하게 된 것도 실은 해월 선생의 가르침에 연유된 것이다. 따라서 해월 선생은 소년운동을 태동시킨 선각자임에 틀림없다.

그것은 동학의 소년존중사상이 한국 소년운동의 기저사상이라는 점에서도 명백하게 뒷받침되고 있다.

이와 같은 기저사상을 바탕에 둔 소년인식은 한말 국망(國亡)의 위기의식 속에서 더욱 높아져『소년한반도』나『소년』을 펴내 소년을 새로운 국가의 주역으로서 인식하고 소년 교도에 박차를 가하였다. 뿐만 아니라 1898년 자동회(子童會), 1908년 소년동지회까지 조직되어 안간힘을 썼으나 끝내 조국이 멸망하자 서당을 통해 민족교육을 실시하여 드디어 소년도 3·1운동의 일정한 역할을 감당할 수 있게 되었다. (「동학혁명 100주년 기념 국제학술대회 주제발표논문」, 1994년 9월 29일자)

3. 상해에서의 한인소년운동

배경 : 인성학교(仁成學校)의 민족주의교육

1905년 을사조약으로 국권이 근본적으로 흔들리게 되자 항일구국 의병전쟁과 더불어 자강적 구국계몽운동이 활성화되었다. 그럼에도 불구하고 1910년 국권이 상실되자 애국지사들은 독립운동의 거점을 찾아 간도, 연해주, 상해, 미주 등으로 망명하기 시작하였다. 망명지사들은 독립전쟁을 감행하는 동시에 국권회복의 방책을 다각도로 강구하였다. 그 중에는 소년에게 민족혼을 심어주는 민족교육의 필요성도 들어 있었다.

상해에서 설립된 인성학교는 이와 같은 사상이 반영된 대표적인 실례이다. 원래 인성학교는 여운형(呂運亨 : 1885~1947)에 의해 1917년 2월 상해 공동조계에서 창설되어 상해에 거주하는 한국인 자제를 대상으로 교육을 실시하였다. 기본재산과 뚜렷한 수입원이 없었던 까닭에 안정적인 교육을 실시하기에는 어려운 점이 많았으나 민족혼을 살리기 위한 설립의도의 기본정신은 변함이 없었다. 이와 같은 기본정신은 『독립신문』에 게재된 이유필(李裕弼 : 인성학교 8대 교장)의 기고문에 잘 드러나 있다. "백만장자나 학사, 박사를 양성함이 아니고 우리들 자제로 하여금 이민족의 교육을 받기 전에 확고한 민족의식을 주입하는 데 있다"라고 하여 인성학교가 민족정신을 확고히 심어주기 위한 기관으로서 종족보존에 기여하고 있음을 밝히고 있다. 이러한 기본정신은 『동아일보』에 보도된 인성학교 교육방침에서도 그대로 드러나고 있다. "학과에는 조선혼(朝鮮魂)을 넣어주는 것으로 근본 뜻을 삼기 위하여 조선어와 역사를 중요하게 가르치며"라고 하여 조선어와 조선역사를 통하여 민족적 원기를 길러 주는 데 역점을 두고 있음을 분명히 하고 있다.

상해소년회의 창립 및 성향

인성학교의 민족주의 교육은 자연스럽게 소년회 배태(胚胎)의 온상이 되어 1919년 인성학교 학생을 주축으로 상해에 거주하는 학생을 포함하여 상해소년회(회장 : 한규영)가 탄생되기에 이르렀다. 이에 대하여 1924년 2월 18일자 『동아일보』는 "인성학교에서 공부하는 어린 학생을 근본으로 하며 그 외의 상해에 있스면서 공부하는 어린 학생을 망라하야 조직한 소년회는……지금부터 다섯 해 전에 설립되야"라고 보도하고 있다. 따라서 1919년 상해소년회의 설립은 연해주에서의 소년애국단이나 국내에서의 원산소년단, 진주소년회, 안변소년회, 왜관소년회의 탄생과 시기적으로 그 궤를 같이하고 있음을 알 수 있다. 그러나 같은 해에 설립된 다른 소년단체들의 설립목적은 추측만 될 뿐 불분명한 데 대하여 상해소년회의 설립목적은 "지덕톄삼육(智德體三育)과 밋 공부에 열심하는 결심을 고취하며 따라서 일후 사회공헌(社會貢獻)의 훈련을 하기로 주지로 삼고"라고 뚜렷이 밝히고 있다. 이는 후에 탄생된 숱한 소년단체들의 설립목적 설정에 귀감이 되었다. 굴지의 국내 소년단체인 천도교소년회가 1921년 5월 창립되면서 그 규약

둘째 조에 "본회는 회원의 덕성을 치고 헴수를 늘리며 신체의 발육을 꾀하여서 쾌활 건전한 소년을 짓기로서 목적한다"라고 상해소년회와 같은 주지를 내세웠고 그 후에 설립된 많은 소년단체들이 이를 표방한 데서 상해소년회의 영향을 받았음이 입증된다. 당시 상해와 국내가 연통제를 매개로 유기적으로 움직였음을 감안한다면 이 사실은 더욱 뚜렷해진다.

따라서 상해소년회는 인성학교의 민족주의적 교육에 힘입어 조직되었고, 상해소년회 역시 지덕체를 겸비하여 사회에 공헌할 수 있는 소년수양단체로서 민족주의적 성향을 강하게 추진하였다. 그 시대의 사회공헌은 바로 조국광복투쟁이었다. 그러기에 상해소년회는 정기총회뿐 아니라 수시로 집회를 갖고 회원 상호간의 친목 및 주의(主義)를 통합하여 나갔다. 1924년 2월 18일자『동아일보』에 따르면 "지난 2월 13일 밤에는 '나라를 찾는 데는 돈이냐 피냐'하는 문제로써 토론회를 개최하야 두 편의 렬변이 잇섯다더라"라고 보도하고 있다. 이러한 사실로 미루어 보아 상해소년회가 전개하고 있는 소년운동은 바로 민족독립운동으로 직결되었음을 간파할 수 있다.

상해한인척후대의 조직과 활동

인성학교 학생을 중심으로 조직된 상해소년회는 임시정부의 후원 속에 성장을 거듭하던 중 1925년 7월 7일 발전적으로 해체되고 상해한인소년회로 거듭났다. 새로 태어난 상해한인소년회는 조직 후에 상해한인동자군(上海韓人童子軍)으로 개칭하고 다시 1928년에는 상해한인척후대(上海韓人斥候隊)로 명칭을 바꾸었다. 소년회를 척후대로 개칭한 것은 소년회나 척후대가 모두 민족정신을 함양하는 데는 마찬가지지만 좀 더 조직적이고 국제성을 띤 척후대가 민족운동 행동화에 현실적이라고 판단한 지도자들의 배려였다. 고문으로 추대된 김구, 여운형 등의 성분을 고려한다면 이는 더욱 확실하다.

실제로 나타난 활동상을 보면 그들은 보이스카우트의 제복을 갖추고 야영을 통해 심신을 단련했으며 각종 행사의 경호 및 연락, 독립지사들의 전령 역할을 담당했다. 더욱이 1931년 9월 18일에 발발한 만주사변에 대처해서 9월 21일 하오 임시정부 사무소에서 병인의용대(丙寅義勇隊), 노병회(勞兵會), 교민단, 학우회, 여자청년동맹, 애국부인회, 독립운동청년동맹, 흥사단(興士團), 임시정부 등의 상해 한인 각 단체 대표대회가 개최되어 "소년척후대원으로써 선전대를 조직하여 '격고중국민중서(檄告中國民衆書)'를 인쇄, 살포할 것"을 결의한 바 있는데 이로 미루어 보아 소년척후대의 위상을 극명하게 살필 수 있다.

이 밖에도 식장 정리, 한인청년회가 발행하는『임시시보』의 무료배달 등의 봉사활동을 하였다. 또한 국제행사에도 파견되었는데 특히 영국의 해밀턴 캠프에 참가하여 국위를 선양하기도 하였다. 그리고 한인 척후대에는 소년뿐만 아니라 소녀들의 낭자군(娘子軍)도 함께 참여하여 활동하였다.

특기할 것은 1932년 4월 29일 상해 홍구공원에서 윤봉길(尹奉吉 : 1908~1932)의 투탄의거가 있은 직후 도산 안창호(安昌浩 : 1879~1938)는 그날 오후 2시 이유필의 아들 이만영(李晩榮 : 척후대원)에게 약속한 척후대 기부금 2원을 마련하여 그의 집을 방문하였다가 일본 영사관 경찰과 합세하여 수색하러 나온 프랑스조계 경찰에게 체포되었다. 이 사실로 미루어 본다면 평소 '무실역행(務實力行)'을 역설한 그가 소년척후대의 후원자이기도 했다는 점을 알 수 있다. 이처럼 뛰어난 민족지도자들이 국내 소년운동에서와 마찬가지로 국외에서도 소년운동의 후원세력이었기에 소년척후들은 독립의 역군으로서 자라날 수 있는 기반을 다질 수 있었다.

화랑사의 조직과 활약

상해한인소년척후대는 상해한인소년회보다는 진일보한 민족운동으로서의 소년운동을 폈지만 그래도 본래의 소년운동에 충실해야 하는 이중성을 지녔다. 이에 조소앙은 1929년 3월 한국독립당을 창립하고 그 하부기구의 하나로 같은 해 6월 소년단체인 화랑사(花郎社)를 창설하였다. 조소앙의 의도는 물론 화랑정신으로 민족의식을 고취시켜 독립운동에 헌신할 수 있는 인재의 양성을 목적으로 하였음이 명백하다. 그것은 화랑사가 창립된 후 전개한 일관된 민족운동에서 입증된다.

특히 12월 4일 발표한 「5개조약의 시대성」에서 "지금부터 24년 전 러일전쟁이 종료되자 일본은 조선에 보호조약(5개조)을 제출하였다. 그때에 민족을 위하여 생명으로써 독립정신을 우리들에게 심어준 민 선생 등 7의사 순국 24주년 기념일이 곧 금일이다. 우리들은 이날을 기념하는 동시에 더 한층 활발한 활동을 전개하여야 할 것이다"라고 하여 충정공 민영환이 생명을 바쳐 보여준 독립정신을 기려 더 한층 활동할 것을 선양하고 있다.

한편 1932년 상해에서 발간된 『소앙집』에 실린 「한국독립당의 근황」에는 상해 한국독립당의 각종 단체와 기관으로 "대한민국 임시정부, 임시의정원, 한민단, 한국 ○○○본부, 애국부인회, 여자청년동맹, 청년당, 소년동맹, 화랑사, 인성학교, 척후대, 병인의용대, 노병회, 흥사단, 상업회의소" 등의 14개의 단체와 기관이 열거되어 있다. 이 중 소년동맹, 화랑사, 척후대 등 3개 단체가 소년운동단체인 점으로 보아 민족운동사상 소년운동사의 위치가 선명히 가늠된다.

상해한인소년동맹의 조직과 위상

1930년 8월 1일에는 좀더 능률적인 소년운동을 전개하기 위하여 이

만영이 중심이 되어 상해소년동맹을 조직하고 활동에 들어갔다.

상해한인소년동맹은 1931년 4월 18일 상해한인여자청년동맹, 병인의용대, 상해애국부인회, 한국노병회의 5단체 연서로 "'우리들이 통일적 주권 행사를 실행하지 않고서는 이적의 침략을 저지할 수 없다. 또 동족의 발전을 도모하기 힘들기 때문에 우리들 중에서 덕이 있는 주권자를 추대하여 대국가의 건설을 결의하려고 한다'……박혁거세는 알천회의 후 13년 신라국의 시조가 되었다. 오늘이 알천회의 2천 년의 기념일이다"라고 6부회의 2천 년 기념선언을 발표하여 기개를 높였다. 상해한인소년척후대가 합법을 가장한 소년단체라면 상해한인소년동맹은 일제가 보기에는 비합법적인 단체였다. 따라서 조선총독부 경무국은 상해한인소년동맹을 국외의 조선인 불온단체의 하나로 파악하였다. 결국 소년동맹원도 감시, 체포의 대상이 되었다.

한편 1931년 7월 9일 임시정부 국무회의 결의를 토대로 한인소년동맹은 소년척후대와 같이 흥사단, 애국부인회, 병인의용대, 한인예수교회 대표 30여 명과 더불어 상해한인각단체연합회를 조직하고, 이 회의 명의로 만보산사건으로 인한 한국내에서의 중국인 배척사건에 대한 해명성명을 발표하는 데 동참하였는데 이는 상해한인소년동맹의 위상을 잘 드러내고 있는 좋은 실례이다.

상해한인소년동맹은 1932년 『소앙집』에서도 한국독립당 산하 14개 기구의 하나로 적시된 바 있는 독립운동단체로서 활동을 전개하다가 같은 해 상해 프랑스조계에 있는 대한교민단 사무소에서 연도 미상의 "『새싹』 창간호 1부, 「한인소년동맹가맹청원서」 11부, 「한인소년동맹 어린이날 기념의연록」 1부, 『노동소년』 12부" 등 소년운동관계 문서 다수를 일경에 압수당한 바 있다.

이들 문서들로 미루어 보면 한인소년동맹은 가맹청원서에 의해 회원을 가입시켰고, 어린이날 기념을 위해 의연금을 받았고, 회지로 『새싹』과 『노동소년』을 발간했던 산하 소년회가 있었다. 따라서 한인소년동맹은 소년척후대와는 달리 좀 더 엄격하고 적극적인 민족운동의 노선을 걷고 있었음이 확인된다.

나가며

상해에는 이미 임시정부 수립 이전인 1917년부터 여운형에 의하여 상해에 거주하는 재상해 한국인 자제를 대상으로 인성학교가 설립되어 민족주의 교육에 역점을 둔 교육이 실시되고 있었다.

인성학교의 민족주의 교육은 자연스럽게 소년회 배태의 온상이 되어 1919년 인성학교 학생을 주축으로 상해에 거주하는 학생을 포함하여 상해소년회를 탄생시켰다.

상해소년회는 임시정부의 후원 속에 성장을 거듭하던 중 1925년 발전적으로 해체되고 상해한인소년회로 거듭났다. 새로 태어난 상해한인소년회는 조직 후에 상해한인동자군으로 개칭했다가 다시 1928년에는 상해한인척후대로 명칭을 바꾸어 활동했다. 상해한인척후대는 상해소년회보다는 진일보한 소년운동을 전개했지만 그래도 본래의 소년운동에 충실해야 하는 이중성을 지녔다. 이에 조소앙은 1929년 '한국독립당'을 창건하고 그 하부기구의 하나로 소년단체인 화랑사를 창설하여 화랑정신으로 독립운동에 헌신할 수 있는 인재를 양성하고자 했다.

1930년에는 좀더 능률적인 소년운동을 전개하기 위하여 상해소년동맹을 조직하고 활동에 들어갔다. 상해소년척후대가 합법을 가장한 소년단체라면 화랑사나 한인소년동맹은 좀더 민족적인 전선을 추진한 소년단체로 성인들의 사회단체와 어깨를 나란히 했다.

이처럼 상해에서의 한인소년운동은 국내의 소년운동이 일제의 강압으로 인하여 소년개조운동, 소년해방운동, 소년문예운동, 소년놀이운동을 통하여 내면적으로 민족혼을 각성시킨 데 비하여 그들은 순수 소년운동을 넘어 실제로 항일독립운동에 앞장섰으며 나아가 언제라도 전선이 형성되면 투입될 수 있도록 강인한 소년운동을 동반하고 있었음에 그 특성이 있었다. 그리고 그들 상호간에는 긴밀히 연계되어 있었고, 국내와도 연락되고 있었다.

실로 상해에서의 한인소년운동은 독립운동의 전위로서 그 역할이 막중하여, 소년운동은 그 자체로서도 가장 유용한 민족독립운동이었다.

(「한국민족운동사연구회 제33회 연구발표회 주제논문」, 1994년 9월 17일)

4. 3·1운동시 소년의 역할과
그 여파

3·1운동은 민족적인 권리를 요구하는 운동으로 민족 전원의 공통된 명제였다. 따라서 지역·직업·종교·교육 정도 및 연령층에 구애됨이 없이 골고루 참여하고 있으므로 어느 일부의 집중된 부분적인 운동이 아니라 거족적인 항쟁으로 볼 수 있는 것이다.

이러한 전제하에 소년의 역할을 간략히 살펴보고자 한다. 우선 보통학교 아동들의 민족정신은 어느 정도였는가 하는 문제를 맥캔지(F. A. Mckenzie)는 어느 보통학교의 졸업식에서 수석한 열두세 살 난 꼬마가 행한 연설을 가지고 아래와 같이 묘사하고 있다.

그는 단상으로 올라가서 학교 선생님들과 당국에 감사를 표하는 연설을 하였다, 그는 예의가 몸에 배어 있었다. 절할 때마다 90도로 하였고, 경어를 길게 늘어 놓는 풍이 마치 경어의 발음을 좋아하는 것같이 보였다. 귀빈들은 기분이 좋았다. 그런데 갑자기 엄숙한 식장의 분위기는 끝장이 나고 말았다. "이제 이것만을 말씀드려야겠습니다"하고 그 아이는 말의 끝을 맺었다. 그의 목소리가 달라졌다. 그는 몸을 폈다. 그의 몸에는 결의가 보였다. 지금 그가 외치려는 소리가 지난 며칠 동안 수많은 사람의 목숨을 앗아갔다는 것을 그는 똑똑히 알고 있었다. "우리는 한 가지를 더 여러분께 부탁드리겠습니다." 그는 품속에 손을 넣더니, 태극기를 - 그것을 가지고만 있어도 죄가 되는 것을 - 꺼내었다. 그 기를 흔들면서 그는 소리쳤다. "우리나라를 돌려 주시오. 대한만세! 만세!" 소년들이 모두 자리를 박차고 일어섰다. 저마다 웃옷 속에서 태극기를 꺼내어 외쳤다. "만세! 만세! 만세!" 그들은 이제 겁에 질린 내빈들 면전에서 소중한 졸업장을 찢어, 땅바닥에 던지고는 몰려나갔다.

위 글에서 보통학교 어린이들의 민족정신을 선명히 읽을 수 있거니와 이들의 강렬한 민족정신은 도처에서 나타났다.

3월 2일에는 인천의 보통학교 어린이들이, 7일에는 시흥의 보통학교 어린이들이 각각 시위 및 맹휴선언을 하였다. 10일에는 당진의 보통학교 어린이들이, 13일에는 강화의 보통학교 어린이들이, 15일에는 고창의 보통학교 어린이들이, 19일에는 괴산의 보통학교 일부 어린이들과 진주의 보통학교 어린이들이 시위 및 맹휴를 단행했다. 3월 23일에는 서울의 정동보통학교와 의동보통학교 어린이들이 졸업식장에서 만세시위를 했다. 26일에는 회령의 보통학교 졸업생들이, 4월 2일에는 밀양의 보통학교 어린이들이, 4일에는 김제군의 보통학교 어린이 600여 명이, 8일에는 원산의 보통학교 어린이 600여 명이, 18일에는 줄포의 보통학교 어린이들이 각각 시위를 하였다. 이 중에서도 김제군 만경에서 벌어진 보통학교 어린이 600여 명의 시위운동은 그 학교 교사가 앞장서서 폭동화하게 된 것으로 이색적이었다. 당시 소년층의 시위 관련으로 일제당국이 집계한 3월 1일 이후 4월 30일까지의 통계를 볼 때 피검자 총수 26,713명 중 학생이 2,037명이었던 것만 보아서도 당시 소년층의 활동은 대단했던 것임을 알 수 있다.

전술한 바와 같이 소년들의 시위운동은 퍽 광범위하여 거족적인 민족운동의 일익으로서 합류하여 그 역할을 충실하게 감행하였음을 간파할 수 있거니와 이로써 당시 기성 지도층도 독립운동 전개에 자신을 가지기에 이르렀던 것이다. 이러한 소년들의 강렬한 민족정신의 폭발을 돌파구로 곧이어 식민지하의 어려운 여건 속에서 소년운동이 전개될 수 있었다. 따라서 3·1민족정신은 바로 소년들도 한몫 단단히 해냈던 3·1운동 당시 거족적인 민족운동에서 승화된 것이라고 보아 마땅할 것이다.

1919년의 거족적인 3·1만세운동은 정치적인 면에서는 당장은 독립의 쟁취가 실패로 돌아갔지만 항쟁의 가능성을 측정하고 민족독립을 위한 실력양성의 필요성을 절감하고 사회적 내지는 문화적으로 사회문화운동에 의하여 민족의 새로운 운명을 개척코자 모색하는 새 기운을 조성한 것은 민족사적으로도 일대 진전이 아닐 수 없겠다. 확실히 기미독립운동은 이 나라에 있어서 온갖 방면으로 전·후기의 분기점이 되었는데 소년운동 역시 마찬가지로 보아야 할 것이다.

비록 『소년』지 간행 이후 무단치하 때에는 문예적으로는 '소년의 시대'란 표현을 낳을 정도로 소년이 주인공으로 나섰지만 그것은 소년운동의 과도기에 불과하였다. '소년의 시대'의 주인공이었던 소년들이 청년으로 성장하여 3·1운동을 체험하고 난 연후에 비로소 소년운동의 중심세력을 형성하고 소년운동을 하나의 사회적인 운동으로 비약시키는 일을 해낸 것이다. 이러한 사조 속에 일제는 한민족 회유책으로 문화정치의 가장된 문화기운을 펴나가기에 안간힘을 썼지만 한민족의 독립을 향한 신생운동·실력양성운동이라는 명료한 의식은 1920년대로 넘어가면서 더 활기를 띠고 나타났다. 그래서 각종 사회운동, 즉 청년운동·여성운동·교육운동·경제자립운동이 표면화되는 가운데 많은 인사들에 의해 소년문제도 계몽하고 나서기에 이르렀다. 우선 『개벽』지 2호를 통해 김소춘(金小春)은 「장유유서(長幼有序)의 말폐(末弊)」라는 제목으로 유년 남녀의 해방을 제창했고, 이돈화(李敦化)는 「새조선의 건설과 아동문제」에서 소년의 중요성을 다음과 같이 말하고 있다.

> 우리가 십 년 혹은 기십 년 후의 새 조선을 건설키 위함에는 그 준비를 지금으로부터 시작하지 아니하면……우리는 장래의 우리 조선을 위하야 장래의 조선민족인 저들의 아동을 우리의 현재보다 더욱 중요히 보며 지중차대히 생각하야 그들의 장래를 위하여 주밀한 용의를 가지지 아니하야서는 아니됩니다.

라고 새 조선 건설을 위해 아동에게 주밀한 용의를 갖도록 계몽했고, 그는 다시 새 조선의 기초가 될 아동문제를 해결하기 위해 무엇보다도 먼저 아동존경의 풍토를 만들 것을 위시하여 아동보호기관과 소년지도기관 설치를 제창했다. 또 노아자(魯啞子 : 이광수)는 소년이야말로 우리의 운명으로서 우리 민족의 흥망이 소년에게 달렸다고 일깨우며 당시의 12, 3세의 소년의 일생이 될 4, 50년간이 우리 민족의 운명을 좌우할 시기로 내다보고 이 일을 해내기 위한 신뢰할 만하고 능력있는 '범인(凡人)의 시대'를 만드는 것이 우리 민족의 살 길이라고 역설했다. 특히 그는 이러한 연설을 재강조하며 다음과 같이 절규하였다.

> 이 가슴에 피를 찍어 쓴 편지에 공명하심이 잇거든 그날부터 그 자각대로 실행하기를 결심해주십시오.

3·1운동 이후 선각자들에 의한 소년문제에 관한 이같은 계몽들은 확실히 일반인에게 소년문제에 관한 인식을 새롭게 했을 뿐 아니라 소년운동이 태동하고 발생할 수 있는 토양을 배양해 주는 데 크게 기여했다고 생각된다.

(『한국소년운동사』, 1992년)

5. 소춘 김기전의 소년해방운동

동학혁명은 한국인들이 사회적 생활에 의의를 부여하고 가치를 부여하는 계기가 된 분수령이다. 그러나 천도교 소년회운동은 3·1운동을 체험하고 난 연후에야 진주소년회운동에 자극받아 사회적인 운동으로 발생되었다. 이 시기에 천도교 소년운동의 대표적인 지도자의 한 사람이었던 김기전(金起田 : 1894~1948)은 『개벽』지를 통하여 8차례에 걸쳐 소년문제를 제기하며 소년운동계를 리드하기 시작하였다. 그는 우선 전통사회의 윤리였던 장유유서의 모순을 진단하고 소년문제의 해결책에 골몰하였다.

그 해결책으로 소춘(小春)은 먼저 소년에 대한 어태(語態)를 고칠 것을 제안하고 있다. 실없는 말이라도 '이놈 저놈' '이자식 저자식' 하는 말 대신 일제히 경어를 사용하기를 권하고 있다.

둘째는 양생송사(養生送死)의 개선책이다. "아동 중에는 조선아동의 꼴이 세계 중 제일 너저질하리이다"라고 심각성을 토로하고 소년이라고 천대할 이유가 없으니 반드시 양생에 관한 의식을 고쳐 조선소년들에게 자립(自立), 청신(淸新), 희열(喜悅)의 토양을 갖추어줄 것을 촉구하였다. 송사의 경우도 마찬가지이다. 소년을 견마(犬馬)취급하는 것과 같은 악풍을 청산하여 적어도 제1회 기념제는 지내주며 그의 묘소는 어른들처럼 봉분을 만들어주는 것이 야만성을 벗어나는 길이라고 제언하고 있다.

셋째는 남녀소년의 차별해소 방안이다. 이에 대하여는 남녀소년들 한 사람 한 사람이 2천만 형제 중의 한 사람이며 장래의 큰 운명을 개척할 일군의 한 사람이라는 사실을 깨닫고 그들의 인격을 인정하는 정신을 소유하게 될 때에 수백만 어린 남녀는 인습의 굴레에서 해방되고 소년문제는 해결될 것이라고 내다보았다. 이는 성인의 의식전환이 선행되어야 소년문제가 근본적으로 해결될 수 있다고 소년문제 해결의 근원을 밝힌 점에서 주목된다.

한편 소년운동은 소년해방을 목표로 삼아야 한다고 주장하였다.

　　가령 여긔에 엇던 반석(盤石) 밋헤 눌리운 풀싹이 잇다 하면 그 반(盤)을 그대로 두고 그 풀을 구한다는 말은 도저히 수긍(首肯)할 수 없는 말이다. 오늘 조선의 소년은 과연 눌리운 풀이다. 눌으는 그 것을 제거치 아니하고 다른 문제를 운위(云爲)한다면 그것은 모다 일시일시(一時一時)의 고식책(姑息策)이 아니면 눌리워 잇는 그 현상을 교묘(巧妙)하게 옹호(擁護)하고져 하는 술책에 지나지 아니할 바이다.

라고 소년해방의 당위성을 설파한 후 소년을 햇순에 비유하여 소년은 새순처럼 대우주(大宇宙)의 나날의 성장을 구가하는 희망이므로 이제부터는 어린이를 사회규범의 중심으로서 논의하자고 하였다. "나무를 보라. 그 줄기와 뿌리의 전체는 오로지 그 적고 적은 햇순 하나를 떠받치고 잇지 아니한가"라고 말함으로써 재래의 윤리적, 경제적 압박으로 사회의 맨 밑에 깔려 있는 소년을 해방시켜 자연처럼 사회의 맨 윗자리로 끌어올리자는 것이다. 그 구체적 방안으로 먼저 윤리적으로 소년의 인격을 인정하여야 한다고 제안하였다.

첫째로 언어(言語)에 잇서 그를 경대(敬待)하자.……우리는 어린
이의 인격을 인(認)하는 첫 표시로써는 몬저 언어에서 경대하여야
한다.
둘째로 의복, 음식, 거처 일상생활의 범주에 잇서 어린이를 꼭 어
른과 동격으로 취급하는 습관을 지녀야 한다.
셋째로 가정, 학교, 기타 일반의 사회적 시설에 잇서 반다시 어린
이의 존재를 염원(念願)에 두어서 시설을 행(行)하여야 한다.

다시 경제적으로 그의 생활의 평안을 보장하여 "그들에게 상당한
의식을 주어 자체가 영양불량의 폐에 빠짐이 없게 하며, 유소년의 노
동을 금하고 일체로 취학의 기회를 얻게 할 일이라"라고 소년운동의
방안을 제시하였다. 이는 당시 소년운동의 목표를 가장 함축성있게 드
러낸 표현이다. 그것은 1923년 5월 1일 제1회 어린이날 선포된 '소년
운동의 선언'과 그 문맥이 일치된다는 점에서 중시된다.

1. 어린이를 재래의 윤리적 압박으로부터 해방하야 그들에게 대한
   완전한 인격적 예우를 허(許)하게 하라.
2. 어린이를 재래의 경제적 압박으로부터 해방하야 만 14세 이하
   의 그들에게 대한 무상 또는 유상의 노동을 폐(廢)하게 하라.
3. 어린이 그들이 고요히 배우고 즐거히 놀기에 족한 각양(各樣)
   의 가정 또는 사회적 시설을 행(行)하게 하라.

당시 일기 시작한 한국 근대소년운동은 많은 소년운동계몽가들에
의하여 영향받고 있었다. 안창호의 무실역행의 인간개조사상이 도도히
흐르고 있었고 이돈화의 소년보호사상도 묵과할 수 없었다. 그러나 김
기전의 소년해방사상 영향이 무엇보다도 지대했다. 그것은 '소년운동
의 선언'이 소년운동의 정신을 대표하는 근대소년운동의 목표로 설정

되었기 때문이다. 뿐만 아니라 이 선언은 세계 최초의 어린이인권선언이 되기도 하였다.

소춘은 그의 소년해방사상을 직접 구현하기 위하여 1921년 5월 1일 천도교소년회를 창립하였다. 그러나 첫 시작은 이보다 앞선 1921년 4월 천도교청년회 유소년부에서 비롯된다. 이것이 모체가 되어 다음 달 5월 1일 천도교소년회로 발족되었다. 그리고 천도교소년회의 목적은 상해의 인성학교소년회나 마찬가지로 지·덕·체를 겸비한 쾌활한 소년을 만드는 것이었다. 이러한 목적을 달성하기 위한 방법으로 천도교소년회는 유락부, 담론부, 학습부, 위열부의 4부로 나누어 활동했다. 그리고 강령은,

1. 소년대중의 사회적 새 인격의 향상을 기함.
2. 소년대중의 수운주의적(水雲主義的) 교양과 사회생활의 훈련을 기함.
3. 소년대중의 공고한 단결로써 전적운동(全的運動)을 지지함.

이라고 하여 동학의 이념실현책을 구체적으로 명시하여 소년운동의 노선을 분명히 하였다. 드디어 천도교소년회는 각종 소년단체의 리드단체가 되기 시작하였다. 실제로 1922년 5월 1일을 제1회 어린이날로 선포하여 자체적으로 문화행사를 가졌다. 그리고 천도교소년회가 중심이 되어 1923년 4월 17일 오후 4시에 천도교소년회 안에 모여서 소년운동협회라는 일종의 소년운동단체의 연합기구를 형성하였다. 그리고 매년 5월 1일을 조선의 어린이날로 정하고 그 해 5월 1일 제 1회 어린이날 행사를 가졌다.

그리하여 1920년대에는 소년운동이 불같이 일어나 민족에게 미래의 희망을 안겨주었다. 그러나 소년운동의 지반은 열악하였다. 물려받은 가난과 무지는 소년운동을 전 국민적 운동으로 승화시키기에는 버거웠다. 더욱이 일제강압하에 모진 경제적 압박이 민중을 더더욱 궁색

케 하였고, 이에 따라 소년은 노동현장으로 내몰렸다.

그 결과 선택된 소년은 극소수이고 공부하지 못하고 불우하게 일하는 소년의 수는 압도적으로 많아져 문제의 심각성이 드러났다. 이런 분위기였기 때문에 민중들에게 있어서 소년운동은 좀처럼 귓전에 들어오지 않았다. 이와 같은 시대 분위기를 체득한 김기전은 소년운동에 대한 반성도 게을리하지 않았다.

그는 해가 거듭될수록 유희로 머무는 어린이날 행사가 그나마 소년 자신이나 몇몇 지도자만의 소년운동으로 되고 있음을 반성하고, 모두가 관심을 갖고 소년을 윤리적·경제적 압박에서 해방시키고자 하였다. 이를 위하여 그는 새 시대, 새 조국을 열어갈 수 있도록 동학혁명 정신이 깃든 소년운동으로 거듭나야 된다는 뼈아픈 충언을 하기에 이른 것이다.

(『신인간』 522 · 523 · 524, 1993-4)

6. 소파 방정환의 소년인권운동

그 동안 '어린이'라는 호칭이 처음으로 사용된 것은 1920년 8월 25일자 발행의 『개벽』 제3호를 통해 같은 달 15일자로 방정환(方定煥 : 1899~1931)에 의해 사용된 '어린이 노래'에서라고 알려져 왔다. 그러나 '어린이'라는 호칭의 첫 사용은 1914년 10월 최남선에 의해서 간행된 『청춘』 창간호 시가란에 실린 '어린이의 꿈'으로 최근 확인되었다. 그렇다 하더라도 세상 사람들에게 보편화된 것은 근대 어린이잡지의 효시인 『어린이』지의 창간(1923. 3. 20)과 더불어라고 보는 것이 타당하겠다. 그것은 『어린이』지의 독자가 1925년에 이미 10만에 달하고 있다는 소파의 언급으로써도 알 수 있다.

이렇게 널리 불리워지기 시작한 '어린이'라는 뜻은 아동을 존대말로 표현한 것이다. 이 점에 대해서 소파는 "'애녀석' '어린애' '아해놈'이라는 말을 없애버리고 '늙은이' '젊은이'라는 말과 같이 '어린이'라는 새 말이 생긴 것도 그때부터의 일이요"라고 말하고 있는데, '애녀석' '어린애' '아해놈'의 비칭 대신에 사용된 존칭의 호칭이라고 정의하는 것은 지배적인 견해로 보지만 '어린이'가 『어린이』지 창간호에서 새 말로 생겼다는 것은 이해가 안가는 말이다. 왜냐하면 그것은 소파 스스로가 1920년 8월 15일에 이미 사용했었고 그보다 먼저 육당이 이미 사용했기 때문이다.

하여튼 '어린이'라는 말은 그 후 어린이날이 제정되고 어린이날 행사가 범민족적으로 전개됨으로써 초기엔 일반인들 귀에 퍽 낯선 낱말로 나타났겠지만 사용빈도가 높아짐에 따라 서서히 어린이에 대한 인권사상을 심어주었고, 소년 자신들에게도 '어린이'란 새 말이 보편화됨으로써 윤리적 압박으로부터 해방되어 점차로 인격적인 면에서 그 지위를 격상시키는 데 도움이 되었다.

근대소년운동이 내면적으로 강한 민족주의운동이었다면 그것의 모든 취지와 계몽선전의 무대였던 것은 두말할 나위 없이 『어린이』지였다. 말하자면 동학혁명정신이 반영된 소년운동의 실천무대였다는 점에서 이 잡지의 진가가 있는 것이다.

『어린이』지는 창간 때부터 그 출발이 천도교와 색동회를 배경으로 하고 있었기 때문에 민족주의적 색채를 띠게 된 것도 당연한 일이었다. 더욱이 이 잡지를 주간한 방정환은 국권회복의 먼 장래를 전망하고 청년운동과 농민운동이 독립운동의 지름길이라는 다수의 주장에 무시당하면서도 끈덕지게 동학의 민족주의에 입각한 소년운동을 적극적으로 실천하였고 그 한 방도로 『어린이』지를 발간하기에 이르렀다. 방정환이 『어린이』지 창간을 앞두고,

어린이는 결코 부모의 물건이 되려고 생겨 나오는 것도 아니고 어느 기성사회의 주문품이 되려고 나오는 것도 아닙니다. 그네는 훌륭한 한 사람으로 태어 나오는 것이고 저는 저대로 독특한 사람이 되어갈 것입니다.

라고 소년의 인권옹호를 강하게 설파하였다. 이와 같은 신념과 어린이를 사랑하는 마음으로 펴낸 『어린이』 첫호 머리말에서,

죄없고 허물없는 평화롭고 자유로운 한울나라! 그것은 우리의 어린이의 나라입니다. 우리는 어느 때까지던지 이 한울나라를 더럽히지 말아야 할 것이며 이 세상에 사는 사람 사람이 모두 깨끗한 나라에서 살게 되도록 우리의 나라를 넓혀가야 할 것입니다.

라고 하여 동학의 교지(敎旨)인 인내천사상을 반영하고 있다.

그 후에도 『어린이』지의 편집경향은 다분히 민족 일반과 어린이의 주체의식을 확립하고자 하는 민족주의적 경향이었다. 실제로 『어린이』지는 '조선자랑호', '소년운동호'의 특집호를 내기도 했다.

소파는 민족적 긍지를 고양시키고 민족단합을 공고히 하기 위해 권두사나 훈화를 통해서 직접 계몽하기도 했지만 우리의 애국적인 사료나 지리를 통해서도 다양하게 강조하기도 했다. 뿐만 아니라 소파는 자신이 전국 방방곡곡을 돌아다니면서까지 구술, 동화, 훈화를 통하여 지방민의 애향 내지 애국심을 불러일으켰다.

그는 바로 천도교소년회와 색동회의 구호, 즉 『어린이』의 다짐말인 "씩씩하고 참된 소년이 됩시다. 그리고 늘 서로 사랑하며 도와 갑시다"를 외치며 분주히 뛰어다니며 어린이를 사랑해야 하는 이유를 알아듣기 쉽게 설명하였다. 즉,

어린이는 앞으로 나아가는 사람이요 아버지는 뒤로 밀리는 사람이다. 조부가 아무리 잘났어도 램푸불밖에 켜지 못하고 자동차 비행기란 몽상도 못하고 죽었다. 그러나 그 앞에서 코를 흘리며 자라던 어린이는 전등을 켜고 자동차를 타고 라디오를 듣고 있다.

라고 하여 사람은 어린이를 앞장세우고 어린이를 따라가야 억지로라도 앞으로 나아가지 어른이 어린이를 잡아끌고 가면 앞으로 나갈 사람을 뒤로 끄는 것이라고 하였다.

이와 같은 사상으로 그가 색동회, 『어린이』지, 소년운동협회, 조선

소년연합회 등을 통하여 근대소년운동에 바친 정열은 대단하여 마치 소년운동을 위하여 태어난 사람 같았다. 그러나 소년운동이 순항만으로 일관한 것은 아니다. 『어린이』지에도 예외없이 일제의 마수가 뻗쳤다. 『어린이』지는 1923년 3월에 창간되어 1934년 7월에 통권 122호로 정간당하였다. 137개월 동안 122호에 머물렀다는 것은 15회나 간행하지 못했음을 말해주고 있다. 『어린이』지에 대한 일제의 이와 같은 탄압상은,

민족의식을 고취하고 민족적 긍지를 심어주자는 운동은 그렇게 평탄하고 용이한 일만은 아니었다. 일제는 검열, 삭제, 압수 따위로 민족문화 말살정책을 강행하기에 혈안이 되니 『어린이』지도 검열에 의하여 재조판, 재문선 끝에 월간을 격월호로 내는 수난을 겪어야 했다. 뿐만 아니라 편집책임자인 방정환은 종로서 유치장과 서대문 형무소 미결수 감방을 자기집 사랑방 출입하듯 하였던 것이다.

그렇기에 소년운동으로 나타난 일제하의 민족운동은 내적인 여러 문제점을 안고 있음에도 불구하고 더없이 소중한 민족의 정신사적인 자산으로 소파의 성가를 올렸다.

(『동학혁명100년사』, 1994년)

7. 소년단 활동을 통한
'놀이'의 보급

『소년대대장교범』에서는 소년단의 독특한 활동을 '스카우팅 (Scouting)'이라고 정의한 후 '스카우팅'은 놀이라고 풀이했다. 이 놀이는 재미있고 모험이 따르고 우정이 넘쳐서 소년들의 마음을 사로잡을 수 있어야 하고, 그렇지 못하면 아무런 효과도 없다는 것이다. 그래서 그들의 마음을 사로잡기 위해서 대자연을 무대로 삼고 심신의 단련과 재간의 활용, 기술의 연마 등 소년들의 호기심을 그대로 발현할 수 있는 놀이를 계발한다는 것이다. 소년척후단들의 활동도 이러한 원리 밑에서 이루어졌음을 알 수 있다. 우선 소년척후들은 복장에서부터 이색적이었다. 『동아일보』에 보도된 다음과 같은 기사를 보면, 소년군 첫 발대식 때 그들이 단복을 입고 있었음을 알 수 있다.

청색 모자에 연회색 단복을 입고 분홍색 휘장을 가슴에 단 소년들이 홍백의 척후기를 앞세우고 정열하고 있었다.

이러한 기사만 보아도 소년척후는 뭇 소년들에게 퍽 매력적이었을 것이고 소년척후 자신에게도 긍지를 갖게 하기에 족했을 것이다. 거기에다 '삼지경례(三指敬禮)'도 중인의 눈길을 끌 수 있는 요인이 되었다. 또 소년척후들에겐 야영생활에서 일어나는 여러 가지 놀이가 그들의 마음을 즐겁게 해주었다. 그것은 1924년 8월 24일자『동아일보』에 게재된 HRY생의 기고문 속에 담겨진 같은 해 7월 21일부터 4일간에 걸친 고양군 율도에서의 소년척후단 인도자들의 야영생활로 미루어 알 수 있다.

두세 번 니여부는 호각소래에 취립(聚立)하여 대오를 정한 후에 다시 우리를 향하야 환영의 경례를 드리고는 결승법 신호법 등을 우리에게 실습……. 신준호 군은 밥을 짓기도 전에 자기가 제일이라고 야단을 치는 동안에 성급한 장권(張權) 군은 물지게를 메고 나가고 키 큰 윤택수 군은 무슨 요리나 만드는 것가치 난도질이 한창인데 부지런한 유억겸(兪億兼) 군과 주밀한 정성채(鄭聖采) 군은 감독 겸 지배인 격인지 무불간섭으로 분주할 때에 독창으로 유명한 심상복 군은 어대서 구하였는지 자기만이나 한 민어 한 마리를 사들고 드러와서는 2원 80전이란 파격염가에 겨우 사왔노라고……. 나는 20세 되는 청년을 네 번 합친 청년이라고 장언(壯言)을 하든 터이니 지금와서는 한층 나이가 어린 아이들의 벗이 되려고 즐겨 힘쓰는 그의 정성은 과연 감사하지 아니 할 수 없다.……그러나 자기의 부족한 것은 어대서나 힘써 배우고 남의 부족은 최후까지 도와주는 것이 이 소년척후의 정신이라면 앗가 다녀간 80세의 소년을 다시금 경앙하고 십다.……어린이들로 하여금 생산적 습관과 기능의 배양을 도웁기 위하여 매일 한 시간 혹 반 시간씩 일정한 시간에 간이(簡易)한 수공품 가튼 것을 계속하여 작업케 하면 일면으로 아이 자신과 척후단 경영의 사소한 비용도 보충할 수가 잇스리라는 의견은 오늘 저녁의 가장 유리한 의견이었다.

이와 같은 야영생활의 단면이 기술되어 있는 것으로 보아 그들이 얼마나 즐겁고 진지하게 야영생활에 열중하였는지를 잘 알 수 있다. 특히 이러한 야영생활을 격려하기 위하여 이상재(李商在) 선생이 야영장 현장까지 들른 것을 보면 야영생활의 비중도 비중이려니와 소년들에게 사기를 북돋아주려는 그의 지사적인 의지가 엿보인다. 또한 이상재가 다녀간 뒤에는 간담회가 있었는데 이 간담회에서 있었던 내용으로 보아 야영훈련이 비록 놀이이긴 하지만 놀이에만 그치지 않고 구국정신이 그 기저에 깔려 있는 의미있는 활동임이 엿보인다.

한편 야영생활과 더불어 소년단활동의 쌍벽을 이루는 뜻있는 독특한 활동을 든다면 그것은 틀림없이 기능장 취득활동이라고 보여진다. 이 기능장 취득활동에 대하여 당시 소년척후였던 김용우(金用雨)는 다음과 같이 회고하고 있다.

> 본인은 1924년 서울 제3대 정동척후대에 입대하여 김기현 대장 밑에서 소년시절을 보냈으며, 진급과 기능장 취득을 위하여 온갖 정열을 바치며 나날을 보람과 즐거움 속에서 지냈습니다.……자전거장 취득을 위하여는 먼저 자전거포에 가서 헌 자전거 두 대를 분해하여 새로 한 대를 조립하여 서대문에서 동대문까지 왕복한 뒤, 다시 단원 5명과 같이 인천까지 당일 왕복하는 것이었습니다. 도중에서 고장난 자전거를 수리하면서 끝내 서울에 밤 늦게 돌아와 느끼던 그 성취감과 만족감은 지금도 잊을 수 없는 추억입니다.

이 글 속에서 기능장 취득이 무척 험난한 과정으로 이루어지며 기능장을 취득할 때의 성취감과 만족감이 컸음을 알려주고 있다. 또한 하나의 기능장 취득 과정에도 온갖 역경을 부여하고 있음은 이러한 스카우팅을 통하여 나라 잃은 민족의 장래를 소년에게 기대하는 마음 때문이었음을 엿볼 수 있다. 이토록 하나의 소년척후생활에도 민족혼이 담겨져 있었음을 뒷받침하고 있는 것은 아래와 같은 당시의 '소년군

단가'를 보아서도 알 수 있다.

    (1)   금수강산 계림반도 우리의 좋은 집
            반만년의 오랜 역사 골수에 흐른다
  (후렴) 육주오양 넓이 퍼진 우리 소년군
            차별없이 자유로서 길이 사랑하세
    (2)   모든 일에 근본되는 우리 소년군
            심신건전 넓은 지식 토대 닦아 쌓세
    (3)   하늘 장막 땅 언저리 마음대로 개척해
            최후목적 이룬 후 승전고 울리세

이렇게 민족혼이 배어있는 조철호 작사의 소년군 단가에서 보듯이 소년척후들의 최후 목적을 민족의 독립에 두고 소년척후활동을 전개하고 있었음이 뚜렷이 엿보이고 있다. 따라서 기능장 취득 과정이 험난했던 것은 그실 투철한 민족정신의 반영으로 보여진다.

이토록 의미심장한 소년척후활동에는 앞서 본 바와 같이 야영훈련, 기능장 취득활동이 본류를 이루고, 기타 당시 소년척후들에 의해서 전개된 사회활동에는 청소, 소방, 교량수축, 빈민구호, 재해복구, 민중경찰, 교통질서 확립, 농촌 계몽운동, 공덕심 앙양활동 등이 있었다. 그리하여 이와 같은 활동을 통하여 봉사 협동정신을 길렀던 것이다.

이 밖에도 건전한 정신과 신체단련을 위해 운동경기, 웅변대회, 동화회, 연극, 무용, 노래 등의 각종 행사 놀이가 있었는데 이는 분명 이 땅에 건전한 놀이를 도입하고 보급한 면에서도 획기적인 것이었다. 신일철 교수의 지적처럼 세계사적으로도, "근대화란 결국 놀이의 영역을 넓히고 놀이의 적극적 의의를 부여한 것"이란 점을 감안해 볼 때 한국의 독립운동에서도 놀이의 부흥에서 시작한 소년척후들의 활동은 가히 선구적이었다고 할 수 있겠다.

(『한양여대논문집』 11, 1988년)

8. 근대에 있어서 어린이운동

　우리의 근대사회는 전통적 사회질서가 내적으로 붕괴되면서 일제의 침략과 서구문물들이 그 틈새를 비집고 들어오는 복잡한 상황이었다. 실학시대의 선각자들은 비록 단편적이고 산발적이긴 했지만 봉건질서의 모순점을 하나둘씩 깨우치기 시작했다. 그 중에는 장유유서의 종적 사회를 타파하고 평등사회를 구현하려는 움직임도 나타났다. 그리스도교의 전래와 복음의 전파는 이를 가속화시켰다. 특히 "누구든지 하나님의 나라를 어린아이와 같이 받들지 않는 자는 결단코 들어가지 못하리라"라는 복음은 많은 사람의 마음에 어린이 애호심을 심어주었다.

　바야흐로 어린이를 학대의 대상에서 사랑의 대상으로 승화시키는 분위기가 일어났다. 이러한 분위기를 타고 유·불·선교와 서학의 영향을 받아 탄생된 동학은 어린이운동을 한국근대화의 본류로 끌어올렸다. 그 후 동학의 교리에서 한국소년운동의 기저사상인 어린이존중사상이 나타난 것이다. 동학의 인내천사상에서 표출된 인간존중의 구현을 위해서는 표층의 성인들만의 인간해방만으론 불완전하였다. 어린이도 인간인 만큼 어린이에 대한 인간존중이 포함될 때만이 온전한 인간해방이 되므로 최시형은 어린이존중운동을 언행일치로 펼쳤다.

국가 존망의 위기에서 소년 최남선은 『소년』지를 발간했다(1908). 그는 위기탈출의 희망을 오직 소년들에게 두고 소년교도사상을 전개하였다. 그래도 조국이 멸망하자 자기의 성장과 더불어『청춘』지를 펴냈다. 바로 여기에서 통설과는 달리 '어린이'란 말을 처음으로 문자화시켰다(1914). 어린이의 꿈을 더욱 키운 것이었다.

소춘 김기전은 윤리적·경제적 압박으로부터 어린이를 해방시켜야 한다는 운동을 전개하였다. 마침내 어린이해방사상을 세계 최초의 어린이인권선언에 고스란히 반영시킴으로써 한국 어린이운동사의 기념비로 굳혀놓았다. 그는 동학혁명을 계기로 새롭게 등장한 사회적 생활의 의의와 가치를 이미 십분 이해하고 있었다. 그래서 3·1운동 후에는 직접 어린이운동을 체계적이고 조직적으로 전개하려고 천도교소년회(1921)를 만들었다. 그는 어린이날을 제정(1922)하고 어린이헌장도 선포(1923)하는 등 동학혁명정신을 어린이에게 구현해 나갔다. 그리고 어린이운동을 독립운동과 근대화운동 차원에서 실행하였다. 이는 자라나는 2세에게 궁극적으로 인권이 존중받는 평등사회 건설을 어린이사회 때부터 원천적으로 이루고자 함이었다.

이에 대하여는 소파 방정환도 근본적으로 같은 견해였다. 다만 소춘이 어린이운동의 이론체계화쪽에 공이 많았다면, 소파는 어린이운동의 실천면에서 업적이 많았다. 어린이문예운동, 어린이교육운동, 어린이인권운동을 발로 뛰며 실천한 그는 어린이의 벗이 되기에 족하였다. 소파는 『어린이』지를 통하여 최시형의 '어린이를 때리지 말라, 이는 한울님을 치는 것이다'라고 설파한 어린이존중운동을 주체적으로 승계하여 실천하였고, 나아가서 『어린이』지를 어린이인권옹호운동의 실천현장으로 만들었다.

기독교인 정성채는 소년척후대를 만들어(1922) 세계적인 보이스카우트운동을 한국 어린이의 놀이운동으로 만드는 데 성공하였다. 근대화란 결국 놀이의 확대라고 생각할 때, 보이스카우트운동의 한국접목 성공은 세계화의 좋은 본보기가 되어준 셈이었다. 보이스카우트운동에 대한 열정은 조철호에게도 남달리 컸다. 그는 소년군을 만들어(1922) 민족정신이 투철한 어린이들을 육성하는 데 심혈을 기울였다. 이는 민족전사를 키우기 위한 소년전위운동의 표본이었다.

이처럼 종교인, 민족지도자 등에 의해서 조직된 어린이운동단체는 전국적으로 파급되어 1920년대에는 어린이운동이 전성기를 맞이하였다. 어린이운동단체가 무려 500여 단체를 상회하였다. 운동상황도 대단히 다채로웠다. 각종 강연회를 개최하여 어린이운동을 선양하였고 토론회, 오락회, 체육대회가 잇따랐다. 특히 어린이날 기념행사는 어느 운동보다도 압권이었다.

그러나 일제가 이를 관망만 할 리가 없었다. 1930년대가 되자 드디어 탄압 일변도로 치닫다가 마침내 1937년 일제히 민족주의 성향의 어린이운동단체들을 모두 해체시켜 버렸다. 그 후 어린이운동은 1945년 광복 때까지 지하운동으로 잠적하고 말았다.

한국 근대화과정에서 민족운동은 종교를 매체로 하여 어린이운동 분야에서도 주류를 형성하였다. 근대 어린이운동의 시원은 최시형이 동학이념에 바탕을 두고 어린이존중운동을 편 데서 마련되었고, 어린이운동의 체계적인 이론정립은 소춘의 어린이해방운동에서 확립되었다. 그리고 이러한 이념과 이론의 바탕을 두고 소파는 색동회, 『어린이』지, 조선소년연합회 등을 가동하여 어린이인권운동에 날개를 폈다.

그러므로 어린이운동은 민족주의 이념에서 전개된 근대화운동이라고 볼 수 있겠다. 그러기에 동학 및 기독교는 정력적으로 어린이운동에 힘을 기울였다. 이는 어린이운동을 통하여 궁극적으로 민족독립을 쟁취할 수 있는 지름길을 찾은 것이다. 더욱이 어린이운동의 성공은 바로 사람답게 살 수 있는 조국의 자주독립과 인간평등의 근대화라고 생각한 것이다.

결론적으로 근대에 있어서의 어린이운동은 조국의 독립과 인간평등의 근대화를 달성하기 위해 유기적으로 협력한 민족운동이었다.

(『삼성어린이개발센타소식』 3, 1995년 봄호)

9. 간도대륙에서의 한인소년운동

한인단체의 조직과 민족지향적 교육운동

을사조약과 경술국치를 전후하여 한인망명동지들은 두만강, 압록강을 건너 간도대륙으로 대거 모여들기 시작하였다. 그것은 의병전쟁이나 애국계몽운동을 집요하게 실행하였음에도 불구하고 역부족하여 국망(國亡)에 이르게 되자 새로운 국외의 독립운동기지 건설이 절실했던 데 기인한다. 그리하여 그들은 새로운 독립운동기지를 물색하여 해간도(海間島) 도처에 한인촌을 건설하고 선주한인(先住韓人)과 더불어 보다 조직적이고 효과적인 활동을 추진할 사회단체의 성립을 필요로 하여 북간도의 간민회(墾民會)를 위시하여 서간도의 경학사(耕學社)와 부민단(扶民團), 그리고 연해주의 권업회(勸業會) 등을 조직하게 되었다.

이들 사회단체의 활동은 간민회의 경우 창립목적은 사상계몽, 단결, 상호연락과 친목이었고, 업무는 이주한인을 대표하여 관청에 교섭하는 일, 한인들의 신원을 보증하는 일, 한인소유 토지에 관한 사항 등이었다. 그런데 김약연, 박무림, 정재면 등은 1909년 명동학교와 간민회를 동시에 설립함으로써 간민회와 명동학교를 불가분의 유기체로 만들었다.

간민회의 첫 활동은 개화를 촉진하는 개혁의 뜻에서 이주한인들에게 단발령을 실시하였는데 이주한인들의 자발적인 참여로 순조롭게 진행되었다. 이것은 민족지시에 의하여 이주한인의 힘을 모을 수 있었던 좋은 선례가 되었다.

간민회는 이주민에게 있어서 선결문제의 하나인 학교의 설립이 동포의 힘에 의하여 가능하다는 자신감을 얻었다. 그들 지도부는 시국강연회를 개최하여 동포들의 각성을 촉구하였고 지도자들을 각 촌락에 파송하여 학교설립을 주관하게 하여 1911년 한 해에 36개교를 짓는 등 교육사업에서 업적을 나타냈다. 이제 이주한인들은 간민회를 정부와 같이 신뢰하고 모든 법회(法會)에 따랐으며 의무금을 납입하였다.

그러나 1914년 5월 중국대륙에 원세개(袁世凱)의 독재체제가 등장하자 자치기관이던 간민회는 활동을 계속 수행할 수 없게 되어 간민교육회로 그 명칭을 개명하고 간민회의 지방조직을 바탕으로 지방회와 지회를 설치하고 활동은 지역교회의 책임자들에게 맡겼다. 그리하여 간민회나 마찬가지로 학교는 계속 증가되어 1918년까지는 136개교를 헤아리게 되었다.

간민교육회의 교육운동은 외면적으로는 괄목할 만한 학교수의 팽창을 꾀했고 내면적으로는 민족주의교육을 위하여 진력하였다. 교명까지 대부분 조국을 뜻하는 이름이었다. 그들은 두 가지 방향으로 교육목표를 설정하였다.

하나는 신학문, 신문화의 수용과 발달을 위한 근대지향적 측면이며, 또 하나는 민족의 자주독립과 보전을 위한 민족지향적 측면이었다. 따라서 근대화, 민주화를 이루고자 인간덕성, 실업(實業), 민주시민, 법률경제, 과학, 사범(師範), 외국어, 한학교육(漢學敎育)을 실시하였고, 국혼(國魂)과 민족의식을 일깨우기 위해서 국어, 애국심, 신앙, 역사교육을 실시하였다. 이와 같이 하여 민족적 사회적 자아를 확립하여 국가 사회발전에 필요한 인간을 양성하고자 하였다.

실제로 교육현장에 나타난 단적인 예로 윤동주(尹東柱)는,

> 그곳은 새로 이룬 흙냄새가 무럭무럭 나던 곳이요, 조국을 잃고 노기(怒氣)에 찬 지사(志士)들이 모이던 곳이요, 학교와 교회가 새로 이루어지고, 어른과 아이들에게 한결같이 열과 의욕이 넘친 기상을 용솟음치게 하던 곳이었습니다.

라고 용솟음치는 교육현장을 실감나게 묘사하고 있다. 또한 문익환은,

> 작문시간에는 어떤 제목이 나오든 조선독립으로 결론을 내리지 않으면 점수를 안주던 이기창선생의 모습에서 우리는 민족의식과 애국심을 배웠다.

라고 민족의식과 애국심을 익히게 된 경위를 토로하고 있다. 특히 문재린은 입학시험 때 한문시험문제로 "生生而生生 死死而死死 人當生死難"이 출제되었음을 회상하고 있다. 이러한 예들로 미루어 보아 민족지향적 교육이 투철하였음을 확인할 수 있다. 그리하여 민족지향적 교육은 다음과 같은 인물을 배출하였다.

> 용정(龍井)이 키워낸 인물들은 참 많다. 박계주, 윤동주, 윤극영, 안수길 등 문학과 예술의 선구자들이 많았고, 조국을 지키는 간성이 되고자 군(軍)에 뛰어든 용사들도 많아서 정일권을 필두로 하여 김백일, 강문봉, 박임항, 김동하……같은 명장 등이 모두 용정이 키워낸 인물이다. 그리고 종교지도자들도 많이 배출했다. 문재린, 김재준, 강원룡, 안병무, 문익환, 문동환, 전택보 등이 그들이다.

이와 같은 북간도에 있어서의 민족지향적인 교육운동과 그 성과는

서간도의 경학사와 부민단, 연해주의 권업회의 교육활동과 성과에서도 대동소이한 현상으로 나타났다. 예를 든다면 서간도지방에서 교육을 받았던 원의상은 "애국가나 교가를 앞산 뒷산이 마주 울리도록 우렁차게 부르는 젊은 생도들 앞에 여준(呂準) 교장은 양 눈에 망국한(亡國恨)의 뜨거운 눈물을 흘리곤 했다"고 감명어리게 상기하고 있다, 또한 신해수의 한민학교(韓民學校)의 창가를 보더라도 '애국가'를 비롯하여 '보국가(保國歌)' '대한혼(大韓魂)' '국기가(國旗歌)' '운동가' '국민가' '소년건국가' '한반도가' 등으로 모두가 민족의식 내지는 독립정신을 고취시키는 것들임을 알 수 있다.

이처럼 북간도를 위시한 서간도, 연해주에서 많은 사회단체가 조직되어 학교를 설립하고 민족지향적인 교육에 진력한 것은 결과적으로 3·1운동 후 1920년대의 가열찬 독립군 투쟁을 가능하게 하였고 나아가서 그 후의 독립투쟁과 독립조국건설의 근간으로서 튼튼한 반석 역할을 해주었다.

간도대륙의 소년운동과 그 성격

간도는 우리 민족사에서 아주 독특한 위상과 의미를 지닌 지역이다. 고조선, 고구려, 발해 등 먼 옛 조상들의 삶의 터전이었다. 그런가 하면 청나라 개국 뒤로는 '봉금령(封禁令)'에 의해 한민족은 접근조차 금지되었던 곳이다. 이와 같은 간도의 사정은 송우혜의 다음과 같은 글에서 잘 드러나고 있다.

　19세기 말부터는 우리 민족들이 다시 들어가 개간하여 살기 시작함으로써 흡사 국경 밖의 국토처럼 특수한 지역이 된 곳, 그리고 일제에 의해 나라를 잃은 뒤로는 독립운동사상 가장 치열한 대일 무력항쟁이 전개되었던 곳이다.

따라서 간도에서 전개된 소년운동은 다른 지역보다도 그 의미가 크다고 생각된다. 이러한 간도에 소년척후대가 1924년 용정촌에서 처음 조직되었고 그 해 6월 26일 정식으로 소년척후단조선총연맹에 가입하였다.

그 밖에도 서북간도에서는 이미 조선소년군이 조직되어 1931년 10월까지는 5개 호대에 이르렀다. 그러나 2년이 경과한 1933년 10월에는 제59호대(대장 : 김극모)만 남은 것으로 보아 만주사변(1931. 9. 18)을 겪는 동안 소년군의 조직 유지가 어려웠음을 알 수 있다. 그러나 1934년 6월에 안동현에서 제31호대(대장 : 이동찬)가 1935년 4월에는 개원에서 제58호대(대장 : 강병언)가 조직되어 명맥을 이어갔다. 이들 간도지방의 소년단원들은 다른 지역의 소년단원과 같이 소년단 고유의 가두선전, 봉사활동, 구호법 익히기, 동화대회, 야영대회, 보험·탐험, 각종 체육경기, 오락 등을 실시하여 미래를 위하여 심신을 단련하였다.

특기할 것은 6·10만세운동에 연루된 소년운동지도자 조철호가 출감 후 1927년 간도로 망명하여 1930년까지 대성중학과 동흥중학에서 교편을 잡은 일이다. 조철호는 그간 교육운동, 민족운동, 소년운동에 몸바쳐온 것으로 보아 틀림없이 간도지방에서도 소년운동을 전개했을 것으로 보이지만 당시 조철호가 하숙했던 집의 자녀였던 김창준은,

> 소학교 때 늘 선생님의 배갈 심부름을 했는데 조선독립의 이야기로 한정없이 배갈을 드시다가 취하시면 혁명가를 불렀다. "산에 나는 가마귀야 시체보고 우지 마라 몸은 비록 죽었으되 혁명정신 살아 있다.……" 조 선생님은 이 노래를 부르며 비통해 하시다가 조선독립을 외치며 울음을 터뜨리곤 하셨다.

라고 증언하여 조철호의 기개는 여전하였으나 망국한에 처절한 감정

을 억제치 못하고 있었음을 알려주고 있다. 조철호의 심정은 소년들에게도 이심전심으로 전달되었다. 한편 길림소년회(지도자 : 손원일) 회원이었던 손원태는 1991년『주간조선』을 통하여 다음과 같이 회상하였다.

> 소년회 활동도 주로 항일전쟁 놀이나 웅변대회 등을 열어 나라 잃은 설움을 달랬지요.

이와 같이 지도자나 소년회원이 모두 망국한에 치를 떨며 조국광복을 염원하며 소년회 놀이로 전쟁놀이를 할 정도로 간도의 분위기는 독립기지다웠음을 전해주고 있다. 따라서 1930년대 간도지방의 소년운동은 순수한 소년운동을 넘어 독립운동의 전위로서 자리하게 되었다. 국내의 소년운동이 일제의 직접적인 압박으로 온건으로 위장하였으나 내심으로는 장래에 독립운동하는 것을 암암리에 익혀갔다면 간도의 소년운동은 유사시엔 즉각적으로 투입될 수 있는 독립운동 전위로서의 강력한 소년탐험대 조직으로 그 임무가 숙지되어 있었다. 이러한 항일소년군사운동의 전통은 일찍이 1919년 3월 신흥학교의 다물단(초대단장 : 김석, 후에 신흥학우단으로 명칭을 변경) 조직에서 유래되었다. 그들은 목적을 "혁명대열에 참여하여 대의를 생명으로 삼아 조국광복을 위해 모교의 정신을 그대로 살려 최후의 일각까지 투쟁한다"라고 하여 독립투쟁에 몸바칠 것을 다짐하였다. 이 전통이 면면이 전수되고 전파되어 1930년대에는 간도 도처에 소년군사운동조직체가 굳건히 세워져 '복수가'가 천지에 진동하였다.

> 단군성손 우리 소년 국치민욕 네 아느냐
> 부모 장사할 곳 없고 자손까지 종 되었네
> 천지 넓고 넓건만 의지할 곳 어데냐
> 간 곳마다 천대고 까닭없이 구축되야

이젓느냐 이젓느냐 우리 원수가

합병수치를 네가 이젓나

자유와 독립을 다시 찾기로

우리 헌신에 잇도다

나라 잃은 우리 동포 살아 잇기 붓그럽다

땀 흘리고 피 흘려서 나라 수치 씻어 놓고

뼈와 살은 거름되여 논과 밭에 유익되여

우리 목적 이것이니 잊지 말고 나아가세

부모친척 다 버리고 외국나온 소년들아

우리 원수 누구러냐 이를 갈고 분발하여

백두산에 칼을 갈고 두만강에 말을 먹여

앞으로 갓 하는 소리에 승전고를 울려

둥둥 만세 만세 만세 만세 만세 만세 만세

　이와 같이 '다물정신'으로 다져진 불타는 소년들의 죽음을 불사하는 항일정신이 항일투쟁에 직접적인 기여를 하게 되었다.

(『하석김창수교수화갑기념논총』, 1992년)

10. 미주에서의 한인소년운동

한인단체의 결성과 민족교육운동

한인의 국외 진출은 1870년대 이래 북간도를 위시하여 서간도·연해주와 그리고 멀리 미주에까지 미쳤다. 미주로의 집단이민은 1902~1905년 사이에 하와이 사탕수수농장에 이주한 7,200여 명의 노동이민자에서 비롯되었다. 그들의 구성성분은 기독교인, 학생, 선비, 군인, 머슴, 역부 및 건달 등으로 각계 각층의 인물들로 구성되어 있었다.

그들 이민 1세들은 열악한 조건에서 다음과 같이 적응하여 갔다.

한국인은 급속히 성장했다. 하와이는 그들에게 거대한 가능성의 땅이었다. 농장의 일군이 되기 위한 수련을 쌓게 되었다.

하와이는 그들에게 거대한 농업학교로 이민 초기 미국사회를 익히는 데 도움이 되었다. 여력이 생기기 시작하자 1903년 신민회 결성을 필두로 1907년까지 20여 개에 달하는 각종 사회단체를 만들어 미국사회에 자리를 잡아갔다. 이들 단체는 1909~1910년 망명지사의 쇄도와 발을 맞춰 대한인국민회로 통합되면서 한인사회의 이권보장과 조국광복을 위한 활발한 활동을 벌여나가게 되었다. 드디어 1912년 11월 국외에 거주하는 한인 대표 12명이 샌프란시스코에 모여 '대한인국민회의 헌장'을 제정하였다.

이들은 재미한인의 교육사업을 역점사업 중 하나로 삼았는데, 이민시대의 성인교육과 2세 자녀들에게 모국어와 한국문화를 교육하는 민족주의교육에 중점을 두었다. 그 결과 1905년부터 1925년까지 20년 동안 각 지방 교회마다 국어학교를 설립하여 매일 몇 시간씩 교육하였다. 이와 같은 민족교육을 시행하는 필요성에 대하여 쾌설당은 『신한민보』에 기고하여,

자녀를 교육하되 특별히 조국강토를 귀히 여기고 우리 민족의 가장 비참한 정형을 생각하여 잊지 않게 하며 사기가 이리힌 국가와 민족에 대하여 어떠한 의무가 있는 것을 알게 한다.

라고 민족주의 이념을 계발하려고 분발하였다.

소년병학교의 소년군사운동

전술한 대한인국민회는 미주 한인사회의 권익옹호에 멈추지 않고 본국과 상해, 해간도 등과 긴밀한 연계를 갖고 독립운동을 추진해갔다. 이의 구현을 위해 미주의 한인사회가 그들의 자치와 민족의 근대적인 역량을 향상시켜 가면서 조국의 독립쟁취를 최상의 목표로 하는 강력한 조직체로 대한인국민회를 조직하고 이를 통해 민족교육에 역점을 두고 독립운동을 추진해갔다. 이와 같은 한인사회를 기반으로 하고 대한인국민회의 성원 속에 박용만, 백일규, 박처후, 이종철 등은 좀더 실현가능한 독립운동 방안으로 한인소년군사운동을 구상하고 네브라스

카 웨스팅스(Nebraska Westings)에 한인소년병학교를 설립, 그곳에서 독립전쟁의 실천책으로 소년군사교육을 실시하고자 하였다.

1909년 6월 마침내 네브라스카 웨스팅스에 박용만을 비롯한 박처후, 임동식, 이종철, 백일규, 정한경, 김장호 등은 그 지역 한인사회의 지원으로 미국인 소유의 커니 농장을 빌려 소년병학교 교련장으로 이용하고 네브라스카 주청(洲廳)의 묵허(默許)까지 얻어 무예교육을 실시하게 되었다. 미주 한인사회가 독립을 쟁취하고자 대한인국민회를 성립시킬 무렵의 일이었다. 마치 간도에서의 간민회와 명동학교, 경학사와 신흥학교처럼 대한인국민회와 한인소년병학교는 불가분의 관계였던 것이다. 이 점에 대하여 윤병석은 다음과 같이 묘사하였다.

> 박용만은 그가 한인소년병학교를 주도해서 세울 무렵 원동지방에다 독립전쟁론에 입각한 독립운동기지를 설립하기 위하여 그곳으로 국민회의 중임을 맡고 파견된 이상설과도 긴밀한 관계에 있었고 블리디보스톡에서 독립운동기지화에 매진하던 정순만과는 결의형제를 맺은 사이였다. 이와 같은 박용만의 처신을 고려해볼 때 그가 주도 설립하여 교장이 된 한인소년병학교는 미국내에서 자신의 독자적인 사업으로 추진된 것이라기보다는 국내와 원동, 그리고 미국에 온 한민족이 망라되어 추진한 1910년대 독립전쟁론의 구현을 위한 한 선도사업이었다.

즉 본국, 해간도와 미주의 한인사회가 대한인국민회로 연결되어 밀접한 유대 속에 있었음을 적절하게 지적하고 있다. 그러므로 국민회는 한인소년을 사관으로 만들어 독립전쟁을 효율적으로 쟁취시키고자 한인소년병학교를 설립했음이 명백하다.

1910년 여름에는 유일한 등 27명의 학생이 웨스팅스 전문학교 교장의 후원으로 그 학교의 교사와 운동장을 사용하게 되었고 그 후 소년병학교유지단까지 생겨 보다 안정적인 교육이 가능해졌다. 소년병학교는 처음부터 여름학교체제로 운영되었다. 학생들은 낮에는 농장에서 일하고 저녁과 야간에 국어국문, 한문, 일어, 역사, 수학, 지리, 이과학 등 교양과목과 군사학을 이수하였다. 이같은 교과편성은 국어와 역사를 통해 민족의식을 고취시키고 군사학을 통해 독립전쟁 발발시 직접적으로 독립전쟁의 역군으로 만들고자 하는 강한 의도에서 비롯되었다. 더욱이 박용만에 이어 교장에 취임한 박처후는 "우리들의 급선무는 재숭무(在崇武)"라고 하여 상무주의에 입각한 소년군사운동의 절박성을 강조하였다.

또한 이종철은 『신한민보』에 다음과 같이 기고하여 소년병학교의 입교를 권장하였다.

우리의 먼지 일온 활동하는 기백과 무예적 정신으로 저들과 죽고 살기를 내기할 것 뿐이라……아아 소년 남자들아 우리 대한국소년들아 소년병학교를 버리고 어디로 가라나뇨.

아무튼 1924년 여름학기까지 6년간 계속된 미주에서의 소년병학교 경영은 이민 2세들의 민족혼을 앙양시키는 데 아래와 같은 공헌을 하였다.

학교에 들어오는 자는 돌덩이라도 금강석이 되며 숫쇠라도 금덩이가 된다.

이와 같은 성과를 거둔 미주 한인사회의 소년병학교 교육은 정규교육이 아닌 여름방학 때, 그것도 낮에는 농장에서 일하고 밤에야 조국을 찾겠다는 향학열로 상무정신을 불밝혀 익힌 소년군사운동의 귀감이었다.

한인보이스카우트의 조직과 그 의의

1907년 영국의 파우웰(R. Baden Powell)이 보이스카우트운동을 일으킨 이래 소년정서에 알맞은 이 운동은 빠른 속도로 전 세계에 퍼져 나갔다. 한국에서는 이 운동이 1921년 9월경부터 조철호에 의해 중앙고보에서 시작되었고 사회적으로 정식 선포된 날은 1922년 10월 5일이었다. 그 후부터 이날을 한국소년단운동의 기점으로 삼아왔다. 그러나 한국 땅은 아니지만 한말 국난기에 많은 민족지사들이 독립운동의 기지를 건설코자 국외로 망명하여 새로운 신천지에서 한인사회를 건설하고 독립의 역군을 길러냈다. 『신한민보』에 게재된 다음과 같은 기사를 보면, 미주의 하와이도 그 중의 하나였다.

> 대한인국민회 하와이 총회는 2월 1일 대한인국민회 창립 제9회 기념경축을 굉장히 준비함으로 중앙학원, 웨슬레홈, 성루가학교, 호항녀학원, 국민회학교, 태평양학원 생도들이 성황을 돕기 위하여 야외경주운동을 준비한다더라.

위 글은 1918년 2월 현재 대한인국민회 하와이 총회 산하에 적어도 6개교 이상의 학교가 조직 운영되고 있음을 알려주고 있다. 그리고 그들에게 야외경주운동 등이 있었다는 실체도 보여주고 있다. 그러한 학교교육을 바탕으로 하여 하와이에서는 다음과 같이 국내외를 막론하고 한인 최초로 한인만의 스카우트를 조직하여 활동하였다.

> 1918년 한인기독학교의 당시 교장인 이승만 박사가 최초의 한인보이스카우트를 조직하여 스카우트 활동을 통해 단원들에게 애국심을 고취시켰다.

당시 이승만은 한인소년병학교의 교원 경력을 갖고 하와이에 와서

기독교학원을 설립하고 그 교장으로서 1918년 한인보이스카우트를 만들고 한인 2세에게 탐험훈련을 시켜 백두산을 넘어 본국으로 상륙할 날을 꿈꾸고 있었다. 그런데 여기서 주의할 것은 한국인 2세를 위한 소년단의 역사는 국내에서는 1920년 8월부터 소년단운동을 실시하였다 하더라도 2년은 바로 잡아야 될 것이라는 점이다. 1919년 연해주의 소년애국단운동, 서간도의 다물단운동, 상해의 인성학교소년회운동, 그리고 국내의 원산소년단, 안변소년회, 왜관소년회운동보다도 적어도 1년은 빨랐던 사실을 인정해주어야 할 것이다.

나아가서 하와이 한인보이스카우트에 대해 기록된 다음과 같은 대목도 주의해야 될 것이다.

1919년에는 한국인로서는 최초로 1917년 미국 보이스카우트 호놀룰루 제14대에 입대하여 반장으로 활약하던 월터 정이 이승만의 권유에 따라 한인 보이스카우트에서 지도자로 활약하기도 하였다.

이 글에 의하면 한국인 중 최초의 스카우트와 스카우트 지도자는 모두 월터 정으로부터 시발하였다.

미주는 영미권이다. 영국에서 발생한 보이스카우트운동을 탐험심 많은 미국인이 재빨리 받아들였고 이를 관망하던 한인 민족지도자들이 한인 2세에게 본격적인 소년운동으로서 소년단운동에 시동을 건 것이다. 그리고 이 소년운동을 민족운동으로서 일치시킨 것이다.

한편 조국의 스카우트운동을 지원하는 일도 잊지 않았다.

1926년 1월, 미국 아리조나에 거주하는 최춘홍, 이승민, 노재호, 서성선, 안정순, 오태선, 한경서, 홍순진, 현목우 등 12명의 교포들은 미화 35달라를 최춘홍의 이름으로 소년척후단 조선총연맹의 이상재 총재에게 보내와 총연맹에서는 이 자금을 연맹 기본금으로 영구보존할 것을 결정할 정도로 감동케 한 일이 있었다.

　　그러므로 미주의 소년단운동과 국내의 소년단운동은 끈끈한 연계의 고리가 형성되어 있었고 비록 국토는 달리해서 살았지만 한민족은 하나로서 어디에 살든지 하나의 민족관을 지니고 살았음을 알 수 있다.

(『한국소년운동사』, 1992년)

11. 일제의 소년운동 탄압과 강제해산

소년운동의 내적 문제

조국을 강탈당한 채 전통사회의 가난과 무지(無知)만을 고스란히 물려받은 식민지하의 우리 민족은 너나없이 조국을 찾겠다고 무슨 운동이든 운동에 몸을 담았다. 교육운동, 청년운동, 여성운동, 노동운동, 농민운동……. 가히 운동만능시대의 꽃을 피웠다. 그것은 모두 다 일정하게 독립운동에 직간접으로 연결되고 있었다. 소년운동도 마찬가지였다.

소년을 민족독립의 새로운 희망으로 인식한 소년계몽가들은 많은 지지면(紙誌面)을 할애하여 소년운동을 고취하였다. 그리하여 1920년대에 소년운동은 불같이 일어났다. 그러나 소년운동의 지반(地盤)은 열악하였다. 물려받은 가난과 무지는 다음과 같이 소년운동을 전 국민적 운동으로 승화시키기에는 거리가 멀었다.

어린이들의 교육이라든지, 유희라든지, 오락이라든지, 사회생활과
갓흔 것은 필요치 안타는 것보다는 그 필요를 모르고 잇습니다.……
어린이가 성년될 째까지는 부모가 의무를 지지 아니면 안되는 일에
는 조곰도 눈쓰지 못하고 잇습니다.

더욱이 일제강압하의 모진 경제적 압박이 민중을 더더욱 궁색케 하
였고, 이에 따라 아래의 실례와 같이 어린이를 노동현장으로 몰아갔다.

남들은 학교에를 갑니다. 그러나 나는 왜? 열여섯 살의 한창인 째
를 학교에 발도 드려 노아보지 못하고 하로 이십팔 전이란 돈에 목
을 매고 공장 구석에서 썩어야 합닛가?

이처럼 선택된 소년은 극소수이고 공부하지 못하고 불우하게 일하
는 소년의 수가 압도적으로 많았다는 데 문제의 심각성이 있었다. 이
같은 사실은 다음과 같은 김기전의 주장을 통해서도 알 수 있다.

우리 유소년으로 공부하는 동무가……70만 명이 넘지 못할 것입
니다. 그러면 6백만 명 동무 중에 530만 명이나 되는 우리 동무는 모
다 눈쓴 장님이 되고 잇는 셈입니다.

이런 분위기였기 때문에 민중들에게 있어서 소년운동은 좀처럼 귓
전에 들어오지 않았다. "엇던 째 동리에 무슨 강연회, 동화회, 토론회
가 잇서서(어린 사람들을 위해서 여는 회합에) 구경을 가려 하면 '어린
것이 위험하니 가지말라'든가 쏘는 '공부하는 아해가 공부는 안하고
그까짓 것은 들어서 무엇하느냐?'하시면서 긔여코 그런 곳을 못가게
하시는 것이 상례이심니다." 가난과 무지, 무지와 가난이 악순환되는
풍토에 어른들의 몰이해(沒理解)까지 겹쳐 있다는 데에 소년운동의
근원적인 문제점이 내포되어 있었다.

다음으로 소년지도자들의 수와 자질에서 문제가 있었다. 소년단체는 500여 개를 상회하고 있었지만 소년지도자다운 소년지도자는 매우 적었다. 그리하여 전영택(田榮澤)은 다음과 같이 개탄하였다.

우리의 어린이들은 참 가련합니다. 왈 산업문제, 노동문제, 부인문제, 도덕풍기문제 하지만 우리 가운데 우리의 어린이를 위하야 아동문제를 생각하고 아동교육문제를 생각하며 여기 대하야 힘을 쓰는 이가 누구입닛가.……그처럼 불완전하고 소년문제에 대한 성의가 이러케 부족한 것은 무엇보다도 제일 근심하고 걱정하지 아늘 수 업습니다.

물론 김기진, 빙정환, 조철호, 정성채, 정홍교 등의 소년지도자들이 있었지만, 그 수는 6백만 어린이에게 있어서 너무나 적은 수였다. 그것도 시종일관 순수한 어린이편에서 운동을 한 것이 아니고 종교의 시각으로, 군사의 시각으로, 이념의 시각으로 어린이운동을 전개하였고, 지엽적이겠지만 혹평을 한다면 자기현시적인 운동도 있었으므로 어린이에게 모범을 보이는 운동과는 어느 정도 거리가 있기도 하였다. 일례로 조철호가 어린이에게 술심부름을 자주 보낸다든지 방정환이 자기의 필명이나 얼굴 모습 알아 맞히기 현상을 『어린이』지에 게재하는 것은 호기심을 어린이에게 충족시켜주는 것이겠지만 역시 이치에 어긋난다고 생각된다. 그러니 반대편에게 어떻게 비춰졌을까. 또한 아래와 같은 글을 볼 때는 아연실색되었다.

선생님[방정환]은 거기서 또 남쪽으로 걸어가시면서 물쑠리에 다 타고 남은 담배 찍걱지를 쑴어버리고 새 담배를 곳니어 쇼자서

상황이 이러하니 다른 소년지도자들의 자질은 어떠했겠는가. 이 점을 신재홍(申載洪)은 다음과 같이 적절하게 지적하였다.

전국 소년단체 지도자들 중에는 소년운동에 아무런 소양도 갖지
못하고 다만 흥미삼아 운동을 전개하는 사람도 있었다. '청년회 흉
내'를 내는 사람이 있었으며 특히 '웃기거나 장난을 잘하는 사람'을
적임자로 내세워 소년단체를 맡기는 일도 있었다.

이처럼 지도자수가 적고 또 그 자질이 부족하였음이 소년운동의 문
제점의 하나였다. 그리고 무엇보다도 내적인 커다란 문제점은 소년운
동을 둘러싼 적전분열의 이념투쟁이었다. 물론 온 사회가 좌우로 양분
되고 있는데 소년운동이라고 무풍지대가 될 수는 없었을 것이다. 그러
나 사회주의이념이 소년운동계에 유입된 이래 끝없는 투쟁이 일어나
마침내 소년운동이 일제의 탄압으로 종지부를 찍을 때까지 지칠 줄 모
르는 갈등은 소년운동이 도대체 누구를 위한 운동인가를 의심하게 만
들었다. 순진무구한 소년의 이름을 빌려서 자기들의 사상투쟁에 전위
대로 이용하고 있었던 것은 소년운동으로 타오르는 불길을 스스로 끄
는 소모전이었다. 사회 일반은 소년운동을 보는 시각이 식상해졌고 나
아가서 소년운동을 불온시하게 되었다. 그리하여 윤석중은 다음과 같
이 당시의 갈등을 개탄하였다.

민족분열의 씨를 지각없는 일부 소년운동자들의 손으로 뿌린 셈
이 되었으니 우리가 8·15해방 뒤에 동족끼리의 대립·반목·중상
·모략을 목격할 때마다 '그때 뿌린 씨나 아닌가'하고 자문자답한 적
조차 있었거니와 이데올로기의 대립도 아무것도 아닌 대립을 위한
대립으로 한때 순진한 어린이들을 불순한 어른들의 세력 다툼의 미
끼로 삼은 적이 있었음은 지금 생각해도 통탄할 일이 아닐 수 없는
것이다.

가난과 무지로 인한 부모의 몰이해, 소년지도자들의 수와 자질의 부

족이 모두 내적인 문제였으나 좌우익의 반대를 위한 반대의 이념분쟁
은 소년운동의 종말을 자초한 암적인 존재였다고 생각된다.

일제의 소년운동탄압

3·1운동을 계기로 이 땅에 청년운동, 노동운동, 언론운동 등 각 방
면에서 민족운동에 불이 붙자 식민통치에 위협을 느낀 일제는 그간에
있어왔던 형법, 보안법, 언론법도 부족하여 급기야 1925년 5월 12일에
는 치안유지법을 제정 공포하여 민족운동에 일대타격을 가해왔다. 이
에 대해 윤석중은 다음과 같이 회고하고 있다.

　　　　우리 겨레의 팔다리를 꽁꽁 묶어 버린 포승법인 저 유명한 치안유
　　　지법이 공포됨으로써 모든 운동은 지하로 들어가기 시작하였다.

그러나 지지상에 나타나 있는 민족운동은 전혀 수그러들지 않고 더
욱 치열해졌다. 1926년의 6·10만세운동, 1927년의 신간회 조직, 1929
년의 광주학생운동은 사회적인 민족운동의 큰 흐름이었다. 이 흐름에
전국적인 소년운동 통합조직체인 조선소년연합회 결성도 가세하였다
(1927). 이들 운동은 하나같이 일제탄압의 표적이 되었다. 특히 6·10
독립만세운동은 소년군 창립의 주역인 소년운동지도자 조철호의 치밀
한 지도에 의하여 시위가 전개된 바 있었다. 이 점에 대하여 김성식(金
成植)은,

　　　　조철호의 영향은 흡사 중앙고보에 있어서 1814년 독일학생운동의
　　　브리스 교수, 1848년 오스트리아 학생혁명의 퓨스터 교수, 1919년
　　　중국 5·4운동의 채원배(蔡元培) 역할에 근사하다.

고 평가하였다. 이는 조철호의 위상을 매우 적절하게 나타낸 비유라고 생각된다. 아무튼 조철호는 만세 당일에 체포되었다가 석방되었으나 13일 또다시 피체, 학생 40여 명과 같이 취조당했고 끝내 중앙고보 교사 자리를 박탈당한 채 1927년 3월에는 간도방면으로 망명길에 오를 수밖에 없었다. 일제의 탄압으로 소년운동의 선봉을 잃게 되어 큰 손실이 안겨졌다. 일제는 여기서 그치지 않고 소년운동을 파상적으로 탄압하였다. 1927년은 그야말로 닥치는 대로 탄압을 가하는 탄압일변도의 해였다. 일례로 일제는 용원소년회가 개최한 동화회(童話會)에까지 경관이 임석하여 말 한마디 한마디까지 모두 감시하는 공포정치를 연출하였다. 그들의 포학은 해를 거듭할수록 더욱 심해져 1929년에는 이른바 불량소년동맹 총수가 46단체(지부 : 78개, 회원 : 3872명)가 있다고 지목하였다. 그들의 서슬에 마지 못해 자진 해산하거나 그렇지 않으면 해산당하는 사태가 속출하여 1935년에는 전국의 소년단체가 135개에 불과했다. 이는 1926년에 500개 이상이었던 것을 감안한다면 지난 10년 동안의 탄압상을 웅변적으로 반증해줌을 알 수 있다. 소년운동도 힘의 대결로 맞서 1931년에서 1935년 사이의 소년운동은 전위운동으로 격화되었다.

　한편 야학을 통한 소년운동이 일제에 의해 형사소추당하는 등 탄압의 대상이 된 경우도 정평, 단천, 홍원 등지에서 43건이나 있었다. 아래는 당시 야학에서 불려진 '야학의 노래' 가사이다.

> (1)　옷밥에 굶주린 동무야
> 　　눈조차 머러서 산다나
> 　　나제 못가는 학교를
> 　　한탄만 하면 뭐하나
>
> (후렴) 나제 못배우는 동무야
> 　　　가난에 쫏긴 동무야

밤에 맛나서 배우자
쓰거운 손목을 흔들자

(2)   낫가락 허리에 쒜차고
지게 목발 째리며
낫학교 못가는 신세를
노래만 하면 엇저나

(3)   석유 궤짝 책상에
호롱 등불 싸무락
무쇠 가튼 정성에
열려간다 이눈들

또한 『어린이』지에도 예외없이 일제의 마수가 뻗쳤다. 그 중에서도 1926년 6월에서 1931년 5월 사이의 만5개년 사이에 결간이 집중되어 (15회) 그 결간율은 26.7%에 이르렀다. 또한 삭제, 원고압수, 잡지압수, 인쇄소 바꾸기, 체제변경이 비일비재하였다. 1929년 『어린이』 5월호의 다음과 같은 '특고(特告)'의 내용을 보아도 그 당시의 수난사를 알 수 있다.

— [특 고] —

사진소설 「이엽초」	(소설)	몽견초
어린이날! 어린이날!	(권두)	이정호
어린이날을 맞으며	(훈화)	방정환
남이 장군 이약이	(사화)	차상찬
제비와 개고리	(이과)	천웅규
독자담화실	(통신)	독자중
편즙을 맛치고	(여언)	편즙인

어린이 독본　　　　　　(독본)　　　　　　방정환
(이상의 여덜 가지는 원고 전부가 불허가 되야 엇
절 수 업시 실지 못함니다)

이처럼 여러 각도로 소년운동을 말살하고자 탄압을 늦추지 않았다. 그렇기에 소년운동으로 나타난 일제하의 민족운동은 내적인 여러 문제점을 안고도 더없이 소중한 민족의 정신사적인 자산으로 느껴진다.

소년운동의 강제해산과 지하활동

조선소년총연맹 정기대회(1928. 12. 28)에서의 산하 소년동맹의 거센 반발로 지도부와 지방연맹 사이는 심한 내홍으로 얼룩졌다. 이후 비교적 합리적인 지도부는 사실상 지도력을 상철당하고 각 지방연맹의 강경파가 좌익노선의 전위로서 소년운동을 추진하였다. 따라서 민족진영은 물론 온건지도부와도 마찰이 일어났고 일제는 소년운동을 가일층 탄압하기 시작하였다. 여기에다 일제는 만주사변(1931. 9. 18)을 일으키고 시국을 군국(軍國)의 공포정치로 몰아갔다. 그리하여 소년운동단체도 속속 검속(檢束)하고 해산시킬 구실을 찾아 우선 무산소년운동단체에 대하여 자연적인 해산을 유도하거나 강제해산을 자행하였다. 거기에다 순수『어린이』지도 정간(1934. 7)시키고 천도교소년회와 소년군의 활동마저 제약하기 시작하였다. 그래도 천도교소년회는 1935년 현재 군단위의 소년회가 100개가 넘고 소년군도 1936년 현재 79개호대에 달하고 있었다. 그런데 이들 소년단체가 주관하는 어린이날 기념식마저 1937년을 마지막으로 중단시켜 버려 소년운동은 사실상 마비되었다. 더욱이 일제는 중·일전쟁마저 돌발(1937. 7. 7)시켜 정세를 전시체제로 경직시켰다. 이렇게 삼엄한 분위기 속에 조선소년군은 같은 해 7월 31일 탑골공원에서 열린 시국강연회에 단원들을 동원하여 안내와 장내 정리를 맡게 하였다. 이때 장내 정리를 하고 있던 단원들의 항건이 문제가 되었다. 이 사건은 소년군의 정신이 무엇인지를 가장 극명하게 알려준 물증이려니와 일제는 이를 계기로 해산책을 강구하였다. 그 동안 종교단체의 소년회나 국제적 보편원리를 표방한 소년군 등이 민족정신을 고취하고 있다는 것을 일제는 진작부터 알고 있었으나 세상의 이목을 호도하기 위하여 남겨두었을 뿐이었는데 이제 전시체제하의 일제로서는 소년운동단체의 전면 해산의 호기를 잡게 된 것이었다. 거기에다 소년군의 '소년행진가' 중에

> 깨끗하고 건전한 우리 동무야
> 싸움 준비 갖추세 정의의 장검
> 이리하여 선전하세 사회 악습에
> 이리하여 이루세 우리 목적을……

등의 내용이 노골적으로 항일 결전을 선포한 것이나 다름없다 하여 지도자들로 하여금 자진 해산하여 일제의 어용단체인 건아단(健兒團)에 통폐합하기를 종용하였다. 이에 단호히 불응하자 조선총독부는 마침내 본색을 드러내고 1937년 9월 3일자로 강제해산을 단행하였다.

이로써 민족의 희망을 신념화해주던 소년운동은 지하로 잠적하였다. 그 후 일제의 말기적인 박해는 극에 달하여 우리 겨레가 살아날 길은 "내선일체의 길밖에 없다 하여 황민화(皇民化) 신운동에 발벗고 나서든가, 술장사나 약장사로 연명을 하든가, 일본사람 끄나풀 노릇을 하든가, 횟술이나 마시며 자포자기에 빠지든가 하는 꼴을 어린이운동이나 어린이문학에 손을 댔던 사람 중에서도 얼마든지 볼 수 있었으니 1940년에 이르러 일본식 창씨개명 강요, 특별지원병 명목의 한국인 강제모병, 그리고 『동아일보』, 『조선일보』가 폐간되었다." 이리하여 한국은 암흑세계가 되어버렸다. 그러나 인간은 위기중의 처신에서 진정한 평가를 받는 것이라고 생각된다. 특히 지도자에 대해서는 더욱 그

평가가 가혹하였다고 생각된다. 그렇다면 소년운동을 위하여 그토록 계몽하거나, 후원하거나, 지도에 나섰던 일부 인사들의 친일 변절 행각은 마땅히 지탄받아야 할 것이다. 그러나 그와 같은 암흑 속에서도 소년운동가 출신으로서 독립운동에 헌신하였던 대한민국임시정부요원 전백, 의열단원 오봉환, 광복군공작원 이기원, 염석산부대여대원 장봉순, 긴고동맹원 징권 등의 활약은 민족운동사상 소년운동사의 정신을 드높인 쾌거라고 생각된다.

또한 최악의 조건 속에서도 지하소년운동을 전개한 다음의 진남포 소년척후대와 같은 소년단체가 있었음을 기억해야 할 것이다.

진남포 소년척후대는 홍만호, 우영순, 안창덕, 문경국 등 제 지도자들이 중심이 되어 척후대활동을 전개해나갔다. 이들은 해산 전의 대조직을 그대로 고수하며 그곳 교회를 본거지로 하여 월례 모임을 갖고 수시로 지역사회 봉사활동과 야영 등을 하면서 척후단의 명맥을 유지시키는 데 노력하였다.

이와 같은 활동이 일제의 눈길을 피해 민족광복 때까지 산발적이나마 면면이 이어졌다는 것은 한국소년운동사의 단절을 막고 근대소년운동사의 정통성을 광복 후로 계승시켰다는 점에 의의가 있겠다.

(『실학사상연구』 3, 1992년)

제 4 편

시대사는 어느 만큼이나 이해해야 하나

1. 한국인의 원초규명
- 눈부신 고고학사

   우리 민족의 원 조상은 누구인가. 그들은 언제부터 이 땅에 살게 되었을까. 그리고 어떻게 발전하며 살고 있었을까 등의 숱한 궁금증이 관련 학계의 꾸준한 노력으로 서서히 풀리고 있다.

   지금으로부터 수백만 년 전 현재의 인간 모습과 유사한 고인류가 지구상에 등장하였다. 그들은 엉거주춤한 자세로 두 발로 서툴게 서서 걷는 것으로부터 인간의 세계를 구축하기 시작하였다. 장구한 세월이 흐름에 따라 곧게 서서 걷기에 이르렀고 앞발은 손의 기능으로 진화되었다. 손은 돌멩이나 막대기를 사용하여 먹거리를 구하는 데 이바지하였고 도구를 만드는 데도 도움이 되었다. 특히 불의 사용은 만물의 영장으로 발돋음하는 데에 결정적인 분기점을 이루었다.

   한반도를 비롯한 동아시아 일대에서 고인류가 활동한 것은 약 70만 년 전부터라고 보여진다. 그것은 덕천 승리산 동굴과 단양 상시 바위 그늘 유적에서 발굴된 곧선사람과 슬기슬기사람의 특징을 지니는 화석에서 확인되었다. 여기에는 그들이 사용하던 우둥불의 흔적도 보이고 있다. 그리고 청원 두루봉 동굴과 평양 만달리 유적 등에서는 슬기

슬기사람의 화석이 발굴되어 고인류가 점차 진화되면서 이 땅에 퍼져 살고 있었음을 밝혀주었다.

이 시대는 뗀석기를 만들 수 있는 도구제작 기술 정도로 보아 구석기시대로 분류되고, 인간의 생활형태나 문화정도로 보아서는 무리사회, 원시사회 등으로 지칭된다.

동아시아에서 구석기시대인이 활동할 때의 무대는 중국과 한반도 및 일본열도가 육지로 연결되어 있었다. 이 일대에 살고 있던 구석기시대인은 인류공통의 조상일 것이라고 추정되어왔다. 그러나 최근에 이르러서는 그들이 우리 조상의 직계조상이라는 정설에는 아직 회의적인 견해가 존재하지만, 점차로 한민족(韓民族)의 조상이라고 진단하는 견해가 설득력을 얻어가고 있다.

고인류는 지금으로부터 약 4만 년 전 현재의 인간 골격과 같은 현생인류로 진화되었다. 그 동안 지구는 빙기와 간빙기를 거듭하였다. 사람이 쾌적하게 살 수 있는 기간은 간빙기가 적당하다. 마지막 빙기가 지나가고 간빙기가 오자 중석기시대를 거쳐 지금부터 약 8천 년 전에 신석기시대로 넘어갔다. 도구 제작기술이 구석기시대보다 발전하여 간석기를 만들고 토기를 만들어 사용하는 것도 가능해졌다. 그들은 씨족사회를 형성하여 주된 생업경제를 채집생활에서 탈피하여 농경정착생활로 발전시켰다. 아이를 공동으로 키우고, 먹거리를 공동생산하여 공동으로 분배하고 소비하는 원시공동체생활을 영위하였다. 구성원은 각자의 역할만 다를 뿐 평등사회였다.

고아시아인으로 간주되는 신석기인은 구석기인에 대해서와는 달리 지금의 한민족의 모체였다는 데 대하여 대체로 견해가 일치되고 있다.

2. 한국사의 기반을 마련한 고대사

　고조선은 청동기문화가 보급되면서 최초로 세워진 초기국가로, 단군 건국의 기록은 우리 민족의 전통과 문화의 정신적 지주가 되어왔다. 고조선은 서간도와 한반도를 중심으로 요서지방까지 세력을 뻗치며 크게 성장하였으나, 우세한 철기문화를 지닌 대륙의 한(漢)과의 투쟁에서 패하여 우리 민족의 발전이 저해되었다.

　철기문화가 보급되면서 간도대륙과 한반도 각처에 많은 초기국가가 성립되었다. 북쪽에서는 부여, 고구려, 동예, 옥저 등의 국가가 성립하였고, 남쪽에서도 삼한 지역에 여러 작은 나라가 성립하였다. 철제 농기구에 의해 농경방법이 발달하여, 농업은 기간 산업의 자리를 굳혔고, 초기국가들은 점차 정치제도를 정비하여 고대왕국 설립의 터전을 마련하였다.

　드디어 철기문화의 기반 위에서 고구려, 백제, 신라, 가야의 사국이 성립되었다. 사국은 같은 민족이 세운 나라이지만, 건국 시기, 지리적 위치, 경제발전 및 대외관계 등 서로 다른 성격을 나타내면서 성장하였다. 특히 고구려는 이민족의 침략을 막는 방파제 구실을 하였다.

　사국시대는 새로운 문화를 창조하고자 하는 인간의 힘이 여러 모로 발휘되던 시대로, 사회 원리를 중시하고, 엄격한 계층사회인 동시에 친족 중심의 사회를 형성하였다.

특히 사국시대에 고대왕국의 발전 기운을 타고 의욕적인 창작문화를 이룩하였다. 불교를 받아들이면서 국민의 사상을 통합하였고, 그 속에서 세련된 귀족예술, 불교예술이 각각의 개성을 지니고 발달하게 되었다. 이러한 사국문화는 일본에 전해져 일본의 고대문화 성립에 이바지하기도 하였다.

이에 자족하지 않고 사국은 각기 자국의 총력을 동원하여 서로 통일의 주역이 되기 위하여 간단없는 항쟁을 펼쳤다. 이 시기는 크게 3단계로 구분되는데, 제1기(5세기)는 북중국과 우호관계를 맺은 고구려가 소수림왕 때 국력을 정비하여 광개토대왕, 장수왕, 문자명왕 때까지 사국 항쟁의 주도권을 쥐고 있던 시기이고, 제2기(6세기)는 가장 뒤떨어져있던 신라가 법흥왕, 진흥왕대를 거치면서 가야를 정복하고, 북쪽으로도 국토를 확장하여 한강 유역에 진출하는 약 100년간의 시기이며, 제3기(7세기)는 신라가 수·당과 연결하여 백제·고구려를 멸망시킬 때까지의 시기이다. 간과할 수 없는 것은 당시의 국제관계 (돌궐 - 고구려 - 백제 - 왜 : 수·당 - 신라)에서 신라는 정책상 당의 세력을 이용하였지만 백제(660)와 고구려(668)를 멸한 후 당이 신라까지도 직속령으로 하려 하여 이른바 민족 멸망의 위기에 처하게 되자, 이번에는 고구려와 백제의 부흥운동군을 지원하여 이들과 함께 이민족 국가인 당의 세력을 자주적으로 물리쳤다고 하는 점이다(676).

이로써 화랑도 정신이 투철한 신라가 대동강과 원산만까지의 한반도를 확보하고, 고구려의 옛 땅인 간도대륙에서 건국한 발해(698)와 대칭하여 남북국시대를 열게 되었다.

3. 한국문화를 줄기잡은 중세사

　신라는 안으로 사국의 항쟁을 끝내고, 고구려 유민이 세운 발해와 더불어 남북국시대를 열었다. 강한 통일세력으로서 이민족에 대하여 자주국가의 전통을 마련하게 된 신라는 신라 고유의 문화전통을 기반으로 고구려, 백제, 가야의 문화를 융합하여 새로운 민족문화 토대 확립에 주력하였다.

　예술은 불교신앙을 바탕으로 하여 균형과 조화가 넘치는 조형미술이 찬란하게 발달하였다. 특히 석조 불탑과 불상에서 신라인들의 뛰어난 예술성이 발휘되어 많은 작품이 지금도 전해지고 있다. 석굴암의 많은 불상 조각은 그 중에서도 뛰어난 작품이고, 불국사의 석가탑과 다보탑은 대표적인 걸작품으로 평가되고 있다. 그리고 대외활동도 활발하여 당에는 신라인들의 집단거주지도 생겼다.

　그러나 100여 년 간의 전성기가 끝나고 8세기 후반에 이르러 신라의 지배계층인 진골들이 왕위를 둘러싸고 싸움을 하면서부터 신라사회는 하대의 혼란기로 들어갔다. 진골의 보수적인 지배에 대하여 6두품의 반발이 있었으나 성공하지 못하였고, 지방에서는 호족들의 독립적인 세력이 성장하여갔다. 이때 개인의 심성 도아를 강조하는 선종이

유행하여 호족 사이에 환영을 받아 9산의 종파로 발전되었다. 이리하여 신라는 혼란 속에서 민족의 분열을 맞게 되었고, 결국 예성강 유역의 해상세력을 배경으로 한 호족 출신인 왕건(王建)에 의해 병합되었다(935). 그러므로 고려의 건국은 결국 이들 지방세력의 승리의 산물이라 할 수 있는 것이다.

한편 신라와 대칭되어 대조영에 의하여 건국된 발해(698)는 고구려 유민들이 중심이 되어 말갈족을 지배하면서 옛 고구려 땅의 대부분을 차지하게 되었다. 문화도 고구려문화를 바탕으로 하여 당의 문화를 수용하면서 해동성국으로 발전하였고, 후에 이 지역에서 활동할 여러 민족들의 문화적 기반을 닦아주었다. 발해와 신라는 대체로 대립관계에 놓여 있어 문화교류가 적었으나, 각각 새로운 역사발전을 위하여 여러 분야에 걸쳐서 노력을 기울였다.

민족을 재통일하고 거란에게 패망당한 발해 유민마저 받아들인 고려는 심기일전하여 전통문화에 기반을 둔 새로운 자기 문화의 특성을 구축하였다.

첫째 신라통일기까지가 전형적인 귀족사회이고 조선이 관료제사회라고 한다면 고려는 진골 귀족사회에서 조선의 양반 관료제사회로 넘어가는 과도기 형태인 문벌 귀족사회라 할 수 있다. 고려의 지배계층은 고려사회의 정치질서 개편에 많은 공헌을 했던 신라계통의 귀족들과 주로 개경에 가까운 지방 호족 출신자로서 점차 중앙의 정치무대에 등장한 사람들로 구성되었다. 신라의 지배세력이 왕실의 진골중심이었던 데 반하여, 고려는 이성문벌이 지배하는 사회였다. 이들의 호적은 평민과는 별도로 작성되었고 원래 호족이던 때의 출신지를 본관으로 정하였으며, 이는 그들 세력을 가늠하는 표준이 되었다. 또한 이들은 혼인을 통하여 자기 가문의 세력을 확장하려 하였다. 왕실의 외척이 되는 길은 가문의 영예이며 정권장악의 지름길이 되었기 때문이다. 현종 때의 김은부(안산 김씨), 문종 때의 이자연(인주 이씨), 예종과 인종 때에 걸친 이자겸(인주 이씨) 등의 외척이 고려의 정치를 좌우한 것이 그 좋은 예이다.

둘째 합좌기구가 많이 존속하였다는 점이다. 도병마사·중방·장군방 등 국가 중대사를 문·무관들이 모여서 토의·결정하는 고대사회의 유풍이 남아 있었다.

셋째 사상적인 측면에서 보더라도 성종 이후에는 불교와 유교가 상호보완하는 관계로 되어 있었다. 유교는 정치계를, 불교는 정신계를 지배하였다. 인종 때의 유명한 유학자인 김부식 자신이 불교사원을 가지고 있었다는 사실은 좋은 예이다.

또 다른 하나는 왕족 사이에서 고대사회의 유풍인 근친혼이 자주 행해졌다는 점 등이다.

한편 고려사회를 이해하는 데 있어서 간과할 수 없는 또 하나의 중요한 사실은 정치·사회·문화의 활동이 전시대의 혈족적 관념이나 종교적 테두리에서 어느 정도 벗어남으로써 문화의 폭이 넓어지고 중세적인 지성이 확립되었다는 점이다. 그리하여 유학과 한문학이 크게 발달하고 대장경 간행, 실록 편찬, 개인 문집 출판 등 기록에 의한 문화활동이 크게 확대되었음에 주목해야 할 것이다.

고려는 성종 때 이르러 최승로의 시무 28조를 받아들임으로써 유교적 중앙집권화가 성립되었다. 이로써 초기의 호족세력이 통합되기에 이른 것이다. 또한 종래의 불교문화 위에 유교문화가 융합되는 현상이 일어났다.

그러므로 성종을 기점으로 하여 그 이전의 사회는 호족세력의 통합과 왕권강화를 위한 시기로 이해해야 할 것이다. 특히 광종 때의 노비안검법(956)과 과거제도(958)가 그러하다. 이러한 과정을 거쳐서 성종 때 유교적 중앙집권화가 이루어지자 사회적·문화적 혁신이 일어나게 되어 민족의식이 고조되고 문화가 발달하였다.

이렇게 문화적 기반을 마련한 고려는 이민족인 거란의 침입을 막아낼 수 있었다. 또한 성종 때부터 비롯된 제도의 정비와 전통적인 불교와 신흥하는 유교문화의 복합은 문종을 전후한 시기에 절정에 달하여 문화의 전성기를 맞았다. 이 시기는 벽란도를 통한 국제무역이 활발하였으며, 학문과 예술도 크게 발전하였다. 그러나 그 뒤 밖으로 금(金)의 압력을 받는데다가 안으로는 문벌 귀족사회의 모순이 폭발하여 이자겸의 난(1126), 묘청의 난(1135), 무신정변(1170)같은 내란이 잇따라 일어나게 되었다.

이와 같은 사회의 동요가 근본적으로 수습되기 전에 몽골족의 침입(1231~1270)을 받아 고려는 그 지배를 받게 되었다. 이러한 몽골 지배기에 사회의 개혁을 시도하였던 인물이 충선왕으로, 사림원을 설치하여 신진사대부(경제적으로는 중·소 지주층이며 향리 출신)를 등용하였으나 세력기반이 약하여 실패하였다. 원나라가 쇠약해질 무렵 공민왕이 반원정책을 추진하면서 전민변정도감을 설치하여 사회개혁을 실시하려 하였으나, 역시 원의 그늘에서 성장한 권문세족의 반대로 실패하고 말았다.

이 무렵 사회가 혼란한 데다가 이 틈을 타서 쳐들어온 홍건적·왜구의 침입으로 국가가 위기에 처하게 되자 국민들은 무인에 대한 기대가 커지게 되었으며 이러한 시기에 혜성과 같이 나타나 국민의 신망을 한몸에 모은 인물이 이성계였다. 그는 그 동안 지방에서 성장하고 있던 신진사대부(중·소 지주층)와 손을 잡고 위화도 회군(1388)을 통하여 결정적으로 군사권을 장악한 다음, 무력으로 권문세가를 타도하고 과전법(科田法 : 1391, 급전도감)을 실시함으로써 새로운 왕조의 경제적 기반을 마련하였다. 이렇게 해서 성립된 왕조가 조선이다(1392).

4. 밀도높은 한국문화를 창출한 근세사

　　조선왕조는 고려 말기 사회의 모순을 극복하고 외민족의 침입을 막아내자는 역사적 사명 위에서 성립되었다. 그 역사적 사명을 수행한 주체세력은 고려 후기에 성장한 중간계층(신진사대부)이었다. 이들은 성리학에 정통한 관료들이었다. 성리학은 철학과 윤리적인 면이 강조된 유학으로서, 고려 말의 몽골 침입 이후 정치철학의 빈곤과 윤리적 무질서를 극복하기 위하여 받아들여진 것이었다. 이 성리학은 조선에 들어오면서 국가의 강력한 정치·교육이념으로 대두되었다.

　　15세기(태종~성종)에는 제도의 개혁이 일단락되었는데 성종 때 『경국대전』의 완성이 이를 의미한다. 그리하여 민생을 안정시키고 민족의 자주성을 높여 민족문화의 황금시대를 맞이하게 되었다. 이 시기에는 민족문화의 정수인 훈민정음이 제정되었으며, 예술분야에서도 자기 개성을 지닌 진취적이고 실용적인 작품이 창작되었다. 또한 여말에 들어온 사라센 및 중국 과학기술의 영향을 받아서 천문·기상·역법·의학·활자 등의 분야에서 높은 수준의 기술문화를 이룩하고, 각 분야의 전통문화를 국가사업으로 정리하였다.

한편 15세기는 세습신분을 양인(良人)과 천인(賤人)으로 나눈 이원제 사회였다고 볼 수 있어서, 양인의 경우에는 국가에 대한 권리와 의무를 동시에 가지며 능력에 따라 사회적 지위를 높일 수 있었다.

그러나 16세기(연산군~선조)에 접어들어 양반이라는 세습신분이 형성되면서부터 사회가 재편성되기 시작하였다.

즉 16세기에는 사림(士林 : 왕도정치·향촌자치를 주장)이라고 불리는 새로운 정치세력이 등장하여 중앙의 훈구세력(勳舊勢力 : 패도정치·중앙집권을 주장)과 정치적 갈등을 일으켜 몇 차례의 사화(士禍)를 초래하였다. 거듭된 사화로 사림은 큰 타격을 입었으나, 그 세력은 점점 커져서 16세기 중엽에는 드디어 사림정권이 성립되었다. 사림이 승리하자, 이번에는 사림간에 갈등이 일어나 둘로 나뉘어 경쟁하기 시작하였다.

이는 조선사회 구조의 모순에 기인하는 것이었다. 왜냐하면 이들 세습신분으로 고정화된 양반들은 관료가 되어야만 비로소 사회적 지위를 확보하게 되며 과전(科田)을 지급받아 지주로서의 경제적 기반을 보장받을 수 있었으나, 양반의 수적 증가에 비하여 관직은 제한되어 있었고 토지 또한 한정되어 있어서 자연히 이들 사이에서는 분열이 일어날 수밖에 없었던 것이다.

그리하여 이들 양반들은 자기네들의 세력을 유지하기 위한 수단으로 서원(書院)을 세워 자기세력의 교육과 단결을 도모하고 향촌에는 향약(鄕約)을 만들어 농민을 통제하고 유향소(留鄕所 : 조선 후기는 향청)에 참여하여 수령을 견제하고 족벌을 만들어 척신의 위업을 높였으며, 각종 계(契)를 조직하였다. 한편 이러한 영향을 받아 성리학도 사화 이후에 주리파와 주기파로 분리 발전되고 있었는데, 이를 이이(李珥)가 집대성하였다. 이렇게 16세기에는 향촌 사림이 성리학적 원칙을 내세우면서 정치·사회·문화를 이끌어 도덕문화를 꽃피웠으나 성리학적 이상을 추구하는 과정에서 국방강화와 대외정책에 있어 효과적인 정책을 실시하지 못하였다. 더구나 집권세력의 양분으로 국력이 집약되지 못하였을 때 일본과 여진족이 우리를 침입해왔다.

일본의 침략으로 조선은 한때 곤경에 빠졌었으나, 수군(水軍)의 연승과 전국적으로 일어난 의병의 활약으로 왜군을 몰아냈다.

그 후 광해군 때에 전란의 피해를 복구하고, 명·청 교체기의 대륙정세를 이용하여 중립외교정책을 취하면서 부국강병의 개혁정치를 펴나갔다. 그러나 유교적 대의명분을 내세우는 사림들의 반발로 인조반정이 이루어지고, 친명반청(親明反淸)의 외교정책을 폈다. 그 결과 두 차례의 호란(胡亂)을 겪었다.

왜란과 호란의 양난을 겪는 동안 우리 민족은 자기 반성에서 오는 새로운 사회에 대한 희망과 발전에 대한 의지를 갖게 되었다.

임진왜란과 병자호란의 국난을 극복한 조선왕조 안에서는 현실에 대한 반성이 일게 되었고, 새 사회로의 방향을 찾으려는 움직임이 각 층에서 일어나게 되었다.

당시의 집권층인 서인벌열(西人閥閱)은 군사제도를 재정비하여 국방을 강화하고 재정문제와 민생의 안정을 위하여 세제를 개혁(인조 : 영정법, 광해군~숙종 : 대동법, 영조 : 균역법)하였다. 또한 이앙법·견종법 실시를 확대하고 수리시설을 확충하는 등 단위면적에서의 수확량을 높이려고 노력하였다.

이리하여 어느 정도 민생이 안정되고 국가수입이 늘어나게 되었으며, 새로운 영농기술의 보급으로 노동력이 감소되면서 수확량은 늘게 되어 한 사람이 넓은 면적을 경작하는 광작(廣作)이 이루어지는 등 적지 않은 사회변화를 가져오게 되었다.

그러나 이들 집권층의 개혁은 성공하지 못했다. 왜냐하면 당시 사회의 근원적인 병폐는 수취제도의 모순보다는 토지제도 자체에 있었으며, 농업을 위주로 한 산업체제에 있었기 때문이었다. 즉 당시 집권층인 서인벌열은 수취제도를 개편하여 중간 관리들의 부조리를 없애고 효율적으로 세금을 거두어 들임으로써, 국가재정을 튼튼히 하는 동시에 농민들의 부담을 줄이려고 하였다. 그러나 근원적인 모순인 지주-

전호제(地主 - 佃戶制)의 개혁에는 손을 대지 못하였다. 이는 그들 자신이 대지주였기 때문이었다.

한편 집권층의 이러한 노력은 사회변화와 연결되었다. 위에서 언급하였듯이 농촌에서는 광작이 보급되어 부농이 나타나는가 하면, 토지를 잃은 소작인은 유랑민이 되어 도시의 외곽지대로 흘러가 행상을 하며 연명하기도 하고 화전민이나 광산 노동자로 전락하기도 하였다. 또 대동법의 실시로 공물 청부업자인 공인(貢人)이 나타나서 조선 후기 상공업 발달을 촉진시키게 되었으며 이러한 상황 속에서 도매상인이 출현하고 금속 화폐가 전국적으로 유통되었으며 청·왜 등과의 무역도 활발해지게 되었고, 독립 수공업자도 발생하게 되었다. 이러한 움직임은 근대 지향적인 사회로 성장해가고 있음을 말해주는 징후들이었다.

그러나 집권층은 이러한 사회변화를 발전적인 방향으로 수습해갈 수 있는 구심점이 되지 못하였다. 이들은 오히려 자유상공업을 억제하려 하였으며, 성리학적 지도이념 아래에서 조선 초기의 농본사회체제를 유지하려 하였던 것이다. 결국 이들의 개혁은 실패하였고, 궁핍한 재정에 쫓긴 나머지 최고 신분인 양반을 파는 일도 서슴지 않게 되어 (納粟策) 사회 신분질서의 혼란을 초래하게 되었다.

이들에 반하여 재야세력은 부국강병과 민생의 안정을 지향하는 근원적인 개혁안을 내놓았는데 이것이 곧 경세치용학파(중농학파)의 토지제도 개혁을 통한 이상국가 건설 이론이며, 이용후생학파(중상학파=북학파)의 상공업과 기술의 육성을 통한 부국안민론이었다. 이러한 학문을 실학이라 부른다. 실학은 성리학적 지도이념의 한계성이 노출되면서 자기 전통에 대한 반성과 극복의 길이 모색되고, 서양 문물의 전래와 함께 새로운 창조의 기운이 움트기 시작하는 사회 분위기 속에서 일어났다. 실학은 유교주의적 기반에서 완전히 벗어나지는 못하였으나, 당시 사회의 모순을 구체적으로 지적하고 그 대안을 제시한 근대 지향적인 학문이었다. 그러나 이들 주장은 집권층의 무관심으로 초야에 묻히고 말았다. 이는 정약용이 전남 강진으로 유배되어 18년간이나 귀양살이를 한 것으로 미루어 보더라도 알 수 있는 일이다. 한편 실학의 영향으로 예술활동에 있어서도 종래 양반 중심에서 점차 평민들의 참여가 활발해지고 자기 것에 대한 추구열이 높아지게 되었다.

영·정조시대에 이르러 강력한 왕권을 바탕으로 약간의 개혁을 시도하였으나 근본적인 사회혁신(실학파의 주장)은 이루지 못하고 말았다. 가장 대표적인 예로 영·정조 때에 실시한 탕평책은 각 파를 무마하기 위한 임시조치였을 뿐, 근원적인 문제(경세치용학파, 이용후생학파의 주장)를 해결할 수 없는 것이었다. 그러므로 19세기(순조 이후)에 접어들면서 왕권이 약화되자 극심한 노론일파의 세도정치(사화의 세련된 형태가 당쟁이라면, 당쟁이 고질화된 단계는 세도정치라 부를 수 있다)를 맞게 된 것이다. 그리하여 이 시기에 이르러 삼정(田政·軍政·還穀)의 문란은 극에 달하였다. 이에 정부에서는 암행어사를 파견하고 삼정이정청(현재의 세제개혁위원회에 해당)을 설치하여 이를 시정하려 하였으나 역시 같은 이유로 실패하고 말았다. 이에 농민들은 자신의 문제를 스스로 해결할 수밖에 없게 되어 서로를 돕기 위한 계(牛契·農具契·堤堰契·軍布契 등)를 조직하게 되고 굶주림을 메우기 위하여 구황식물(감자·고구마)을 재배하기에 이르렀다. 이제 국가재정과 농민경제는 파탄상태에 직면하게 되었다.

한편 이전부터 진행되던 신분의 동요는 양반 중심의 지배체제에 커다란 위기를 초래하였다. 이러한 분위기 속에서 농민들의 의식이 점차 높아져 곳곳에서 적극적인 반항을 시도하는 민중항쟁이 발생하였다.

이때 밖으로부터는 천주교와 함께 서양세력이 위협을 주게 되었다. 이러한 혼란 속에서 농민들은 새로운 정신적 위안을 찾고자 하여 종교계에 새 기운이 일어나게 되었는데, 천주교의 보급과 도교의 유행이 그것이었다. 한편 대내적 혼란과 대외적 위험을 극복하고자 민족적이고 민중적인 성격을 띤 동학운동이 일어나게 되었다(1860).

5. 모진 시련을 극복한 근대사

대원군은 부국강병을 위한 개혁(서원 철폐, 의정부와 삼군부의 부활, 호포제·사창제의 실시 등)을 시도하였다. 그러나 그의 개혁도 역시 사회의 근원적인 모순을 해결하는 것은 아니었다. 그가 열망하던 것은 조선 초기(15세기)의 강력한 왕권에로의 복귀였을 뿐이었다. 단적인 예를 든다면 그는 당쟁이나 세도정치의 원인을 서원(書院)에서 찾았다. 그리하여 서원을 철폐하였다. 그러나 그는 서원의 폐단만을 보았을 뿐 '왜 서원이 성행하게 되었는가?'하는 근본적인 문제에 눈을 돌리지 못하였다. 그 이면에 도사리고 있는 (실학자들이 주장하였던) 사회·경제적인 모순을 찾아내지 못하였던 것이다. 그는 결국 '조선 초기로 돌아가자'는 공허한 슬로건을 남겼을 뿐이다.

이렇게 또 한 번의 개혁의 기회를 상실한 조선왕조는 끝내 자체 내에서 사회개혁의 출구를 찾지 못하고 말았다.

때마침 이 시기는 산업혁명이 완료되어 근대국가로 성장한 서양세력이 동양으로 침투하고 있었다(西勢東漸). 구체제의 아시아국가들은 그들 앞에서 잠시도 지탱하지 못하였고, 동남 아시아 곳곳은 유럽제국의 식민지로 되어갔다. 최후까지 버티었던 청(淸)도 19세기(1840년 아편전쟁 이후)에 들어오면서 결국 비참하게 패배하여 반식민지화의 길을 걷게 되었을 때였던 것이다.

우리나라도 예외가 아니었다. 이를 간파한 최제우는 서학에 대응하기 위하여 동학을 개창하였다(1860). 이는 우리 역사에서 민족 주체적으로 봉건의 틀을 깨고 근대의 큰 획을 그은 분기점이 되었다. 이후 동학은 반외세, 반봉건 항쟁을 줄기차게 전개하여 민족운동의 구심을 이루며 근대사 진행에 견인차가 되었다. 그럼에도 불구하고 우리나라는 비록 서양세력에 침식되어 반식민지화는 안되었으나 병자호란 이후 종주국으로 행세하고 있었던 청과 메이지유신(明治維新 : 1868)으로 급속히 근대화의 길을 걷고 있었던 일본, 그리고 피요트르 대제 때 청의 강희제와 네르친스크 조약(1689)을 체결하면서부터 부동항을 얻기 위한 남하정책을 꾸준히 시도하고 있었던 러시아의 쟁탈지로 전락하게 되었던 것이다. 이는 어떤 의미에서 또 하나의 불행이 겹친 것이었다.

대원군에 의해 굳게 닫혀졌던 우리의 문호는 그의 실각과 함께 1876년 일본에 처음으로 개방되었다(강화도조약, 이어 1882년 미·영·독, 1884년 러·이, 1886년 프랑스). 이후 일본세력이 우세하게 되었으나, 1882년에 일어난 임오군란은 뜻하지 않게 청 세력의 진출을 초래하고 동학농민전쟁이 발단이 되어 일어난 청·일전쟁(1894~1895)이 발발될 무렵까지 청의 우위는 지속되었다. 이 기간중 청의 세력을 축출하기 위하여 우리의 개화세력(김옥균·박영효 등)이 일본과 손을 잡고 1884년 쿠데타(갑신정변)를 일으켰으나 실패하였다.

일본은 청·일전쟁을 승리로 이끄는 동시에 갑오개혁(1894~1895)을 수행하여 식민지 쟁탈의 기틀을 마련하였으나 이번에는 러시아의 도전을 받게 되었다. 삼국(러·독·프)간섭에 의한 친러내각의 형성(1895. 8, 이완용·이범진 입각)이 그것이었다. 이에 일본은 미우라를 파견 을미사변(명성황후 시해사건, 1895. 10)을 일으켜 대항하게 되었고, 다시 러시아는 아관파천(1896. 2)으로 맞서게 되었다.

이러한 일본과 러시아의 각축은 드디어 러·일전쟁(1904~1905)으로 터져나왔고 여기에서 일본이 러시아의 발틱함대를 격파하고 승리함으로써 조선은 이제 남은 형식적인 절차를 밟아 일본의 식민지로 떨어지고 말았다(1910년 8월 경술국치).

그러나 이 시기의 흐름을 이해하는 데 있어서 간과할 수 없는 중요한 사실은 개항 이후 외세의 침략에 대응하는 우리 민족의 애국운동을 파악하는 일이다. 이 운동은 크게 세 갈래로 구분되는데, 북학파 실학사상에 기반을 두고 외국문물을 받아들여 근대화를 해보려는 개화운동, 전통적 유교문화를 고수하려는 위정척사운동(개항반대운동 : 이항로·최익현, 개화시책 반대운동 : 이만손·홍재학), 그리고 농민이 주체가 된 동학운동이 그것이다.

이 세 갈래 운동은 서로 대립되어 자주나 개혁을 뜻대로 이루지 못하고 오히려 거꾸로 외세에 이용당하기도 하였으나, 우리의 개화과정에 있어서 각각 중요한 몫을 차지하는 것은 누구도 부정할 수 없는 사실이다. 왜냐하면 이들의 목적은 하나같이 순수한 애국정신에서 비롯되었기 때문이다. 이 애국운동들이 청·일전쟁 이후 차츰 하나로 합류되면서 구국운동으로 발전하게 된 것으로 미루어 보더라도 알 수 있는 것이다.

일본은 1910년부터 1919년까지 헌병경찰정치를 감행하여 한국에 대한 지배권을 다졌다. 그러나 한민족은 이와 같은 질곡상태에 굴하지 않고 세계사상 유래가 없는 전 민족적인 3·1민주혁명에 횃불을 높이 들었다.

6 . 격동 속에 약진하는 현대사

일제는 열화와 같은 3·1민주혁명에 부딪쳐 표면적인 호도책으로 문화정책을 표방하였다. 그러나 실질적으로는 그들이 의도하는 식민정책을 전혀 누그러뜨리지 않고 더욱 강화해 나갔다. 그리하여 1920년부터 1930년까지는 본격적인 경제적 착취(산미증산정책·공업화정책)에 나서서 우리나라를 원료공급지화, 상품시장화 하였으며, 1931년 만주를 점령하면서부터는 대륙침략을 획책하여 마침내 태평양전쟁(1941)을 일으켰으니, 이 무렵부터 1945년 패퇴하기까지 그들은 우리 민족의 말살(창씨 개명, 한국어 폐지, 신사참배, 황국신민서사 강요, 징병, 징용 등)을 노리는 악랄한 정책을 행하였다.

이에 맞서 우리 민족은 헌신적으로 독립항쟁에 나섰다. 3·1민주혁명은 민족성원 저마다에 독립에 대한 커다란 자신감을 안겨주었다. 드디어 3·1민주혁명이 결실을 맺을 수 있도록 구체화시키기 시작하였다. 우선 무엇보다도 정부의 수립이 긴요하였다. 이에 발맞춰 임시정부를 수립하려는 움직임은 3·1민주혁명을 전후로 한 시기에 이미 민족지도자와 종교인 사이에 싹트고 있었다. 상해 중심적인 임시정부 수립 계획 외에도 천도교인이 중심이 된 국내외 5개처에서도 임시정부가 수립되었거나 될 단계에 있었다. 그 가운데 가장 조직적이고 민중적 지지와 합의를 바탕으로 하여 세워진 임정은 상해와 러시아 영토, 그리고 서울 지역에 수립된 임시정부였다. 이에 정통정부의 성립이 중요과제로 등장하여 어느 정부가 유일정부로서의 정통성을 획득할 것인가가 큰 문제로 부상되었다.

이 과제를 국민의 여망 속에 풀어나간 임시정부는 상해임시정부가 주체가 되었다. 즉 시베리아에서 선포된 노령정부(露領政府)와 서울에서 선포된 한성정부를 1919년 9월까지 흡수통합시키는 데 성공하였다.

이제 명실상부한 임시정부가 성립되었고, 이승만이 상해임정의 정식 대통령이 되었다. 한편 8장 25개조로 이루어진 임시헌법이 만들어졌다. 이 임시헌법은 그 후 환국까지 정치적·사회적 변화에 따라 4차의 개정이 이루어졌으나, 그 기본 이념과 체재는 그대로 유지되어 조국광복운동의 기본법이 되었다.

상해의 대한민국임시정부는 민족의 독립에 대한 여망에 부응하고, 공화제를 지향하는 세계사적 진운과 보조를 같이 한 대한민국 최초의 정통정부였다. 따라서 현대사의 기점은 여러 설이 있지만 3·1민주혁명이 타당하다고 보겠다. 임정 수립 후 약 80년의 경륜은 곧 우리나라 민주정치의 산 역사이며, 숱하게 명멸했던 800여 주역들의 공사간 애국애족의 열망은 바로 오늘날 대한민국의 초석과 원동력이 되었다.

임시정부는 국내외의 각종 항일운동 단체와 민족운동자를 규합·재조직하여 항일역량을 증대시키면서 1920년대의 모든 독립운동을 주도하였고, 1930년대 이후의 항일전선을 구축, 중국정부와 연계하면서 항일항쟁을 계속하였다. 이와 같은 활동 중 중요활동은 군사와 외교의 양면활동이었다.

임시정부를 정신적 지주로 하여 전개된 항일항쟁의 무대는 국내외가 따로 없었다. 다만 국내에서는 일제의 직접통치로 인하여 대체로 온건노선의 항쟁을 표방하였다면 국외는 무장항쟁 등 강경노선이 주류를 이루었다. 3·1민주혁명 후 국내에서는 소년운동, 언론운동, 야학운동 등 실력양성운동이 주류를 이루어 마침내 6·10만세운동, 신간회운동, 광주학생운동으로 표출되었다. 1930년대로 넘어가자 민중의 생존권항쟁과 반전항쟁으로 전개되었다. 이것이 발전되어 1940년대는 통일전선운동이 확산되니 1944년 8월에는 여운형을 중심으로 건국동맹이 결성되어 항일항쟁을 조직적으로 선도하였다.

국외에서의 항일항쟁은 처음부터 치열하였다. 의병전쟁의 전통을 계승한 서로군정서군, 북로군정서군, 광복군총영 등의 독립군은 1920년대 초 간도대륙 도처에서 혁혁한 전과를 올렸다. 이에 자신을 얻어 정의부, 신민부, 주만참의부로 통합되면서 1930년대 초까지 독립군의 항일전은 계속되었다. 그 후 1930년대 중반까지 외교활동 및 개인적 테러에 치중하던 독립운동 단체들은 중일전쟁을 계기로 민족주의운동 중심의 한국광복운동단체연합회와 사회주의운동 중심의 조선민족전선연맹의 양대 진영으로 나뉘어졌다. 1939년에는 한국광복운동단체연합회의 김구와 조선민족전선연맹의 김원봉은 전국연합전선협회로의 통합을 모색하였다.

윤봉길 의거 이후 상해를 떠나 중국 국민당정부의 후원 아래 남경, 항주, 가흥, 진강, 장사, 광동, 유주, 기강 등지로 전전하던 임시정부는 1940년 중경에 정착하였다. 임시정부는 자체의 노력과 장개석정부의 지원으로 위상이 점차 강화되었다. 이에 임시정부와는 대립관계에 있었던 민족전선연맹 계열도 1941년 임시정부에 합류함으로써 민족진영의 대동통합이 이루어졌다.

상설 무장부대의 창설도 실현되었다. 1938년 조선의용대가 무한에서, 1940년 한국광복군이 중경에서 창설되었다. 광복군은 조선의용대 잔류세력을 편입시켜(1942) 점차 부대의 면모를 갖추어갔다.

한편 공산주의자들에 의하여 1941년 화북조선청년연합회가 결성되었고 1942년 화북조선청년연합회는 통일전선적 성격을 강화하여 김두봉을 중심으로 화북조선독립동맹으로 발족하였다. 독립동맹발족과 함께 국민당지구를 탈출해온 조선의용대 화북지대 의용대원들은 일본군과 화남·화중지방 도처에서 격전을 벌였다.

1945년에 접어들면서 국외의 무장부대는 국내진공작전을 추진하였다. 중국에서 광복군은 미국 OSS 부대와 함께 국내침투를 위한 특수훈련을 받았다. 조선의용군은 국내 진공을 결정하고 출동준비에 착수하였다. 소련에서는 동북항일연군의 조선인 유격대원들이 조직한 조선공작단의 일부 진용이 8월 9일 이래 소련군과 함께 국경과 북한지방의 동북 해안으로 진격했다.

독립에 확신을 갖게 되자 임시정부, 재만한인조국광복회, 화북조선독립동맹, 건국동맹 등은 각기 독립국가의 건국방안으로 건국강령을 채택하였다. 강령은 구체적인 각론에서는 조금씩 달랐으나 보통선거에 기초한 민주공화국 수립, 민족반역자 처단, 토지국유화, 대생산기관 국영화, 남녀평등, 의무교육, 8시간노동 등 총론 분야는 대체적으로 의견이 일치하고 있었다.

한민족은 35년간에 걸친 민족적 시련을 극복하고 1945년 8월 15일 마침내 광복을 맞았다. 광복 직후 자주민주국가를 건설하려는 민족운동이 고양되었다. 그러나 미·소의 분할점령과 이념을 달리하는 정부가 38선을 분계선으로 남과 북에 각각 수립되어 국토와 민족이 분단되었다. 1950년 급기야 민족분단의 불안정을 토대로 한국전쟁이 야기되어 무고한 인명이 살상되고 한반도 전체는 초토화되었다. 뿐만 아니라 민족분단과 남북의 이질화는 더욱 심화되어갔다.

전쟁 이후 북한은 독자적 사회주의 건설을 추진하였다. 중·소 대립 이후는 더욱 강화하였다. 북한은 이러한 사회주의 건설과정에서 수령·당·인민의 삼위일체 주체사상을 확립하였다. 특히 최근 미·소 냉전체제의 해체, 동구 사회주의권의 급격한 몰락에다 대립 적대관계에 있는 남한이 소련·중국과 선린국교를 맺는 등 여러 가지 어려움에 처한 가운데 1994년 김일성이 사망하였다. 그 후 김정일이 부상하며 김일성의 주체사상을 계승시키고 있다.

전쟁 이후 남한은 민중에 의한 민주주의로의 발전이 거시적으로 계속되었다. 이승만정권이 점차 독재화의 길을 걷다가 1960년 4월혁명으로 붕괴되었다. 다음 해 5월 군사정변으로 출범한 박정희정권은 경제성장과 새마을운동에서 성과를 올렸지만 10월유신과 군사독재의 폐단으로 인하여 드디어 10·26사태로 종언을 고했다. 이때 군부는 국민의 민주화 갈망을 외면하고 12·12군사쿠데타로 안개정국을 연출하다가 5·17조치를 단행하였다. 이에 광주항쟁이 일어나자 신군부는 무장군인을 투입하여 무자비하게 진압하고 전두환 군사정권을 창출하였다. 그러나 민중은 저항을 계속하여 1987년 마침내 6월대항쟁으로 직선제개헌을 쟁취하여 여소 야대의 제6공화국을 수립하였다. 그러나 여전히 군사정권의 잔폐가 남아 있었으므로 1992년 선거혁명을 통하여 숙원이던 문민정부를 수립하였다. 김영삼 문민정부는 개혁·사정·세계화 등을 추진하여 국민의식을 고양하고 문명국가로 발돋움하는 데 분발하고 있다.

이렇게 보면 한국현대사는 갈등과 대립, 독재와 혼란의 악순환이었다. 그러나 그와 같은 격동 속에서 경제성장, 문화창달, 인권신장 등 꾸준한 발전을 거듭하였다. 한국현대사는 비록 외면적으로는 갈등과 대립, 독재와 혼란의 악순환을 거듭하고 있었지만 그 내부에서는 민중이 주체가 되는 자유가 좀더 확대되고, 좀더 인간답게 삶을 영위할 수 있도록 인권이 신장되고 있었던 것이다.

따라서 민족적 과제인 개혁과 통일도 한국사의 생동적인 진행과정으로 보아 희망적이다. 우리에겐 민족적 시야에서 진취적이고 통일지향적인 관점으로 오늘을 살도록 요망되고 있다. 남과 북의 주민이 유구한 민족문화에 바탕을 두고 통일지향적 삶을 산다면 통일은 시간문제일 뿐 기어코 우리시대에 달성될 것이다.

제 5 편

오늘의 문제를 반추하며

1. 언어문화의 발전을 위하여

가을 하늘이 높고 푸르다. 도서실과 강의실은 학구열로 가득차고 운동장에서는 체력단련으로 젊음을 드러낸다. 문화의 달인 10월은 이처럼 우리들에게 알찬 계절이다.

이 달에 우리는 자세를 가다듬어야 할 일이 하나 있다. 그것은 언어문화 발전을 위한 우리들의 자세인 것이다. 10월 9일은 민족문화의 저력을 상징하는 한글국자화를 기리는 538주년 한글날이었다.

돌이켜 보면 한글은 태어날 때부터 민족의 글이요, 민중의 글로서 평등의 글이었다. 그것은 반포 당시 한글을 가리켜 민중을 훈육하는 바른 글 즉 훈민정음이라 지칭한 데 잘 함축되어 있다. 따라서 한글은 특권의식을 가진 한문 중독의 지배계층으로부터 언문으로서 소원될 수밖에 없었다.

실로 한글의 발전사는 민중의식의 성장사와 그 궤도를 같이 하는 것이었다. 연산군의 비행을 비판한 글이 한글이었고, 홍길동의 의협심이나 성춘향의 사랑을 예찬한 글이 한글이었다. 그리고 기우는 국운을 바로 잡고자 애국충정을 토로한 글이 독립신문의 한글이었다. 이처럼 한글과 민중의식의 발전은 상호보완적인 것이었다.

이를 발전적으로 계승하여 우리 대학신문을 비롯한 대다수의 대학신문들은 한글문화의 기수답게 한글 가로판으로 편집한 지 오래이고, 대부분의 서적들도 한글 가로판으로 펴내고 있다. 다만 시중의 일간지들이 국·한문 혼용의 세로판으로 나오고 있으나 이들의 한글 가로판도 시간문제인 것이다. 각 신문들이 한두 면을 할애하여 한글 가로판을 짜기 시작하였고, 신문사의 의도가 별로 작용하지 못하는 광고분야는 아예 한글판으로 거의가 인쇄되어 있음은 시사하는 바가 크다. 이로써 역사는 한글문화의 창달쪽으로 도도히 흘러가고 있음을 간파할 수 있는 것이다. 현재 사용되고 있는 전화가입자 명부조차도 거의가 한글로 쓴 이름을 선택하고 있고, 숱한 거리의 간판도 한글로 적어 놓은 것을 볼 수 있다. 우리는 유신시절에 광고탄압을 받던 어느 신문에서 그 신문이 독자들에게 보내는 호소문을 자주 본 일이 있는데 그때마다 그 호소 내용이 한글로 쓰여 있는 경이로움을 발견했다. 이는 민중에게 호소하여 민중의 능동적인 도움을 얻는 데 한글 표기의 논조가 갖는 힘을 십분 활용하고자 함이었다.

우리는 이토록 커다란 위력을 발휘하는 한글시대로의 도약이 갖은 고초를 무릅쓰고 한글연구에 신명을 바친 일제하의 한글학자들의 공로임을 익히 알고 그분들의 공적에 감사해야 한다. 이 고마움의 표시는 우리 모두가 동참하여 이루는 한글문화 지향에서 나타내야 한다.

혹 나는 무분별하게 외래어를 남용하지는 않는가? 나의 복장에 치졸한 외래어를 표기하고 활보하지는 않는가? 나는 상스러운 언어를 천연덕스럽게 표현하지는 않는가? 등등을 자성하고 우리의 일상언어를 갈고 닦아 아름다운 우리 언어를 사용함으로써 대학문화의 교양과 품위를 높여야 한다. 나아가서 우리 언어를 바탕으로 한 우리 민족문화 창달에 이바지하려는 자세를 의연히 갖춰야 한다. 그리하여 우리가 주인으로서 한글 사랑의 신성한 권리와 의무를 다해 우리 언어를 자자손손 길이 빛내도록 하자.

(『한양여대신문』 47, 1984년 10월 15일자)

2. 진실에 바탕을 두고 자성할 때

한 인간의 생애 중 대학생활 기간은 한 생애의 가장 활기 넘친 시간대이다. 인생의 방향이 바로 이 시간대의 생각과 마음에 따라서 좌우된다. 대학생들의 생각과 마음은 대학생활의 나날을 지배할 뿐만 아니라 미래 그들이 역사의 주인공이 되었을 때에 스스로의 운명과 사회와 국가의 나날을 지배하게 된다. 이처럼 오늘날 대학생들의 생각과 마음은 우리의 미래사를 엮을 매우 소중한 씨앗이 되는 것이다.

우리나라 속담에 '콩 심은 데 콩 나고 팥 심은 데 팥 난다'는 말은 만고의 진리이다. 콩 심은 데 팥 나지 아니하고 팥 심은 데 결코 콩은 나지 않는다. 따라서 마음을 아름답게 하기 위해서 사색 등으로 정화하면 천사의 인상을 모든 사람에게 줄 것이다. 마음이 올바르면 자연히 그것은 얼굴에 나타나기 마련이다. 찡그린 얼굴 잘난 것이 없고 웃는 얼굴 못난 것이 없다. 그것은 독재자 히틀러와 민주정치가 링컨의 얼굴을 비교해보면 잘 드러난다. 유태인 학살의 흡혈귀 히틀러는 그의 총통 재임시 웃는 얼굴을 보이지 않았다. 그는 못생긴 얼굴은 아니었다. 그러나 그의 얼굴을 잘났다고 보는 사람은 없었다. 히틀러에 비해 링컨은 어떠한가. 그는 어린이의 따스한 충언까지 받아가며 야윈 얼굴에 수염을 길렀고, 인자하게 웃는 얼굴을 만민에게 보였다. 그는 미남이 아니었다. 그러나 그는 전 세계의 만인이 우러러보는 훌륭한 인물이 되었다. 노예해방을 단행한 그를 아무도 못생겼다고 생각하지 않았다. 늘 미소를 머금은 링컨 대통령은 진정 잘난 얼굴의 주인공이었다.

그런데 우리는 지난 8월을 어떻게 보냈던가. 더위도 잊은 채 여름을 보내지 않았던가. 그것은 조국의 희망인 일단의 건장한 젊은이들이 폭력집단을 이루고 갖은 흉기로 살인행위를 자행한 끔찍한 사건때문이었다. 주범이 체포되어 압송되어 오는 도중에 그는 기자들에게 '사무라이처럼 살아간다'고 태연자약하게 말했다. 참으로 경악을 금치 못할 일이었다. 이제 우리는 모두 함께 차분히 자성해야 될 것이다. 여하한 명목으로도 살인행위는 용납될 수 없는 것이다. 또한 사무라이처럼 살다가서도 안될 것이다. 이 시간에 우리들이 할 일은 우리 대학의 교훈인 '사랑의 실천'을 마음 속 깊이 새삼 다져 두는 것이다.

생각은 행동이 되고, 행동은 습성을 만들고, 성품은 인생의 운명을 결정한다. 불행하다고 생각하는 사람은 불행하고, 행복하다고 생각하는 사람은 행복만이 다가온다. 사랑을 외면하는 사람은 불행을 자초하는 사람이고, 사랑을 실천하는 사람은 행복을 불러들인다.

보라! 조국을 지성으로 사랑하던 화랑들은 나누어져 있던 조국을 통일시키고 민족의 번영을 촉진시키지 아니했던가. 자기의 인생은 물론 민족의 건전한 양심마저 좀먹는 폭력배 사무라이처럼 측은하게 살다 갈 것이 아니라 '나는 화랑도처럼 살다 간다'는 믿음직스러운 기상을 가다듬어야 할 것이다. 멀리 김유신, 관창을 예로 들 것도 없이 가까이 안중근, 김마리아, 유관순, 윤봉길, 윤동주, 강재구 등의 생애를 보면 숙연해질 따름이다.

우리도 이들을 귀감삼아 마음에 좋은 씨앗을 심자. 모든 것을 인정하는 것만이 존재할 수 있다. 생활의 형태는 마음으로 그린 것만이 형성된다. 모든 사람들에게는 무한한 가능성이 있다. 말은 생각하는 대로 하게 된다. 모든 지성은 품성을 높이는 사람의 심신을 아름답게 만든다.

착한 생각, 아름다운 마음은 착한 행동을 일으키고, 기쁜 나날을 맞이하여 아무리 크고 어려운 일에도 피곤함이 없다. 인생살이는 누구나 흐르는 계절에 따라 즐겁고 행복할 수 있다.

진실에 바탕을 두고 바른 마음으로 할 일을 생각하고, 바른 마음으로 나날의 일을 실행하면 그것이 곧 성공한 인생이다.

진실에 바탕을 두고 사랑을 실천하는 마음은 대학생 여러분의 생애를 바르고, 굳세고, 총명하게 만들 것이다. 그리고 지구촌에서의 한국인의 위치를 세계인의 참된 모범으로 격상시킬 것이다.

(『한양여대신문』 62, 1986년 9월 15일자)

3. 학문공동체의 재건을 위하여

사슴양들의 보금자리인 행원뜨락에 새봄과 더불어 새학기가 어김없이 찾아왔다. 이에 발맞추어 1학년 학생들은 2학년으로 진급하고, 1학년 자리에는 새로이 1천 6백여 명의 꿈많은 사슴양들이 찾아와 다시금 3천 2백여 명의 사슴양들로 학문공동체를 재형성하게 되었다. 이들 3천 2백여 명의 사슴양들은 한 명 한 명 일회적인 지존의 인격체로서 앞으로 한 생애에서 가장 생기넘치는 1년 내지 2년을 행원뜨락에서 생활할 수 있는 축복을 받았다. 진리에 목마른 숱한 젊은이 중에서 그 갈증을 풀 수 있는 기회를 잡았다는 것은 참으로 선택받은 축복이다.

그렇다면 주어진 재학기간에 무엇을 하면서 보내야 할 것인가는 자명해진다. 진리를 추구할 수 있는 이상을 설계하고 그에 준하여 변용하며 캠퍼스생활을 한다면 그 자체로서도 이미 커다란 행복임에 틀림없을 것이다.

그러나 대학생활이 반드시 행복만이 넘치고 있는 것은 아니다. 예민한 감수성과 지성의 고민을 가졌기 때문에 사슴양들 자신의 아픔은 생겨나는 것이다. 사슴양들은 순수하기 때문에 현실 속에 뿌리박혀 있는 부조리를 누구보다도 뼈아프게 인식할 것이다. 그리고 인식에 머무르지 않고 인식한 부조리를 극복하고자 사유하게 될 것이다. 바로 이때 새로운 지혜가 잉태하게 됨을 체험할 것이다. 그리하여 모순을 극복할 수 있는 능력만이 역사발전에 보탬되는 참다운 지식이 됨을 터득하기에 이를 것이다.

실로 삶은 좌절과 극복의 연속이다. 이와 같은 생동성이 삶의 내적인 의미이다. 그럼에도 불구하고 모순극복에 좌절한다면 우리들은 문화창조 능력이 있다고 볼 수 없다. 따라서 대학인들은 문제를 해결하는 데 있어 서두르지 말고 쉼없이 연마해야 할 것이다. 마치 시지프스 신화처럼.

더욱이 우리가 대면하는 부조리들은 하루 아침에 극복할 수 있는 성격의 것이 아니다. 이를테면 남북분단문제, 공해문제, 인구문제, 빈부격차문제, 인권문제, 학원문제, 교통체증문제 등이 그러하다.

지금 우리 민족은 이처럼 산적한 어려움 속에서도 우리의 뼈에 사무친 전통적인 가난을 탈피하기 위하여 모두의 힘을 모아 집중적으로 산업화를 가속화시키고 있다. 이것은 산업사회의 향상된 생산력이 인간해방을 위한 계기를 마련해주는 것이라고 믿기 때문이다.

다만 피상적이지만 우리가 원하는 것에 반하여 산업화로써 ‘얻은 것은 물질이요, 잃은 것은 정신’이라는 통념은 크게 우려되는 현상이다. 이는 모순을 극복하려다 또 하나의 모순에 직면하게 되기 때문이다. 따라서 재생산되는 모순들을 계속해서 극복해 나아가는 역량이 민족의 성원들에게 요구되는 것이다.

이러한 때에 시기적절하게 사슴양들이 행원뜨락에서 연마하는 덕성 있는 중견기술인을 지향하는 갈구는 스스로의 긍지를 품기에 족할 것이다.

이토록 사슴양들에게 모순을 극복하는 역량을 키워달라고 주문하는 것은 미래의 주인공으로서 기대를 걸고 있기 때문이다. 여러분은 그 때문에 더 배워야 하고, 자아형성의 인격도야를 위하여 더 진력해야 하겠다. 배움의 자세가 확고부동하여 초롱초롱 그 의지가 빛날 때 조

국의 앞날이 어찌 밝아오지 않겠는가? 힘이 있을 때, 능력이 있을 때
만이 유연한 자세가 되는 것이다. 그때에 가서야 진정한 용서도 가능
한 것이고 새로운 호혜평등의 국제관계도 나타나는 것이다.

봄인데도 꽃샘추위인지 날씨가 싸늘하다. 사슴양들은 행원뜨락에
자리잡은 진리의 전당을 모름지기 최대한 활용해주기 바란다. 사슴양
들이 게을리 학업에 임한다면 사슴양 본인과 나아가서 우리 겨레의 장
래에는 배상할 수 없는 손실이 올 것이다.

사슴양들이여! 오늘은 대학생 본연의 임무인 진리를 추구하는 학업
에 전념하라! 그렇게 하는 것만이 미래의 조국을 위해 의미있는 사회
질서를 구축하는 지름길이 되는 것이다. 별을 노래하는 마음으로 진리
추구에 정진할 것을 거듭 당부한다.

(『한양여대신문』 66, 1987년 3월 16일자)

4. 『국사』 교과서 개편에 기대한다

민족사의 입장에서 중·고교『국사』교과서를 대폭 개편하는 것은 일본 교과서의 사실 왜곡에 비추어서도 당연한 일이다. 그 동안『국사』교과서는 부단히 수정돼 왔지만 식민사관의 잔재가 아직도 곳곳에 남아 교육현장에서 우리의 역사를 가르치는 데 어려움이 많았기 때문이다.

새학기부터 사용될 개편『국사』교과서는 지금까지의 불투명한 사관을 탈피, 민족주체사관의 입장이 강조되고, 자주적·능동적 서술 형태를 갖게 되면 일선학교 교육에서의 어려움은 상당히 줄게 될 것 같다. 그 동안 모호하거나 사실의 주체가 애매하기조차 했던 부분이 명료하게 재정리될 것을 기대한다.

우선 종래의 '민족이동설'이 '민족분포설'로 바뀔 경우, 주체적 입장에서의 한국사교육은 그만큼 쉬워진다. 현행 교과서는 50만 년 전부터 한반도에 사람이 살기 시작했다고 기술하면서도 신석기·청동기시대를 거치는 과정에서 북방으로부터 세 갈래로 한반도에 이주해온 민족의 이동을 강조하여 모순이 있었기 때문이다.

이는 최근 전곡리 등에서 얻은 구석기시대 유물발굴의 성과로도 타당한 결론이겠지만, 우리의 조상이 50만 년 전부터 한반도는 물론 회하(淮河)·요하(遼河)·간도대륙 일원에 살고 있었다는 사실은 민족의 주체성이나 자주성에 대한 긍지를 갖는 데 중요한 요인이 되기도 한다. 이번 『국사』교과서 개편에서 얻은 가장 큰 소득이라고 볼 수도 있다.

사실 서술의 용어도 자주적인 입장에서 모두 수정됐는데, 이는 단순한 용어의 문제가 아니라 역사를 보는 안목에 큰 영향을 미칠 것으로 보인다.

가령 고대사에서 우리 조상의 활동무대였지만 지금은 중국의 영토로 되고만 랴오둥·지린·쑹화강 등이 요동·길림·송화강 등 우리 발음으로 풀이된다는 것은 단순한 음운 이상의 뜻을 갖는다.

광개토왕을 광개토대왕으로 바꾸고, 헤이그 밀사를 헤이그 특사, 고종을 고종황제, 민비를 명성황후로 고치는 것은 너무도 당연한 것으로 보인다. 이번에 개편되는 교과서는 일본에 대한 명칭도 고대나 중세사에서 우리를 괴롭힐 때에는 왜(倭)라고 쓰고, 지리적 표현이나 우호관계에서는 일본으로 표기한 것도 주목된다.

대일 관계사는 대폭 강화됐다. 우리의 선사시대 문화가 일본에 준 영향을 자세히 밝혀 특히 일본과의 관계에서 우리의 역사인식을 바로 잡으려 했다. 1910년 일본에 주권을 빼앗길 때의 상황, 일제에 저항한 민족독립과정이 소상하게 적시돼 민족적 긍지나 독립심 교육에 크게 도움을 주려 한 것 같다.

다만 지나치게 민족주체사관을 강조한 나머지 아직 정설로 굳어지지 않은 학설을 취한 부분도 없지 않은 것 같다. 예컨대 단군기록을 『삼국유사』를 인용, 객관화해 놓고 다시 주를 달아 건국신화로 설명하는 것은 중·고교 단계에서는 이해에 혼란을 줄 우려가 없지 않다.

오히려 사육신 문제에 대해서는 논쟁의 여지가 많아 다음에 내용을 확정할 때 재검토한다고 밝히고 있는데 이는 엄연한 사실일 뿐 아니라 교육적으로 큰 뜻을 갖는 역사의 한 부분을 제외시키고 있다는 비판을 면하기 어려울 것 같다. 사육신에 대한 기술은 당연히 교과서의 중요한 한 부분으로 취급되어야 할 것 같다. 우리 민족의 절개나 의기가 두드러지게 드러난 엄연한 사실이 논란의 여지가 있다는 이유로 제외될 수는 없기 때문이다.

이처럼 쟁점의 여지가 있는 문제들을 설득력 있게 정리하고, 그 결과를 교과서에 반영할 수 있도록 하기 위해서도 앞으로 구성될 국사교육심의회의 활동을 크게 기대한다.

(『중앙일보』5334, 1983년 1월 4일자)

5. 일본은 우리에게 무엇인가

들어가며

최근 일본열도에서는 일본인들이 살아있는 신으로 섬기는 히로히토 국왕의 병세가 악화되어 오늘 내일하는 모양이다. 그러니까 벌써 꽤 오래되었다. 서울올림픽 개막 사흘째인 9월 19일에 그 사실이 알려지자 일본열도는 모든 면에서 '자숙'의 기류가 일기 시작하였다.

이때부터 궁성 앞에 진을 친 중계차량은 지금도 24시간 대기하고 있으며 국왕의 쾌유를 비는 사람들이 속출하기 시작했고 이들을 위해 서명록까지 비치됐다. 또 일본열도 곳곳에서는 행사가 취소됐다. 결혼 피로연, 국민학교 운동회마저 취소됐고 일본인이 좋아하는 도미나 바다가재를 먹는 일도 삼가하는 현상마저 나타났다. 가히 일본열도는 '자숙열도'로 가라앉았다. 이쯤 되면 '일본교'의 사제장격인 히로히토 국왕의 위력은 일본인들에게 절대적인 존재라고 볼 수 있겠다.

그러나 우리에게 있어서 히로히토는 누구인가. 그는 두말 할 것도 없이 우리나라를 핍박한 세기적인 원흉이 아니던가. 그래서 일찍이 애국열사 이봉창 선생이 김구 주석의 명을 받아 그를 응징하고자 투탄하였었다. 히로히토는 그때 처단됐어야 옳다. 그렇게 안된 이상 2차대전 후 전범재판에 의해 당연히 처형됐어야 했다. 그러나 그는 계속 국왕으로 그것도 이른바 '천황'이란 이름으로 참으로 오래도 살았다. 올해가 소화 63년이란다.

인간 히로히토, 그는 오욕의 천수를 다하고 있다. 이제야 비로소 과대망상의 생을 마감하고 있는 것이다. 이는 일본의 부담을 덜어주고 한·일관계의 새로운 지평을 위해서도 만시지탄이나마 다행 중 다행한 일이다. 그 동안 우리는 식민지통치의 사령탑이었던 그가 생존한 상태에서 그나마 정식의 사과 한 마디 못듣고 뼛속 깊은 원한을 삭일 수가 없었다.

지난 '83년 전두환 대통령의 방일중 그는 과거의 침략사를 '유감'이란 표명민으로 호도하려고 획책했다. 그 당시 우리 정부는 그 '유감'을 사과로 받아들였다. 참으로 어처구니없는 망연자실한 일이었다. 과거를 청산하는 새출발의 장에서 일본에게 임하는 우리의 자세가 이러고서야 어찌 민족자존에 도움이 될까 보냐.

이와 같은 실정에서 필자는 그들의 연호가 바뀔 조짐이 확실해지고 있는 요즘에 '일본은 우리에게 무엇인가'를 음미해 보는 것이 '한·일관계의 재조명'의 필연성으로 보아 시의적절한 주제라고 나름대로 의미를 부여하여 이 글을 쓰고자 한다.

서광은 가라쿠니에서

한국과 일본은 역사적으로 보아 친소관계가 거듭 교차해온 서로의 이웃이다. 일본열도는 원래 한반도와 연결되어 있었다. 신석기시대로 넘어갈 무렵 해진현상이 찾아오자 대한해협이 나타나면서 일본열도가 생성되었다. 이 일본열도 중 일본의 전진기지인 대마도는 부산에서 겨우 1백 리 길 남짓(43km)이며 똑딱선으로 세 시간이면 갈 수 있는 거리이다. 날씨 좋은 날이면 부산 용두산 공원에서 그 형체가 보이기도 한다. 이처럼 한국과 일본은 일의대수의 이웃인 것이다. 더욱이 일본으로선 지리적으로 가장 가까운 이웃이 한국인 것이다. 이로 인해 필경 역사와 문화의 깊은 관계를 좋건 싫건 맺어올 수밖에 없었다. 그런데 이 해협은 왜 그런지 먼저 풍랑부터 떠오른다. 이 해협에 거센 풍랑이 여러 차례 있었던 것은 사실이었다. 7세기 말에 백제부흥군을 돕는다는 미명 아래 내침한 일이 있었다. 13세기에는 몽골습래로 여몽연합군이 일본을 공격하였다. 14세기엔 왜구가 들끓었고, 이어서 여말에는 박위, 선초에는 이종무가 그들의 소굴인 대마도를 정벌하였다. 16세기 말엔 임진왜란의 파고가 밀려왔고, 금세기 전기에는 35년간에 걸친 일제의 강점도 있었다.

이처럼 뒤돌아보니 허구한 날 격랑만이 연속된 것 같지만 수천 년 역사에서 보면 격랑보다는 평온한 해협인 날이 훨씬 길었다.

아주 옛날 신석기문화의 전파로 인한 죠몬문화 탄생을 위시하여, 청동기문화의 전파에 의해서는 야요이문화가 성장하였다. 이 시기에 한반도로부터 수많은 사람들이 파상적으로 일본열도로 건너가 벼농사와 청동기문화를 전했으며 묘제와 종교까지 옮기었다. 일본열도 새 문화의 서광은 이렇듯 한반도에서 뻗어갔던 것이다. 그들이 신성시하는 이른바 '천황족'도 이 무렵에 건너간 동정족의 일족(도래인)임이 근자에 밝혀지기 시작했다. 즉 이토시마의 고인돌은 가라쿠니(한국)에서 날라온 것으로 알려졌고, 『고사기』에는 개국신화에 나오는 구시후루가 '가라쿠니를 향하여……아침 햇살이 잘 비치는 나라, 저녁놀이 비치는 나라이다. 그러므로 이 땅은 매우 좋은 고장이다'라고 서술되어 니니기노 미코토가 동정족임을 뒷받침해주고 있다.

또한 고구려, 백제, 신라, 가야의 사국시대에는 사국이 경쟁적으로 일본열도에 식민문화 건설에 박차를 가해 아스카·헤이안문화의 황금기를 꽃피웠다. 이때 왕인, 아직기, 단양이, 담징, 아좌태자, 노리사치계 등 일일이 헤아릴 수 없는 많은 조선인들이 건너가 그들의 스승으로서 크게 활약하였다. 이를 두고 동경대학의 이노우에(井上) 교수도 마치 메이지시대의 유럽문명 이식과 흡사하다고 『일본의 역사』에서 기술했다. 이 점에 관해서는 히로히토 국왕마저 6, 7세기경 귀국의 도움을 많이 받았다고 자인한 바 있다.

그리고 조선 전기와 무로마치(室町)시대와는 목면과 구리를 교역하는 돈독한 관계였고, 조선 후기와 에도(江戶)시대에는 그야말로 선린관계의 표본을 이루었다. 오늘날 볼 수 있는 「조선통신사행렬도」는 좋은 본보기이다. 그들 정권의 안정은 조선의 신임에 기반하였다.

이처럼 긴긴 시대에 평화적인 선린교류가 있었다는 것은 폄하하고 한·일관계를 늘 적대관계로만 파악하는 것은 시정을 요구한다. 이는 아마도 금세기의 치욕적인 역사에서 아직 헤어나지 못하고 올바른 관계정상화가 미흡한 데서 기인된다고 볼 수 있다. 여기엔 일본의 책임이 근본적으로 크다. 고대사에서의 임나일본부설·칠지도 조공설 날조와 광개토왕릉비 조작 등은 이제 백일하에 드러났는 데도 그들은 역사교과서를 통해서 아직도 계속 원초에서부터 왜곡하고 있는 것은 참으로 불행한 작태이다. 일본의 오늘이 있기까지의 원뿌리가 한국에 있는 데도 적반하장이니 그러고도 한·일간에 진정한 정상화를 바랄 수 있을 것인가. 백일몽을 깨고 일본이 극우화를 포기할 때 선린관계는 나타날 것이다.

우리는 인내심을 갖고 그때까지 가슴을 열고 기다릴 것이지만 그들의 본심을 기억하는 데에는 언제나 방심할 수 없을 것이다. 그것은 우리를 지키는 본질적인 방패라고 파악되기 때문이다.

경제신화와 한국의 추적

전후의 일본의 경제건설은 언필칭 경제동물이라고 지칭될 정도로 총력적이었다. 그들은 패전의 수모를 씻는 일로 군대가 해체된 상황에서 할 수 있는 최선의 길은 경제부흥이 무엇보다도 우선이라고 믿었다. 폐허에서의 재기에 그들은 수단 방법을 가리지 않았다. 심한 경우 국익에 보탬이 된다면 약혼녀가 점령군에게 몸을 의지하는 것조차 묵인되었다.

바로 그 무렵 한국전의 발발은 메마른 땅의 단비였다. 이미 중일전쟁, 태평양전쟁 등 침략전쟁에서 익힌 군수물자 생산의 노하우는 일본열도를 단숨에 미국의 한국전 전초기지로 변모시켜 전후 재건에 더없는 호기를 제공하였다. 이어서 월남전에서 다시 한번 재미를 보았다.

거기다가 한국의 경제계획에 편승하여 그들의 노후설비나 공해설비를 떠맡기며 계속적으로 부를 축적해 나갔다. 일본의 자본과 기술은 한국의 노동력과 결합되어 한국의 경제건설에 일정한 공헌을 하며 한ㆍ일유착의 보람을 만끽하면서 급기야는 미국시장을 점차 일본 상품의 시장으로 바꾸어 나갔다. 비록 일본은 '40년대엔 군사적으로 미국에게 정복당했지만 '70년대로 넘어오자 경제적으로 반대현상을 나타내어 대미무역에서 흑자국가로 변모되었다.

이같은 현상이 '80년대엔 우리에게도 나타났다. 그러나 우리는 대미무역에서는 흑자폭을 넓혀갔지만 대일무역에서는 적자폭을 좁히지 못했다. 그러나 일본은 이제껏 우리를 그들의 돈벌이에 더없는 파트너로 기특하게 생각해왔으면서도 더이상 기술제공을 꺼리게 되었고 어느새 라이벌 관계로 간주하기 시작하였다. 더욱이 중국대륙이라는 시장을 놓고 치열한 경쟁이 예상되고 그들의 독무대라고 구상했던 시베리아 개발계획도 서울올림픽을 계기로 차질을 빚을지도 모른다는 우려의 징후를 전망하기에 이르렀다.

하지만 일본의 경제력은 현재 미국을 압도하기에 이르렀거니와 첨단기술에서의 발전은 더욱 독보적이다. 일본은 이미 세계 10%의 부를 점거한 것으로 진단되고 있다. 한국은 이제 1%의 부를 겨냥함으로써 세계 10위권에 진입중이다. 그러나 서울올림픽 4위라는 개가는 한국인에게 자부심을 심기에 족했고, 반대로 일본의 14위는 그들의 심기를 불편하게 했다. 이런 마당에서 시베리아의 개발권 문제는 서로 양보할 수 없는 한 판의 접전이 될 수밖에 없게 되었다. 그러나 우리에겐 취약점이 많다. 아직은 일본에 비해 기술과 자본이 열세인데도 부의 균형마저 부익부 빈익빈의 편중현상으로 근로자들의 사기가 저하되고 있다. 일본의 상위계층 20%와 하위계층 20%의 부의 비율이 2.7 : 1에 비해 우리는 17 : 1이라는 악조건으로 도처에서 노동쟁의가 빈발하고 있다.

일본은 경제건설에서 신화를 창조하면서도 부가 골고루 돌아갔다 이는 지도자들이 국익의 차원에서 건박질소한 생활자세를 견지하였고 이를 신뢰하는 국민들이 따라준 결과라고 보겠다. 아무튼 우리는 정통성 없는 정부가 정·경유착하여 5공비리를 낳은 처지에서 볼 때 일본의 자세는 마땅히 귀감으로 삼아야 할 것이다.

그러나 우리나라는 밑으로부터 민주화의 불이 붙어 젊은이들이 그 열기에 휩싸인 것은 진정한 경제건설에 예광탄이라고 볼 수 있겠다. 이는 일본사회의 봉건적인 질서에 비해 오히려 더 큰 건실한 위력을 가질 것으로 확신된다. 더욱이 오늘의 일본 젊은이들이 선배들의 헝그리정신을 망각한 채 퇴폐분위기에 크게 오염되어 목적의식이 흐려져 있는 것은 일본의 경제신화가 순항만 계속하리라는 낙관을 불허하게 하는 중요한 요소가 아닌가 한다. 역설적이지만 일본은 지도자에게서 배우는 바가 크고, 한국은 젊은이에게서 배울 바가 많은 것이다.

군사대국의 재현

태평양전쟁의 주범인 일본은 1945년 8월 6일 히로시마의 원자폭탄 투하로 8월 15일 포츠담선언을 받아들이고 무조건 항복하였다. 그것은 객관적으로 분명 참패의 항복이면서도 일본은 이 말을 피하고 '종전'이라는 교묘한 단어를 구사하고 있다. 독일은 패전을 깨끗이 인정하고 새출발했지만 일본은 과거의 영화를 못잊고 얼굴엔 웃음을 띠었으나 배엔 칼을 품고 이를 악물고 도전했다.

청·일전쟁으로 노획한 요동반도를 삼국간섭으로 잃었을 때도 그러했다. 그들은 러·일전쟁으로 러시아에 빚을 갚았다. 하물며 요동반도는 고사하고 한국, 간도, 대만을 송두리째 잃고 일본열도마저 미국군에게 점령당했으니 그들의 심정이 오죽했으랴. 그들은 그것이 자기들의 자업자득의 결과인 줄 모르고 원폭의 횡포만을 선양하기에 급급하더니 드디어 재무장의 기회를 포착하였다.

일본은 전후에 단지 자위대만 허용되었다. 그러나 그들은 어느새 세계최강의 군대를 가진 국가로 발돋움하기 시작했다. 미국은 경제력이 떨어지자 소련의 패권확장의 방어책으로 일본을 끌어들였다. 그리하여 한·미·일 삼각체제를 구축하였다. 일본은 이미 2차대전 때 제로전투기로 하와이·필리핀의 미국기지를 공격하여 미국의 간담을 서늘하게 했었다. 이런 전력이 있는 일본이 경제건설에서 따낸 열매를 다시금 군비강화쪽으로 돌리고 있다. 지금 일본은 F15, F16을 비롯하여 최신예 잠수함 및 호위함에다 미사일까지 보유하여 사실상 초군사대국으로 격상되었다. 그런데 이들의 항공자위대 긴급 발진기지 7개소 중 4개소의 기수들이 한반도를 향해 있는 것과 일본 자위대의 주력부대와 레이다장비가 대마도에 있는 것은 무엇을 의미하는가.

일본은 그들의 안방을 보듯이 우리나라를 들여다 보고 있다. 물론 소련·중국을 대비해서라며 한·일 새 시대를 읊조리고 있다. 그렇다면 그들이 우리의 혈맹이 될 만한 공통의 방위의식이 있단 말인가, 역사적으로나 현실적으로 그러한 필연성은 없다. 단지 자국의 이익을 위해서 한국을 가상의 적으로 삼고 있음이 명백하다. 그러나 우리는 일본쪽에 대해선 무방비상태이다. 일본은 지금 우익세력이 고개를 들고 있지 않은가. 그렇다면 우리도 마음만이 아닌 실천으로 일본에 대처해야 하지 않을까. 우리의 분단은 그러기에 더욱 가슴아픈 것이다. 통일은 재침의 기회를 막는 최선의 방책이 되기도 할 것이다. 미국은 소련에 대한 방어의 일환책으로 일본의 군비증강을 획책했지만 미국도 일본의 속뜻을 간파해야 할 것이다.

일본의 군비증강은 우리나라를 비롯한 아시아 각국 모두의 공포가 아닐 수 없다. 아울러 미국도 불행으로의 행군임을 지적해두지 않을 수 없다.

나가며

서울올림픽에서 미국인이 방자할 때 일본인은 질서있고 친절하게 대회에 임했다. 외형에 나타나는 그들의 자세로 인해 이 땅에서는 반미분위기가 노출되었다. 이것이 어떻게 된 영문인가. 지난날 우리는 일본은 적대시했고 미군은 해방군으로 받아들이지 않았던가. 그랬는데 아이러니컬하게도 일본이 다시금 접근하고 있는 게 아닌가. 그것도 매우 상냥하게.

일본이란 나라는 역사적으로 우리와 뿌리를 같이 한다. 그렇다 해도 늘 평온한 친선관계는 아니었고 때로는 격랑이 이는 적대관계였다. 국권강탈시대는 그 대표적 경우였다.

그러나 1965년「한·일협정」조인 이래 적대관계를 청산하고 친선관계를 지향하고 있는 중이다. 그런데 근래의 일본측의 태도로 보아, 즉 그들의 역사교육이나 경제협력 및 군비증강 등으로 보아 그들의 쌍날칼이 섬뜩하게 드러나 보이고 있다. 일본은 친절하다. 동시에 교활하다. 그들은 늘 강자에게 약했고, 약자에게 횡포를 부렸다. 그들은 우리 문화에 압도되었을 때 친선관계였고 우리의 문화를 익혔을 때 도전적이었다. 이는 중국, 러시아, 미국에 대해서도 마찬가지였다. 의에 충실한 게 아니고 이에 충실한 배은망덕을 수없이 되풀이했다.

일본의 재침을 막고 선린관계를 유지하는 데에는 우리가 강자가 되고 문화를 살찌울 수밖에 없다. 이것이 우리가 국권을 수호하는 지름길이다. 따라서 경제건설, 민주화실현, 군사정예화와 더욱이 조국의 통일은 우리 민족의 시급한 급선무이다. 이런 상황에서의 올림픽 4위, 군비 4위, 내지는 경제력 10위는 일본의 오판을 그런대로 막아줄 것이다. 일본과의 친선관계도 우리가 이만큼 성장했기에 가능한 것이다. 우리는 일본을 배워서라도 선진 학문발전에 전념하고 첨단기술을 익히고 자본을 축적해야 할 것이다. 우리는 선천적으로 일본이 하는 것은 결단코 추월할 수 있다는 신념이 있고 그런 현상은 분야에 따라 현실로 나타나곤 한다.

이것은 수천 년간 쌓여온 민족문화의 저력에서 가능한 것이고 이 저력은 무엇보다도 큰 우리의 자산일 것이다. 우리의 민족문화에 대한 신뢰는 일본의 탈아론이나 재침의 야욕에 쐐기를 박는 역할을 할 것이다. 이것이 한국을 보전하고 아시아를 평온하게 하고 세계사에 기여하는 오늘의 역할이 될 것이다.

일본의 역사왜곡이나 경제신화나 군비증강을 보면서, 우리가 배우고 활용할 가치가 있는 것은 결국 민주시민으로서 우리의 주체관을 갖는 것이다. 그리고 한국문화를 살찌우고, 민족의 부를 축적하여 나라의 힘을 기르는 길만이 우리 민족이 살아남고, 한·일 양국이 선린관계로 함께 정진할 최후의 보루라고 생각된다.

(『한양여대신문』 80, 1988년 11월 28일자)

6. 우리 민족의 저력

　　나는 민족성 말살정책이 절정에 이르렀던 태평양전쟁 때 태어났고, 광복이 된 다음에 국민학교에 입학하여 5·16 후에 대학을 졸업했다. 그 사이에 내가 성장하며 초·중·고교에서 인식한 우리 민족은 무기력하고 단결력이 없고, 모방성이 강하며 민족의 발전은 고사하고 독립된 조국을 자주적으로 지탱할 능력조차 없는 몽매한 성품이라는 것이었다. 숙명적으로 이 강산에 태어난 사실을 원망하며, 지울 수 없는 황색피부의 민족이라는 비정한 현실에 어이없이 자포자기되어 있었다.

　　그런데 이 어찌된 일이랴. 홍이섭 교수에게 배우면서부터 생의 전기를 맞이했다. 그분 특유의 구구절절이 넘쳐 흐르는 나라사랑을 익히며 보낸 4년간에 어느덧 내 인생은 긍정적인 민족애로 바뀌어져 있을 뿐 아니라 전승되어야 할 배달겨레의 숭고한 얼을 찾고, 우리 겨레가 지녀야 할 민족의 긍지를 심는 일에 나의 생을 기꺼이 바치고 싶은 충동마저 이는 것이 아닌가. 그 어느 보물을 소유한들 이보다 더 기뻤겠는가?

　　민족의 저력!

　　그렇다. 대견스런 우리 민족의 저력에 한없는 보람의 공감을 느꼈던 것이다.

돌이켜 보면, 우리 민족이 간도대륙과 한반도에 터전을 잡아 국가를 형성, 반만 년 살아오는 동안 지정학적인 면에서 요충지라는 점과 주위의 여러 나라에 비해 월등히 살기 좋은 자연조건들을 갖추고 있는 이유 때문에 주변민족에게 끊임없는 도전과 침략을 받는 것이 연나라의 진개 이래 922회에 이른다.

우리는 그때마다 고귀한 피를 흘리며 용감히 싸워 나라를 지켰고 때로는 역부족하여 이 땅을 잃고 다른 나라의 사슬에 얽매어 숱한 수모를 당하기도 했지만 끈질기게 외부의 침략을 격퇴, 극복하면서 혈통적으로나 민족적으로나 통일된 민족국가를 유지해왔다.

우리의 지정학적인 위치와 대륙과의 역학적 관계 등 객관적 여건을 감안하여 생각해 본다면 죽음을 초월한 희생적 용기와, 그 속에서도 민족문화를 창달한 슬기로움에 조상님께 고마움과 그런 분들의 후손이라는 자부심을 갖게 된다.

우리 민족의 오늘의 존재는 인류의 역사를 통해서도 그 유래를 찾아볼 수 없는 그대로 인류의 기적이라 해도 좋을 것이다.

우리는 이제까지 왜인들이 민족성 말살을 위해서 파놓은 식민사관이라는 수렁에 깊숙이 빠져 있으면서 망국의 설움 때문에 색안경을 쓰고 무의식적으로 이를 받아들여왔던 것이다.

올해는 광복 30주년, 이제는 수렁에서 벗어날 때가 된 것이다.

우리의 민족사는 발전을 위한 용기와 단결과 끈기와 슬기와 근면과 독창을 위한 그득한 보물창고로서 활용되어야 할 것이다.

몇 가지 보물을 꺼내보자.

하나, 우리 민족은 경애를 바탕으로 하고 상부상조의 전통을 이어왔다. 영고·무천·동맹 등의 하늘제사와 두레·보·계·의창·향약 등의 구휼제도가 그것이다.

둘, 우리 민족의 피속에 끊임없이 이어져 내려오는 것은 굳건한 자주와 협동정신이다. 상무정신, 화랑정신, 3·1정신, 4·19정신, 새마을

정신 등이 그것이다.

셋, 우리 민족에게는 국민을 위한 민본적 전통이 면면이 이어져 내려오고 있다. 홍익인간, 남당제도, 도평의사사, 선비정신, 그리고 "인간은 하늘과 같이 존엄하고 또 인간은 하늘 앞에 평등하다"는 동학의 인내천사상이 그러하다.

이것들은 하나같이 계승, 발전시킬 값진 보배려니와 우리들에겐 자랑스럽게 후대에 전수해주어야 할 엄숙한 의무마저 있다.

우리 민족사 반만 년!

이제 우리는 우리 선조가 겪은 국난의 역사를 통하여 볼 때 대체로 다음과 같은 점에 유의하여 교훈으로 삼아야 할 것이다.

첫째, 우리 민족은 많은 국난을 겪으면서도 세계에서 보기드문 단일민족국가의 전통을 이어왔고, 뚜렷한 주체성을 가진 고유문화를 창조, 발전시킨 저력이 있다. 거란, 몽골 등 북방민족의 간단없는 씨움 속에서도 고려는 상감청자, 팔만대장경, 금속활자 등 괄목할 만한 불후의 업적을 남겼고 조선 또한 북방민족, 왜민족의 침략을 받으며 편한 날이 없으면서도 한글 창제, 측우기 발명, 거북선 제조, 성리학의 완성, 조선왕조실록의 편찬·보존, 실학사상의 만발 등 문화민족으로서의 독창성을 유감없이 발휘했다.

둘째, 우리의 선조들은 그 많은 국난을 겪으면서도 그때마다 한데 뭉쳐 민족의 슬기를 모아 용감하게 그 어려움을 극복한 저력이 있다. 수·당의 침략을 격퇴한 고구려, 세계적인 대제국 몽골에 맞서 고려가 40여 년 항쟁한 기록은 우리를 고무시키기에 족하다. 이때 러시아, 중국 등도 쉽게 패망하여 그들의 조국을 상실했건만 유독 고려만이 그 명맥을 유지했음은 이를 아는 세계의 역사가를 어리둥절하게 만들고 있다. 임진왜란이 발발하자 온 국민이 한덩이가 되어 그들의 야망을 수포화시키고 조국을 수호한 것도 좋은 예이다.

셋째, 그 많은 국난의 역사를 살펴볼 때 항시 닥쳐올 국난을 예견하고 대비책을 충분히 세워 국난을 미리 막을 수 있는, 요컨대 유비무환의 철칙은 고금을 통한 위대한 교훈이라는 것을 터득했다.

민족의 저력!

누군가가 "민족은 하나의 혼이고 하나의 정신적 원리이다"라고 말했지만 우리는 우리 배달겨레의 혼을 간직하고 갈라진 조국을 통일시키는 일에 겨레의 슬기를 다하여 민족의 저력을 다시금 분출해야 할 것이다.

일찍이 김구 선생이 지적했듯이 종교나 사상 등에 의해 민족이 갈라지는 것은 역사 속에 허다히 있어 왔지만 그러한 분열은 한때 몰아치는 폭풍우의 시련과도 같아 일시적인 것이지만 폭풍우가 지나가도 남는 것은 오직 민족뿐이라는 것을 인식하고 영원한 민족의 내일을 위해 오늘 우리는 주저없이 민족의 통일독립을 위해서는 한줌의 흙이 될 각오로 임하는 것이 선조의 뜻에 보답하고 후손을 대할 수 있는 떳떳한 길이 될 것이다.

이러한 자세로 저마다 하나같이 임할 때 이제껏 이어온 민족의 저력은 우리 모두의 소원인 민족의 통일독립으로 전개될 것이다.

그날 더덩실 얼싸안고 춤도 추고 금강산·백두산에 올라가 목이 터져라 통일독립 만세를 부를 민족의 환희의 함성이 선하게 떠오른다.

모두가 그날을 위해 오늘을 살자.

(『정신』 120, 1975년 7월 22일자)

7. 아름다운 영혼을 간직한 기품있는 여교인

　사랑하는 여교인 여러분,

　『선진여성』이 제1회생들의 넘치는 의욕에 의하여 창간호만 나오고 두 해에 걸쳐 2, 3호가 결간된 것에 대하여 서운해 하던 차에 이번에 제4호 복간호가 나온다고 하니 크게 경하하는 바입니다. 이는 여러분의 소망이 온축되어 나타난 여성교양과의 조그만 우주라고 보겠습니다. 이 한 가지 현상만으로도 92, 93학번의 알찬 대학생활을 읽을 수 있습니다.

　사랑하는 여교인 여러분,

　여러분만 생각하면 가슴이 울렁임을 주체할 수가 없습니다. 여러분은 천지만물에서도 인간임이 자명합니다. 살아 있는 생명만으로도 아름다운데 그 중에서도 피어나는 여인으로서 황금기를 살고 있습니다. 이에서 더한 기쁨이 어디 있겠습니까? 여러분은 모두의 선망입니다. 바라건대 선망을 받고 있을 때 선망을 자기 실현화하십시오. 그것을 믿고 있기에 가슴이 울렁이는 것입니다. 외모의 싱싱한 아름다움은 일시적입니다. 지금은 젊기에 건강한 아름다움도 비례하여 가꾼다면 선망은 만점입니다. 그 발랄하고 아름답던 오드리 헵번이 유니세프 활동으로 한 생애를 마감했습니다. 외모의 아름다움이 절정일 때 내면의 아름다움을 자기 실현화한 본보기입니다. 영혼이 아름다운 사람이 진정한 아름다움을 지닌 사람입니다. 생기있는 아름다움의 주인공은 마땅히 자기의 아름다움을 표출하는 실천성을 갖추는 데 나태하지 말아야 합니다. 게으름은 아름다움을 반감시킵니다. 여러분은 분명히 새로운 시대의 새로운 주인공으로 등장하고 있습니다. 새 시대는 인간이 인간으로서의 지극한 공경심으로 존경하는 그런 시대일 것입니다. 남의 인권을 존중하는 사람이 바로 자기 인권도 존중받는 사람이 될 것입니다. 남의 인권을 무시하는 사람에게 어떻게 정당한 인권이 보장될 수 있겠습니까? 남의 인권을 존중하는 마음이 우러나는 사람은 필시 아름다운 영혼을 품고 있는 사람임에 틀림없을 것입니다. 그는 고귀한 인간정신의 소유자입니다.

사랑하는 여교인 여러분,

여러분은 여성교양인의 길을 선택하였습니다. 여러분은 전공이 없는 듯합니다. 그리하여 많은 고민과 갈등을 겪었을 것입니다. 지금도 고뇌 속에 있는 학생도 있을 것입니다. 그것이 여러분의 길인 것입니다. 여러분이 여성교양인을 선택하였을 때, 이미 '배부른 도야지보다 생각하는 소크라테스'를 선택했던 것입니다. 부연한다면, 여교인의 전공은 품위있는 여성 교양의 도야가 그 본지입니다.

사랑하는 여교인 여러분,

살아있는 동안 생각하는 것을 멈추지 마십시오. 생각하는 것은 산 자의 특권입니다. 생각이 멈추면 삶이 끝난 것입니다. 생각하십시오. 사려깊은 생각은 사람다운 사람으로 성숙시키는 발효소입니다. 생각이 행동을 변화시킵니다. 인간다운 생각은 아름다운 자기실현을 약속할 것입니다. 끝없는 새로움의 맛을 거듭거듭 만끽할 수 있는 인간으로서의 아름다운 생애를 추구하십시오. 미래는 여러분이 무엇을 추구하느냐의 여하에 달려 있습니다. 아름다운 세상을 만드는 보람된 일에 처지지 마십시오. 선진여교인으로서 조용히 이 땅의 행복 조성에 앞서 가십시오. 그것이 여교인에게 맡겨진 시대적 사명입니다. 아직도 가슴이 울렁이고 있습니다. 부디 아름다운 영혼이 배어나오는 기품있는 여교인으로 무럭무럭 성장하십시오.

(『선진여성』 4, 1994년)

8. 꿈을 품고 진솔하게 사는 여교인

『선진여성』 제5호의 발간을 충심으로 경하합니다. 『선진여성』지의 지속적인 발간은 여성교양과의 발전을 일목요연하게 읽을 수 있다는 사실에서도 그 의의는 크다고 할 수 있겠습니다. 이에 『선진여성』 제5호의 발간사를 통하여 몇 가지 희망사항을 당부드리고자 합니다.

첫째, 자기 자신을 확인하며 사는 여교인이 되었으면 합니다. 여러분은 이 세상에서 유일무이한 존재입니다. 유일무이한 존재답게 독특한 그 무엇이 있어야 하겠습니다. 독특한 개성을 만들며 그 개성이 사회 속에서 조화로운 개성을 이루고 있는가를 확인하며 사는 여교인이 되었으면 합니다. 그러기 위해서 가끔은 생명과도 같은 자기 이름을 목청껏 불러봅시다.

둘째, 남을 생각해주는 포용력있는 여교인이 되었으면 합니다. 사람은 모두가 자기 사정이 있습니다. 그런데 대다수의 사람은 자기만 사정이 있는 줄로 착각하며 삽니다. 내 사정이 급하고 중요하면 남의 사정도 급하고 중요함을 일깨웠으면 합니다. 입장을 바꾸어 생각하는 것, 이러한 덕목이 바로 포용력의 시작입니다.

셋째, 합리적이고 실력있는 여교인이 되었으면 합니다. 여러분은 비슷한 경험을 체험한 동질집단입니다. 서로 위로하고 격려하며 옹골차게 공부하여 본데 있게 여교과 출신의 능력을 나타냅시다. 그리하여 사회가 필요로 하는 지·덕·체를 겸비한 여교인다운 인격체를 도야하는 데 힘씁시다.

넷째, 여성교양과의 구성원으로서 소속감을 소중히 여기는 여교인이 되었으면 합니다. 우리과 친구들, 우리과 선배님, 우리과 후배님, 우리과 조교님, 우리과 교수님, 이분들은 모두 우리과의 귀한 구성원입니다. 우리과의 발전이 여러분 모두의 발전이라 믿고 화기애애한 사랑이 넘치는 학과를 만드는 데 노력합시다. 그럴려면 서로 소속원의 어려운 점을 자기 일처럼 솔선해서 처리해 주는 애정이 있어야 할 것입니다.

다섯째, 인간의 문화 바탕이 자연현상에 있음을 유의하여 전지신명과 조상님께 고마운 마음을 간직하고 사는 여교인이 되었으면 합니다. 동·식물의 성장은 말할 것도 없거니와 바람소리나 물결의 출렁임에서도 지구가 살아있음이 확인됩니다. 해오름을 바라볼 때나 별자리가 낮아짐을 올려볼 때에도 천체가 살아있음을 확인하게 됩니다. 자연에 대한 경시는 필시 인간에게 재앙을 불러오지만 자연에 대한 외경은 끝내 자손만대 인간의 문화생활을 더욱 풍요롭게 할 것입니다. 부디 여교인답게 세상을 헤아리며 삶을 영위하길 간구합니다.

여섯째, 꿈을 품고 진솔하게 사는 여교인이 되었으면 합니다. 인간만의 특권은 희망을 품고, 희망이 성취되도록 노력하는 삶의 자세입니다. 어제도 중요하고 오늘도 중요합니다. 그러나 미래에 대한 비전은 인간의 문화를 더욱 알차게 가꿔줄 것입니다. 한 눈은 현실을 직시하고 또 한 눈은 꿈을 꾸며 미래를 설계하십시오. 희망을 품고 진솔하게 사는 여교인만이 참된 의미에서 절망을 극복하고 생기있게 살 수 있을 것입니다. 이는 상상만 해도 행복합니다. 부디 살아 있는 그날까지 인생을 보람있게 구가합시다.

끝으로『선진여성』제5호를 엮는 데 정성을 다해주신 편집진 여러 분께 고마운 마음을 전해드립니다.

(『선진여성』 5, 1995)

9. 할 일 많은 시대

역사상 오늘날처럼 할 일이 많은 시대는 흔치 않았다. 조용한 아침의 나라로 비치던 한국은 어느새 약동하는 나라로 바뀌어 있다. 식민지를 겪고, 6·25를 맛본 세대는 누대의 가난이 서러웠었다. 식민지의 굴욕도, 민족상잔도 가난 탓이려니 했다. 모든 원죄는 가난이라 여기고 우리도 한 번 잘살아 보자고 이를 악물어 기치를 세웠다.

일단 발동이 걸리자 좌고우면할 여지도 없이 구슬땀을 흘렸다. 돈만 벌 수 있다면 수단과 방법마저 가리지 않고 열심히 뛰었다. 그것은 한 민족의 엄청난 잠재역량의 폭발이었다. 심지어는 공해산업이든 국외취업이든 가리지 않았다.

드디어 공업입국이 어느 정도 달성되었고, 세계 10대 무역국가로 성장하였다. 이에 힘입어 올림픽대회도 개최하였다. 역시 돈의 위력은 대단하였다. 자타가 공인하는 제법 잘사는 나라가 되었다.

꿈만 같은 현상이다. 역시 우린 해냈다. 이는 누가 뭐래도 몹시 뿌듯하다. 잘살고 봐야 한다는 말이 실현된 것이다.

이는 옛날 이야기가 아니다. 후대에 전승시킬 우리 세대의 역사이다. 전화(戰禍)의 잿더미 위에서 이룩한 대역사는 전설이 아니고 현실이다.

남들은 한강의 기적이라고 한다. 그러나 이게 어찌 기적인가. 땀의 대가(代價)이다. 하늘은 스스로 돕는 자를 도울 뿐이다. 콩심은 데 콩 나고 팥심은 데 팥 나는 것처럼 심은 대로 거두고 있는 것이다.

1989년 천안문사태 후 중국에 들렀을 때이다. 그때 어느 중국인에 게서 한국에 대한 인상을 듣고 남다른 감회에 젖었던 일이 있었다. 즉 "중국역사가 전개되기 시작한 이래 중국이 한국을 선망한 것은 지금 이 처음이다"라고 단정적인 말을 하는 것이었다. 그는 한국의 경제건 설, 올림픽대회 개최, 대통령 직접선거 등을 예시하고 특히 대통령 직 접선거가 가장 부럽다고 했다.

그렇다. 그들은 수천 년간 한민족을 동이족으로 멸시하며 이 땅에 군림해왔었다. 그런 그들이 이제는 어쩔 수 없이 우리를 대접해주고 있다. 이는 그간 우리가 신바람나서 땀흘려 건설하고 피흘려 쟁취한 결과에 대한 정당한 대접이라고 생각된다. 그러기에 우리들의 현실은 너무나도 고귀하다. 고귀한 만큼 더욱 더 값지고 소중하다.

우리는 그 동안 역사에서 무슨 일들이 있었는지를 알아야 한다. 그 래야만 우리가 누구인가가 밝혀지고 삶의 정체성이 드러날 것이다.

우리가 선대의 업적을 인정하고 발전적으로 계승하려는 것은, 후대 에게 우리 세대가 공들여 쌓아올린 업적을 존중시키고 전승시키려는 맥락에서이다. 우리가 과거의 역사를 쏟아버리면 후대 또한 우리가 이 룩한 오늘의 역사를 쓸어버릴 것이다. 마치 내가 남의 인격을 존중함 은 나의 인격을 담보받기 위함과 같은 이치이다.

따라서 먼 옛날로 갈 것도 없이 최근세사에서만 보더라도 일제의 질곡을 벗어나기 위한 항일독립투쟁, 6 · 25때 자유국가수호를 위한 참전, 4 · 19시민혁명, 5 · 16 후에 전개된 새마을운동, 5공시대의 6월 대항쟁 등은 모두 합당한 평가를 받아야만 마땅한 일들이다.

요즘 젊은 세대가 "기성세대가 도대체 무엇을 했느냐"라고 매도하 는 발상은 위험천만하기 짝이 없다. 세상 어느 곳에 과거의 노력없는 현재의 번영이 있단 말인가. 티셔츠에 이르기까지 이른바 'GAP'을 그려 넣으며 자기들만의 세대를 고집함은 세대간의 불신을 조장하고 급기야 단절을 낳을 불행의 씨앗이 될까 염려스럽다. 이는 물론 일밖에 몰랐던 세대가 자초한 자업자득이기도 하겠지만 그래도 '우리 모두 함께'를 희망사항으로 주문하면 억지가 될까?

우리는 오랫동안의 가난과 무지를 억척과 교육열로 탈피하고 마침내 번영과 문명으로 승화시킨 보람된 시대를 창출하였다. 그러나 여기서 안주하고 멈출 수 없다. 선진국 문턱엔 왔지만 선진 문명국으로서의 기초기반이 취약한 졸부일 뿐임이 자각되기 때문이다. 도처에서 졸부근성이 노출되고 있는 중이다. 아전인수격으로 자기 중심적이다. 따라서 자기 자식밖에 모르고, 질서의식도 부족하고, 부정부패 불감증에 젖어 있고, 돈과 권력이면 다인 줄 안다. 지금 경계해야 할 문제가 한둘이 아니다. 우선 새로운 도약을 위한 국민적 공감대를 형성하는 데 박차를 가해야 될 것이다.

그런 점에서 현재의 문민정부는 변화와 개혁의 커다란 견인차가 될 것이고 국민은 축복받은 시대를 살아가게 될 행운을 잡았다고 볼 수 있겠다. 특히 우리 역사상 가장 의의있을 꿈에도 소원이었던 조국통일을 우리시대에 이르러 성취할 수 있다면 그보다 더 보람있는 시대는 만들기 어려울 것이다.

우리는 경제를 건설했고, 민주화를 쟁취했고, 드디어 통일마저 달성하는 환희의 짜릿한 맛을 보고 싶다. 경제건설과 민주화쟁취에서 땀과 피를 흘렸듯이 이제 통일을 위해서는 더 많은 엄청난 대가가 요청될 것이다. 이를 감내하고 고통을 분담하며 조국통일의 초석을 튼튼하게 쌓아가야 할 것이다. 통일은 말로만 될 일이 결코 아니다.

소망컨대 두 번 다시 한반도에서 전쟁이 있어서는 안될 것이다. 평화와 번영을 구축해야 할 것이다. 그러기 위해서는 유비무환의 투철한 인식이 절실한데 오늘의 시국은 비록 문민정부로 바뀌었을 망정 우려되는 바가 줄어든 것은 아니다. 대통령은 진정한 의미에서의 국가보위에도 배전의 관심을 기울여주었으면 하는 심정이다.

북한에서는 유치원에서부터 정신교육, 군사교육이 필수교양인데 남한에서는 여전히 파쟁과 부패가 난무하고 몇 시간 안되던 대학의 교련교육마저 폐지하고 안일에 휩싸여 있다. 더욱이 북한에서는 핵무기 개발에 여념이 없고, 미사일을 수출까지 하는 군사대국으로 발돋움했는데, 남한에서는 경제성장으로 생활이 좀 나아졌다고 분에 넘치는 생활에 길들여져 있다. 국방은 으레 미국이 맡아줄 걸로 착각한 채 말이다.

도대체 율곡사업비리가 웬 말인가. 이제라도 자주통일독립에 대한 민족혼을 키우는 데 온 힘을 경주해야 할 것이다. 젊은이들이 너나없이 조국통일의 신성한 주역이 됨을 커다란 영광으로 아는 분위기가 필요하다.

세계사는 엄정한 의미에서의 세계 심판이었다. 과거의 치욕은 중국이나 일본에 의하여 저질러졌든, 동족인 북한에 의하여 저질러졌든 용서를 해야겠지만 그 사실마저 잊어서는 안된다. 치욕의 과거를 잊은 민족에게 주어진 것은 언제나 반복되는 치욕의 역사였을 뿐이다. 자고로 망한 나라들은 망할 짓만 골라 했고, 번성한 나라들은 번성할 수밖에 없도록 국민정신이 드높았음을 주시해야 할 것이다. 신라의 화랑정신은 그 좋은 예이다.

오늘날 한국에는 할 일이 너무 많다. 정보산업화, 환경보전, 교육의 선진화, 민주화 정착, 사정개혁, 노사협동, 교통문제, 조국통일 등등, 그 중에서도 조국통일에 대한 집념은 시대정신의 상징이다.

할 일 많은 시대는 축복받은 시대란 말의 다름 아니다. 축복받은 시대가 바로 보람있는 시대라면 역사상 현재 이 땅에 살고 있음에 대하여 깊이 감사하여 자기 실현에 충실해야 될 것이다.

(『새마을금고』 179, 1993년)

부 록

1. 아! 고구려 - 1천 5백 년 전 집안 고분벽화

김 난 이 (한양여자전문대)

'아! 고구려 - 1천 5백 년 전 집안 고분벽화'전은 집안의 고구려 벽화 사진 150여 점과 각종 모형들을 입체적으로 보여준 전시회로서 대륙왕국의 민족기상과 문화예술 수준을 일깨우는 살아 있는 교육의 장이 되고 있다.

'고구려'라는 단어로 상징되는, 우리가 잊어버렸던 역사의 한 부분을 찾을 수 있는 곳이기도 하다. 일제시기를 거치면서 우리의 역사의식은 많은 굴절을 겪었고, 광복 후에는 다시 국토의 분단으로 인한 의식의 파편화 현상을 경험해야 했다. 그러면서 우리 안에 있는 대륙의 기질과 혼은 어느 사이엔가 퇴화되고 우리의 정신은 사실상 섬과 같이 동떨어지고 갇혀진 상태가 되었다. 이런 까닭에 한 장 한 장의 사진이 전해주는 고구려대륙의 민족기상은 관람의 흥미를 더해준다.

그 동안 좁은 땅에서 움츠려왔던 내 자신이 고구려 벽화를 보면서 기상을 활짝 펴는 카타르시스의 기회가 되었다. 이는 좁은 땅은 좁은 의식을 강요했고 역사와 세계를 보는 좁은 시야를 만들어 온 우리에게 환태평양 시대라든가 세계화라는 말이 유행처럼 된 지금 그에 걸맞는

스케일의 사고방식이 전제되어야 하는데 그 표준을 전시회가 보여주
는 데 있다. 그리고 이 전시회는 우리의 고정관념을 깼다.

막연히 소박하고 자연에 근접한 것, 이런 것들이 한국적이고 전통적
인 것이라고 여겨왔는데 고구려 벽화들이 이런 관념을 깼다. 벽화에서
우리가 확인할 수 있었던 미는 소박하기보다는 화려하고 진취적이며
개방적이었다. 살아 있을 때의 부귀영화가 그대로 옮겨졌기 때문일 것
이다. 또한 벽화 사람들의 표정엔 죽은 이에 대한 슬픔이 서려 있지 않
다. 담담하거나 유쾌한 얼굴이다.

죽음을 끝으로 보지 않아서일까? 벽화만 보고 그때의 모든 모습을
알지는 못할 것이다. 그러나 고구려의 힘찬 기상과 화려함은 우물안
개구리인 나에게 충격과 신선한 자극을 느끼게 해주었다.

(『선진여성』 5, 1995년)

2. 경상도 바람 · 전라도 바람

이 규 성 (정신여고)

산 밖에서

산이 좋다. 그래서 떠나는 사람들이 있다. 그들은 정상에 올라 몇 장의 기념사진을 찍는다. 가슴을 내밀고 고개를 빼든 사진 몇 장은 전쟁이 없는 시절에 훈장으로 남을 것이다. 그들이 흘린 땀만큼 산은 젊음을 가불해준다.

나는 다시 돌아오기 위해서 산엘 간다. 내 자리를, 내 생활을 볼 수 있도록 멀리 가능하면 높이 오르려고 한다.

처음부터 나의 출발은 돌아올 날짜를 핀으로 고정시켜 놓고 짜여진다. 산이 그냥 좋다든가 '산이 거기 있다'라는 명분을 나는 한참 부끄러워 한다. 돌아오리라. 늦어도 며칠까지는 돌아오리라. 더러 힘겹고 아주 애매하고 내가 타인이 되어 내 앞에 버티고 있는 이 불황지대로 나는 기필코 귀환하리라. 그래서 나는 배낭을 메고 대문을 나설 때 제일 신경을 쓴다.

'어머 서정이네 아빠, 등산가시네' 이런 게 싫다. 나는 등산가는 것이 아니라 등산오는 것이다.

우리 산행인원은 넷이다. 다섯이었을 때도 있었고, 여섯이 될 뻔하던 때도 있었으나 근래에 와선 쭉 넷이다. 모두 교직에 있고, 교직이 대접을 못 받는 세상에서 우린 무슨 덤처럼 조용하다. 공자께서 말하지 않았어도 이들은 인자(仁者)다(나는 이들 곁에 즐겨 있을 뿐이다).

이번 여름방학에는 지리산을 가기로 결정, 예비모임을 세 번 가졌다. 초행은 아니나 종주등산로를 따라 산을 자세히 보자는 것은 일종의 구실이었고 사실은 다리에 힘이 빠지기 전에 다녀오자는 게 속셈인 듯했다. 회비도 다 걷혔고 일정도 확정된 셈이다. 지리산은 너무 커서 산 속에서만 3, 4일을 지내야 되므로 거기에 따른 준비가 모자람이 없도록 했다. 우리가 언제고 준비에 지나치게 역점을 두는 것이 세상을 살아나가는 데 어떤 약점으로도 생각되나, 우리는 그것이 가장 선이라고 믿고 있다.

내설악의 설경보다도 태백의 거칠고 황량한 맛이, 여름에 강행했던 오대산·소금강 코스가 기억 속에 새로운 것도 우리들의 세심한 준비에 따른 것임을 알고 있다.

잠시 틈을 내어 넷을 소개하자. 모두 인자고 나는 거기 빌붙는 처지니, 모두 내 형님이 되는 셈이다.

큰 이형 - 이가(李哥)가 나까지 셋이다 - 은 제일 연장자고, 생각이 깊고 그 깊은 생각을 잘 덮어 놓아서 보기에도 좋고 믿음이 간다. 산체질에 적격자다. 그가 우리의 '일용할 양식'을 전담하는 것은 그의 깊은 생각의 한 자락이다. 다양하게, 집에서보다도 더욱 풍요하게 먹여주어 턱없이 향수에 잠기지 않도록 해주고 있다.

다음 김형 - 이 사람은 높은 학교에서 한국사를 전공했으나 여기서 회계를 맡고 있다. 우리의 산행이 계속되는 것은 이 사람의 수완이 보통이 아님을 시사해 주고 있다. 물건을 살 때 좀 낭비인가 싶어 이 사람의 눈치를 보면 전혀 마음을 편하게 해준다. 몇 해 전에 남대문시장에서 무우 한 개를 사고는 영수증을 달라고 해서 무우장사를 아연하게 만들었다. 영수증은 받았다.

다음 작은 이형 - 이 사람은 장차 큰 형으로부터 취사를 인계받도록 지난해부터 수련중에 있다. 학위를 받을지 그냥 수료로 끝날지는 아무도 모른다. 조미료의 이용이 아직은 거칠다. 그러나 이 사람은 우리 팀의 활력원이다. 제일 젊다는 것보다 그의 천성이 그렇다. 잔뜩 지쳐 있을 때 이 사람이 나선다. 단점은 출발 약속시간을 어기는 것이다. 태백산에 갈 때도 고속버스 출발 3초 전에 뛰어왔다. 지난 겨울에도 예외는 아니었다. 아! 이제 떠나는구나 하는 식의 감상 대신에 우리를 초비상으로 몰아넣는다. 이 사람 때문에 떠나는 일이 지연된 경우가 없는 걸 보면 이것도 이 사람의 재주인지도 모른다.

이젠 나다. 나는 언제고 서두를 뿐이다. 어느 모임에건 나처럼 무익한 친구가 있기 마련이 아니겠는가. 그래서 이 머리 좋은 사람들이 생각해 낸 것이 '대장'이리라. 세 명의 대원을 이끌고 있는 대장. 완벽하리 만큼 세련된 대원들 앞에서 큰 소리 한 번 낼 수 없는 대장의 외로움.

"대장, 마지막 모임은?"

"빌어먹을(속으로), 21일 모입시다. 오후 3시. 강남고속버스터미널 영동선 컬러텔레비전 밑에서." 이런 식이다.

출발

7월 27일, 저녁 7시에 큰 이형집에 모였다. 4개의 배낭에 짐을 넣는다. 방 하나 가득하던 짐들이 요술을 부리듯 배낭 속으로 들어간다. 버너 둘, 코펠, 주식, 부식, 간식, 모포, 텐트 심지어 의약품에 이르기까지 점검이 끝나니 터질 듯한 배낭의 무게는 15kg이 족히 넘는다.

밤 11시 30분 전라선. 서울역 광장에는 계속되는 장마로 후줄근한 열기가 감돈다. 내일 아침의 강행군을 위한 배려로 특실을 예매한 것은 잘 한 일이었다. 나를 제외한 셋은 26, 27일에 있은 예비군훈련으로 얼굴이 검게 타 있다. 작은 이형은 벌써 잠이 들었다. 자고 싶을 때 잘 수 있는 초능력은 축복이다. 28일 0시, 차는 수원쯤을 지나고 있으리라.

지리산 - 전남·전북·경남 3도에 걸쳐 있으며 구례·남원·함양·산청·하동 5군을 그 겨드랑이에 끼고 있는 산. 옛부터 많은 지사들이 그 이름을 드러냈고 '지리산 포수'란 속담은 이 산의 깊이를 더욱 신비롭게 만든다는 산, 해서 금강산, 한라산과 더불어 삼신산(三神山)의 하나로 알려져 있는 산.

우리는 지리산 3대 주봉인 노고단(1,506m)·반야봉(1,751m)·천왕봉(1,915m)을 잇는 메인 코스를 따라 지리산 전체를 탐승할 수 있도록 일정을 세웠다. 지리산의 난점은 일기다. 낮은 곳에 거하는 인간들의 안목이 미칠 리가 있겠는가만 일기가 불순함은 자주 당하는 문제점이다. 구름도 오르다 오르다 허기져 산 위에 오르자 그만 부서져 버리고 마는가 보다. 한 10여 년 전 둘이서 이 산엘 왔다가 여자이름을 가진 태풍을 만나 3일 만에 하산한 일이 눈에 선하다. 벽소령을 지나며 뿌리가 뽑힌 나무들을 보는 공포감은 난생 처음이었다. 큰 산 속에 사람은 둘, 비바람이 몰아치던 정경이 새로운 모습으로 다가서기도 한다.

기차는 어둠 속으로 빨려들 듯 달리고 있다. 창 밖으로 별들을 찾았으나 헛일 - 역원이 표검사를 한다.

"구례에 몇 시에 도착합니까?"

"새벽 6시 21분!"

경상도 바람 · 전라도 바람

6시 21분에 구례역 도착. 날씨는 대충 맑음. 화엄사로 가는 차창에 섬진강의 물줄기가 들어온다. 기념수건 하나씩을 사서 목에 두르고,

지리산 국립공원 전라남도 관리사무소에 1,200원 입장료를 지불하고 1,506m 노고산장을 향해 우리의 산행은 첫발을 내디뎠다.

산·산·산. 에워싸고 있는 산.

목월의 시에 있던가.

산이 날 에워싸고 밭이나 갈며 살아라 한다. 씨나 뿌리며 살아라 한다.

산이 날더러 도루 내려가라 한다. 산이 날더러 무슨 볼 일이 있느냐고 한다. 나는 숨을 거칠게 내쉴 뿐이다.

화엄사 뒤꼍에서 아침을 먹다가 비를 만났다. 그리고 저녁 5시 노고산장에 이를 때까지 비는 계속 퍼부었다. 비를 맞으며 웃었고 빗속에서 점심도 끓여 먹었고 가는 빗속일 때는 사진도 찍었다. 온 몸이 물덩어리, 등산화 속에는 물이 꽉 들어찼다. 이 다음에 등산화를 살 땐 방수는 안되도 좋으니 배수나 잘 되는 놈으로 사야겠다고 누군가 중얼거렸다. 낄낄낄……, 비에 절었나 웃음소리에도 빗물이 배어 있다. 해발 1,506m를 비를 타고 올라냈다. 노고산장에서 저녁을 먹고 보석처럼 반짝이는 밤하늘의 별들을 확인하고 잠자리에 들었다. 온몸이 눅진하나, 내일은 제발 쾌청하기를 바라는 마음에서 첫날의 여독도 잊을 수 있었나 보다.

7월 29일. 노고단에서 내려다보는 구름은 가히 지리산 8경의 하나였다. 전남에서 제일 높은 봉우리, 저쯤 다도해가 뵈려니 하는 지점엔 구름 속에 잠긴 산꼭지들로 이미 또 다른 다도해가 연출되고 있었다. 산들이 구름탕에서 목욕을 즐기고 있는가 - 아, 좋구나, 그리곤 다시 출발이다. 임걸령에서 늦은 아침을 먹었다. 원색의 강렬한 햇살, 푸짐한 바람, 손끝을 찌르는 샘물……납작한 돌을 찾아내, 고놈을 깨끗이 닦아 버너 위에 올려 놓으니 여기는 틀림없이 서울 한복판 로스구이집이었다. 떠날 때 담근 김치가 잘 익었고, 새벽에 빵과 미숫가루로 때운 뱃속은 적당히 비어 있었다. 아, 좋구나. 큰 이형의 식단에 따르면 앞으로 냉면도 있고 특식이 두어 개 더 있을 모양이다. 아, 좋구나. 당분간 '좋구나'가 없을 줄 미리 알았었나, 우리는 두 번씩이나 '좋구나' 했다. 출발! 그리고 우리는 천왕봉을 향해 무던히 땀을 흘려야 했다.

구름은 봉우리에 둥둥 떠서
나무와 새와 벌레와 짐승들에게
비바람을 일러주고는
딴 봉우리에 갔다가 다시 온다.

샘은 돌 밑에서 솟아서
돌을 씻으며
졸졸 흐르다가도
돌 밑으로 도로 들어갔다가
다시 솟아서 졸졸 흐른다

이 이상의 말이 없고
이 이상의 사이도 없다.
만물은 모두 이런 정에서 산다.

김광섭 시인의 「우정」이다. 지리산은 참 포근하다. 그 감정이 넉넉하다. 지금 우리는 세상에서 제일 큰 황소의 등뼈 위를 걷고 있는 작은 벌레라는 생각이 든다. 얼마나 더 걸어야 하는가 땀으로 온몸이 젖었다가 다시 바람에 말리기를 수차례, 반야봉을 지났다. 날나리봉, 토끼봉에서의 바람은 폐 속에 잠긴 먼지를 말끔히 씻어낼 듯했다. 내 인생의 8할은 바람이라던 어느 아저씨의 자화상에 나오는 그런 후줄그레한 바람이 아니라 이건 통쾌무비의 삽상한 바람이었다. 황소 등을 타고 앉은 두 사람의 얘기다.

"이건 경상도 바람이군." 엉덩이쪽에 앉았던 김형의 말을 받아 한참 고갯짓을 하던 큰 이형이 "아닌데, 전라도 바람인걸" 하며 수정을 한다. 왼쪽은 전라도 오른쪽은 경상도, 그러나 배낭에 눈을 감고 있는 나에겐 확실히 이것은 지리산 바람이었다. 자고로 값없는 청풍이라 하지 않던가. 낄낄낄. 작은 이형은 계속 트랜지스터를 돌리고 있다. "소라를 따오리까 미역을 따오리까" - 얼른 다른 데로 돌린다.

그렇지. 야구 중계가 나오고 있다. 그의 모교가 4 : 3으로 이기고 있다가 9회 말에서 동아대에게 역전 동점을 허용하고 있을 때 우리는 뱀사골 바위 틈에서 나오는 찬물에 냉면을 해 먹고 연하천으로 빠지고 있었다.

연하천에서의 야영도 좋았다. 텐트가 6개나 쳐 있었는데 우리 텐트가 제일 돋보였다. 역시 산에 와도 속물은 할 수 없는가. 속물 얘기가 나왔으니 말이지 이 밤에 호야에 불을 밝히고 촛불까지 켜놓고 우리네 속물은 오손도손 둘러 앉았다…….

새벽 1시가 넘어서 취침. 고산 속의 밤은 차다.

7월 30일. 아침 9시 출발. 큰 이형의 군화 뒷창이 덜렁덜렁거린다. 김형의 발은 많이 하얘졌다. 첫날 빗속을 강행할 때 등산화의 검은 물이 발에 옮아 흡사 뉴기니아에서 온 광부같았다. 그 발에 이틀째 비누를 칠했다. 먼 길을 걸을 땐 흔히 발바닥에 비누칠을 한다지만, 김형의 경우는 발에 짙게 묻은 검정물감을 지워내자는 데 더 목적이 있는 듯해서 혼자 웃었다. 낄낄.

계속 날씨는 쾌청. 서울은 34도가 웃도는데 여기는 계속 날씨가 마음에 들었다. 여기저기 들꽃들이 흐드러지게 피어 있다. 꽃의 빛깔들이 그렇게 질박할 수가 없었다. 모두 착하게 보였다. 하늘이 더 가차운 때문이리라. 더구나 꽁지가 새빨간 고추잠자리의 떼가 시야를 어지럽히고 있다. 잠실 벌판 한 가운데 우리 학교 식당 파리만큼이나 사람에게 달라 붙는다. 그러나 잠자리는 파리가 아니니 낸들 딴 마음이야 먹겠나.

"수고하십니다." "네, 수고하십시오." 산사람들의 인사다.

"세석까지 얼마나 가면 됩니까?" "한 30분 가면 됩니다." 이럴 경우

'한 30분'이란 엉터리다. 묻는 사람이나 대답하는 사람이나 건성일 경우가 많다. 한참 가다가 다시 물으면 "네, 한 시간은 가야 합니다"다.

벽소령에서 큰 이형이 무릎에 파스를 붙이고 붕대를 감았다. 그러는 동안에 김형은 산딸기를 몇 주먹씩이나 따왔다. 영양가가 많으니 먹고 힘을 내라는 얘기다. 큰 이형은 더욱 심하게 절룩거렸고 네 사람의 간격은 점점 벌어져 있었다. 이날 등산의 어려움같은 것을 처음 느꼈다. 결국 세석을 거쳐 숙박지인 장터목에 이른 것은 오후 6시쯤. 저녁을 지어 먹고 나니 밤 8시가 넘어 큰 이형과 김형이 도착했다. 반가웠다.

허허(虛虛) 천왕봉

7월 31일. 천왕봉을 가는 날이다. 어제 산행에 무리가 있어서 유명하리라던 천왕봉 일출은 포기했다. 나도 발 뒷축이 벗겨지면서 보행이 쉽지만은 않았다. 내 배낭속에는 텐트가 들어 있어서 세월이 흘러도 배낭의 무게는 줄지 않았다. 장터목에서 3km, 그러나 기분은 어제보다 많이 회복되어 있었다. 통천문을 8시 50분경 통과, 9시에 천왕봉 1,915m 산상에 몸을 세웠다. 세상은 참으로 둥글더라만 그 둥근 세상에 차일을 친 듯 사방이 구름밭이다. 구름을 내려다 보았다. 좀 쓸쓸해 온다. 나는 하늘옷을 빼앗긴 남자 천사같구나. 왜 이렇게 높은 데 오르면 나는 온 몸의 힘이 빠지는지 모르겠다.

삶은 저 아래 까마득히 펼쳐지는 구름자락만도 못하지 않은가.

눈을 감으라. 감은 눈을 뜨지 말라. 영원히 뜨지 말라. 세상은 꿈 속에서도 내 것이 아니구나. 철저히 살아온 더부살이 반생. 아, 나좀 봐, 내가 왜 이러지 - 인생에서 몇 번 자기를 돌아보는가. 눈에 눈물이 고여 닦지 말고 흐르게 하라. 세상은 온통 아름다운 빛깔의 꽃밭. 독버섯의 난무. 나는 빛깔에 눈멀고 향내에 취해 숨 끊긴 한 마리 일벌. 시체는 썩도록 놔둬라. 죽어서 뼈는 저 깊은 골짜기에 뿌려지고 싶다. 산이 생기고 아무도 들어가 본 일이 없는 저 계곡 깊숙이 묻히고 싶다. 살아서 옳은 일 한 번 못하고, 바람같은, 지는 햇살 한 자락 같은 작은 일에도 번거로웠던 내 육신을 저 깊은 안식에 마지막 은총을 허락받고 싶구나. 문득 생각나누나. 늙은 어머니가 앞서고 그 어머니의 뒷자락을 꼭 움켜 쥔 늙은 사내의 노랫소리가. 앞을 볼 수 없는 아들은 시선을 거기가 어디쯤일런지 허공에 두고 있다. 토요일 오후 만원 전철 속, '고향이 따로 있는가, 정들면 어데든 고향이지.' 그 장님 아들과 노모의 하루 품팔이만큼이나 아득한 고향. 그 장님 아들은 집에 돌아가서 발을 씻고 어머니와 마주 앉아 하루 품팔이를 계산하는가. 세상은 자칫 그 장님 아들을 저녁이면 눈을 뜨게 할지도 모른다. 생활이라는 것 - 눈뜬 장님이 지팡이삼아 노모의 뒤를 따라가며 부르는 철지난 유행가.

자, 일어서자. 산친구들을 따라 일어서자. 옛날 같으면 정상에 올라 '야호'를 몇 번이나 했으련만 이제 나이를 먹었나. 산에서도 조용한 저 산친구들을 따라 나도 일어서자. 사진이나 몇 장 찍고, 늙은 군인 훈장 자랑하듯 사진이나 몇 장 찍고 사진이나 몇장 찍고……

이날, 우리는 중산리로 해서 진주로, 다시 부산에서 밤 11시 30분 서울행 특급에 올랐다. 모두 전쟁을 치르고 난 듯한 얼굴이다. 좋은 얼굴들이다. 아무 말은 안 해도 이 세상에서는 만나기 어려운 얼굴들이다.

영등포에서 나는 내렸다. 대장이 먼저 내려도 예의를 표할 줄 모르는 이 덤덤한 친구들 때문에 나는 또 산을 가야 하리라.

나무국토대자연(南無國土大自然)!

(『정신』 19, 1979년)

3. 그곳은 지상낙원

최 금 숙 (유한전문대)

느닷없이 새별이가 위로휴가를 나왔다. 3박 4일의 짧은 기간을 마치고 귀대를 하게 되어 부대에 데려다주는 김에 장거리 산행을 하기로 하였다. 등반장소는 순전히 남편이 독자적으로 결정한 것이다. 어디를 떠날 때면 하루나 이틀 전부터 지도를 꺼내놓고 열심히 도상연구를 한다. 그러다가 어디 가자! 하는 게 그이의 주특기다. 나는 어디가 어딘지도 잘 알지 못하거니와 어떨 때는 떠난 후 "지금 어느 산에 가느냐?"고 물은 적도 있다. 그만큼 장소 선정은 그이가 도맡아 하고 있다.

어쨌든 우리는 이것 저것 준비를 하고는 우선 창녕으로 떠났다. 10시 30분에 반포주유소에서 휘발유를 가득 넣고는 11시 29분에 양재동 톨게이트를 통과했다. 12시에 망향휴게소에 도착하여 사진도 찍고 커피도 마셨다. 늦게 아침을 먹어서인지 배가 고프지 않아서 추풍령휴게소에 가서 오후 2시에 점심을 먹었다. 4시 반 정도에 창녕에 도착할 목표로 서대구가 보이는 곳에서 마산쪽으로 방향을 바꾸었다. 차에서 아들과 많은 이야기를 나누었다. 우스운 이야기도 하고 군대이야기도 들었다. 현풍휴게소에 3시경 도착을 하니, 언제나 그랬지만 우리 새별이 얼굴이 우거지가 된다. 그만큼 부대에 가는 게 긴장이 되는가 보았다. 어서 제대를 해야 할 텐데……. 4시 15분경 부대 앞에 내려주니 또 아쉬움이 밀려들어 마음이 텅빈 듯 안스러웠다. 언제 보려나 싶어서 위병대 앞에서 귀대신고를 하는 새별이 뒷모습을 자꾸 보았다.

이번에는 통도사로 가는 길로 접어들었다. 4시 20분, 창녕에서 밀양으로 꼬불꼬불 산길을 돌아가는 지점에서 창녕공고 1학년 학생 두 명을 태워주었다. 밀양에서 통학한다고 하였다. 슬슬 멀미가 나기 시작하고 머리도 아파왔다. 5시경 밀양에서 학생들을 내려주고, 언양쪽으로 달려 물어물어 통도사 앞에 도착하니 6시 30분이었다. 우리 아이들 어렸을 때 왔던 곳인데도 너무나 바뀌고 달라져 아무 기억도 나지 않았다. 다만 새별이가 텔레비전 없다고 울고불고하던 생각만 났다. 허긴 그 전날 해운대호텔에서 잤는데 그 깜깜한 시골에서 자게 되었으니 오죽했으랴? 한 15, 6년은 되있을 적 이야기이다. 배낭지고 아이업고 이 먼 곳을 왜 왔을꼬??? 오복식당에서 된장찌개로 저녁을 먹고 농양여관이라는 곳에서 하룻밤을 묵었다. 새집이라 깨끗하여 마음에 들었다.

이제부터 산행하는 날이다. 아침으로 7시경 오복식당에서 매운 해장국을 먹었다. 문을 연 식당이 그곳뿐이라 선택의 여지도 없었다. 통도사 입구에서 아침부터 입장료를 1인당 1,000원씩 받았다. 마침 차들이 들락거리길래 물어보니 극락암까지 택시가 간다고 하여 뒷자리에 합승을 하였다. 아스팔트가 꽤 길게 나 있었다. 극락암에서 더 들어갈 수 있다고 하여 비로암까지 차로 올라가 6,000원을 내고 내렸다. 언뜻 보이는 암자라는 곳들도 웬만한 절만큼 커 보였다. 여기까지 터덜대고 걸었더라면 아마 1시간은 걸렸을 텐데 등반시간이 절약되어 좋았다.

7시 20분 정식으로 등반길에 올랐다. 고요한 아침에 산냄새를 맡으며 자꾸만 산속으로 들어가니 너무 좋았다. 나뭇잎들은 다 떨어지고 나무들은 모두 이상하게 회색빛을 띠었다. 바위와 같은 색깔로, 같은 면으로 보면 도무지 분간이 가지 않았다. 바위 틈에서 자란 나무라 그럴까? 우리는 자꾸 바위와 나무를 번갈아 보며 신기해 했다. 거대한 바위들이 위에서부터 깨지고 부딪치고 하여 마치 바위산같은 느낌을 주었다. 우리는 이런 저런 이야기도 하며, 노래도 하고, 튼튼한 두 다리에 감사도 하며, 내가 직장을 그만두어 이렇게 평일에 등반할 수 있음을 고마워했다. 믿음직한 남편을 따라 다니니 나는 더욱 걱정이 없이 즐기기만 하면 되었다. 이렇게 다녀도 되는가 때로는 의문이 생기기도 한다. 길좋은 능선길을 걷다가, 10시경 우리는 산정에 도착하였다.

우와!!! 얼마나 아름다운지! 얼마나 멋진지…… 그곳은 지상낙원이었다. 사랑하는 사람과 드넓은 억새밭! 나는 너무 좋아서 억새 사이를 헤치며 마구 돌아다녔다. 그이도 좋은지 갑자기 달려들어 나를 안고는 맴을 돌린다. 매에앰 매에앰 아이구 어지러워!

아 몰라 나 여기서 살래……. 너무나 멋있어!

얼마나 넓은지 수만 평은 넘지 싶은데, 저 멀리 신선봉까지 마치 부드러운 소의 잔등이 같았다. 우리는 명작을 남긴다고 자동으로, 수동으로 사진을 찍고 또 찍었다.

산 위에 무슨 비석이 있어서 다가가 읽어보니 이게 웬일인가? 김성국이라는 사람을 위한 것인데, 꼭 10년 전 12월 2일(바로 오늘이 12월 2일이다) 죽은 이를 위해 세운 비석이다. 읽어보니, 이처럼 외로운 산정에서 산화한 그 사람이 무척 애처러웠다. 우린 꼭 죽어야만 하는가? 무슨 일로 어떻게 하늘나라로 갔는지는 모르나 우리가 그 기일에 와서 비석 앞에 추모를 했으니 영령도 기뻐했으리라. 롯데칠성회사에서 세운 걸 보면 그 회사와 관련이 있으리라. 부디 외로워 마시고 편히 눈감으소서…….

정상에서는 바람이 많이 불었다. 이가 시리게 추워서 옷깃을 여미고도 덜덜 떨린다. 1,056m 고지에서 자동으로 기념사진을 찍는데 바람 때문에 카메라가 날아갈 뻔하였다. 그때 찍은 사진은 아마도 어딘가 잘려나갔을 것이다.

저 멀리 억새밭을 향해 우리 가족 이름을 골고루 소리쳐 불러보았다. 또 돌로 쌓은 탑 위에 나의 소원과 함께 돌을 두 개 올려놓고 내리막길로 접어들었다. 바람이 조금 덜한 곳에서 지고 간 빵과 우유를 먹었다. 추워서 오래 앉아 있기가 어려웠다. 11시경에 하산을 시작하였다. 가파른 곳도 지나고, 편한 길도 지나고, 괴상한 곳도 지나면서 밑으로 밑으로 내려왔다. 바위 틈에서 시작하여 흐르는 자통수 물을 받아먹고, 3병은 받아 그이가 지고 내려오는데, 더 놀고 싶은 아늑한 곳이 많아 우리를 유혹하였지만 서울 갈 일을 생각하고 참고 내려왔다. 내려오다 올려다 보는 산정은 푸근하고 펑퍼짐한 것이 어떤 죄인이라도 용서해줄 것 같은 넉넉함을 지녀 보였다. 부처님이 불법을 설파하셨다는 영축산! 영험한 산에서 내려오는 우리도 무척 새로워 보였다.

동네가 바라다 보이는 곳에서 그이는 숫기도 좋게 용달차를 얻어탔다. 아줌마가 운전하는데 뒤에 타니 어지간히 쿨렁거렸다. 그래도 앉아가니 좋았다. 바로 우리가 묵은 동양여관 앞으로 가길래 고맙다고 하고는 내렸다. 복도 많지…….

오후 1시 10분 동양여관을 출발하여 서울로 오는 길로 접어들었다. 6시간 가량 산을 탄 셈이다. 이제는 편한 승용차를 탔으니 걱정이 없구나. 고속도로에서도 얼마간 영축산의 능선이 옆으로 이어졌다. 안보일 때까지 보고 또 보았다. 언제 여길 또 오려나…… 통도사 뒷산이 영축산이지만 통도사는 구경도 못하고(?) 그대로 우리의 서울로 달려왔다. 오는 길에 천안 부근에서 휘날리는 첫눈을 만났다. 애인과 함께 첫눈을 만나니 반갑기는 하였으나, 눈길이 될까봐 휴게소에 들르지도 못하고 계속 서울로 향했다. 언양과 추풍령 휴게소에서만 쉬고 집에 오니 8시 15분. 7시간 가까이 운전을 한 그대에게 오늘의 영광을 모두 바치리…… 영축산이여 안녕!

(1994년 12월 1~2일, 영축산 산행기)

4. 진로 방해는 중죄

김 유 탁 (7,8,9,10대 국회의원)

인생 살아가면서 부끄럽고 양심의 가책을 받는 것이 어디 한두 가지겠는가마는 지금도 내내 미안하다 못해 송구하기까지 한 일이 여럿 있다. 우선 나의 아이들에 관한 것인데 그 아이들은 결과적으로 제 자신이 하고 싶었던 일을 하고 있는 아이가 하나도 없다는 점이다.

딸 진수는 어려서부터 유달리 어학에 재능을 보였다. 본인도 대학의 전공을 선택할 때 불문과나 영문과를 가고 싶어했으니까. 하지만 담임 선생은 여자도 직업이 있어야 한다며 치대를 권해왔고 내 생각 역시 크게 다르지 않았다. 그러나 일이 안될려고 그랬을까? 치대는 그 해부터 6년제가 됐다. 혼기를 놓치면 어떡하나……. 결국 식품영양학과로 낙착시켜 주었다. 그 아이는 과목 중에서도 화학을 제일 싫어하던 아이였는데 그것도 고려하지 않고 식품영양학과라니……. 지금 그 아이는 태평양 건너 다른 말 쓰는 나라에서 가정주부가 되어 있다. 그럴 줄 알았으면 언어소통에 지장이나 없게 자기가 가고 싶어했던 영문과나 가게 해줄 것을……. 그 아이를 미국으로 시집보낸 이후 내내 안스럽고 딱해 했었다.

큰아들 영수, 말이 없어 의사 표현도 잘 않던 아이다. 국민학교 때

학교에서 악단이 구성되고 그 아이는 바이올린을 하게 되었다. 바이올린을 사오라고 했는데 나도 여러 모로 바빴는 데다가 워낙 말이 없던 아이라 별 독촉을 안해 그만 기일을 넘겨버리고 말았다. 결국 악단에서 탈락되고 어린 마음에도 큰 상처가 됐던지 학교에 안가겠다고 떼를 쓰는, 그 아이로서는 엄청난 차기 표현을 감행하기도 했었다. 공대를 졸업하고 사업을 하는 그 아이는 지금, 자기의 두 딸에게 피아노와 바이올린을 여한없이 시켜주며 한풀이를 하고 있다.

막내 성수, 고등학교 때 미술반장을 하는 것까지는 괜찮았는데 미대에 진학하겠다고 나섰다. 환쟁이라니. 취미로나 할 것이지, 사내녀석이 그걸 업으로 삼아? 지금 그 아이는 공대교수를 하고 있다. 그림 그리는 날 볼 때마다 그 아인 무슨 생각을 할까?

글쎄, 문제가 거기서나 그쳤으면 제 자식이니까. 하지만 나는 불행하게도 선생을 한 적이 있다. 그것도 고3 진학반 담임을 여러 차례 했었다. 얼마 전, 졸업 30주년이라며 제자들로부터 연락이 왔다. 누가 선생이며, 누가 제자랄 수 있을까. 그들도 이미 50줄을 넘긴 초로의 신사들이 되어 있었으니. 그 중 점잖은 한국사 교수님께서 말씀하셨다. 자기가 가고 싶은 학과는 경제학과였는데, '선생님 말씀은 하나님 말씀'이라 자기가 지금 한국사 교수가 되어 있다나? 어디 그 교수님뿐인가. 끝내 가고 싶은 공대 못간 수학과 교수님, 서울대 못간 한이 천추에 맺히는 의사 선생님 등등 실로 내 죄과는 많고도 무거웠다. 그런데 지금도 무수히 많은 사람들이 나의 전철을 밟고 있다니,

아득한 느낌이다.

(『빨간 잠자리에 붓끝을 빌려주고』, 1994년)

5. 제7교실

홍 의 경 (성신사대부고)

하늘이 찢어져라 외치는 얼굴들
광풍이 불고 꺼먼 하늘이
흙빛을 토해도 기다림을 머금은
모습일랑 변치를 않는다.

밀려오는 무리들 속에서
싸늘한 이역의 거리에서
서로만의 시간을 갖기 전에
우리 얼굴을 맞대어 노래라도 부르자.

그렇게 서로가 서로를 새기며
꿈의 흐름과 몸부림이 있은 후
그려질 연륜의 지도 속에서
조금은 미소를 짓고 싶다.

미래를 향한 시간 속에

가냘픈 소녀의 모습에라도
희망은 있으리니.

대지 위에 역사가 생기는데
새로운 모습으로 하늘을 본다.

(『학란』 9, 1978년)

6. 싸우는 평화주의자 함석헌 옹

우 순 분 (성신여대)

종교가로서의 함석헌

함석헌 옹은 6세 때 처음으로 교회에 나갔다고 하는데 매우 독실한 신앙인으로 생활하다가 언제부터인지 교회 신앙생활에 회의를 느끼고 교회출석을 그만두었다. 여러 문헌들을 통해 볼 때, 아마 이때가 함 옹이 동경 유학길에서 우치무라 간조(內村監三)의 무교회 신앙에 접하게 된 때인 것 같다.

무교회 신앙이란, 교회 단위를 벗어나서 자유로운 신앙생활을 한다는 말이다. 그 원인은 교회의 부패상 때문인데, 우치무라 간조가 미국 유학중 신학을 공부하며 미국의 현실과 그 미국 속의 교회상을 직접 보고 느낀 것은 미국교회의 교리다툼, 교권다툼으로 교회의 신성성이 타락한 모습이었다. 그가 귀국하여 본 일본교회의 현실도 마찬가지이다. 이를 개탄하여 무교회 신앙을 제창하고 나온 것이다. 이것은 구국 일념으로 시작된 신앙행동이었다. 우치무라 간조는 '성서연구'라는 모임을 갖고 일본 젊은층의 정신계몽에 앞장서서 일본의 근대 정신문화에 큰 공헌을 했다고 한다. 함 옹은 일본 유학중, 그 모임에 참석하게 되었는데 한국교회의 현실도 예외가 아니었으므로 그 무교회 신앙은 당연한 일로 공감이 되었을 것이다.

함석헌의 이러한 무교회 신앙은 1960년대 들어와서 정치에 관여하게 되면서 한국의 무교회 그룹과 인연을 끊게 되었다. 얼마 동안 두문불출하다가 이후 퀘이커(Quaker)와 인연을 맺게 되는데, 이것은 퀘이커의 철저한 평화주의에 많은 관심이 있었기 때문이었다. 퀘이커란 말은 영감으로 사는 사람들, 또는 은혜가 충만한 사람들이라는 뜻을 가지고 있다. 이 기독교 단체는 영국의 성공회에 반대하여 출발한 단체인데, 문헌에 의하면 1647년부터 시작된 신앙단체이다. 이들은 기성교회의 위선적인 신앙태도에 반기를 들고 교회를 탈출, 그들 나름의 신앙양심을 위하여 인내와 극기로 견디며 오늘에 이르고 있다.

서울 대현동에는 퀘이커의 형제 모임이 있는데, 기성교회처럼 낮 11시가 되면 예배를 본다. 이곳에는 함 옹 외에 몇 분의 저명인사가 참석했다고 하는데 특별한 것은 목사가 없는 교회이며 성경에 대한 강설은 누구든지 자유의사로 말할 수 있다는 것이다. 명상과 찬송이 조용한 가운데 진행된다. 이들은 하나님의 말씀이라는 성경을 모독하는 설교를 경원하고 있다. 이 퀘이커교에 대해 함 옹은 다음과 같이 말하고 있다.

신앙에도 씨올의 신앙정신이 있을 것입니다. 퀘이커는 이러한 신앙운동을 바로 실천하는 신앙의 표적이 될 만합니다. 그들은 미국이 베트남을 무력으로 강점하려 할 때 미국의 적이 되는 월맹에게 의약품을 제공해주는 평화주의 신앙양심을 가진 단체였습니다.

함 옹의 자유하는 신앙양심은 바로 이런 것들 속에서 이해할 수 있을 것이다. 결국 함석헌 옹의 신앙지론은 형식을 버리자는 것으로 규정할 수 있다. 교회는 형식의 벽 속에 겹겹이 옷을 입고 오랜 세월에 찌들어 있다는 것이다. 이를 고쳐서 새롭게 개혁하고자 하는 것이 바로 그의 주장인 것이다.

정치가로서의 함석헌

위 글에서 함석헌 옹이 무교회 그룹과 결별하게 된 것이 정치에 관여했기 때문이라 했는데 그 내용을 보면, 이 나라 민권운동의 기수가 되는 장준하가 정계에 진출했을 때의 일이다. 장준하는 월간『사상계』를 이끌어 20여 년 간 큰 일을 해낸 이 나라 정신문화의 큰 공신이다. 그 장준하가 5·16 군부정권 독재와 무섭게 싸웠고, 이를 뒷받침해주기 위해 장준하의 국회의원 출마에서 유세장의 찬조연설자로 나선 것이 정치적인 동기가 되었다. 이를 무교회 단체가 문제로 삼았던 것이다.

함 옹은 정치에는 관심도 없고 정치를 하려는 생각도 없으면서도 결국 국민이 억압당하고 부당하게 천대받으며 학대받는 것을 볼 수가 없어서 분연히 일어나 독재정권에 대항하다가 계속 고초를 겪었다. 자유당 치하에서는 당시 드물게 보는 종교인 또는 정치인 구속사건으로 이승만정권을 비판하다가 구속되었고, 박정권하에서는 한·일 굴욕외교와 3선 개헌에 반대하여 거리에서 몸으로 싸우고, 삭발단식과 같은 희생으로 맞섰다. 또한 윤보선, 김대중 씨와 같이 '민주주의와 민족통일을 위한 국민연합'의 3인 공동의장이 되어서 1979년 박정희 씨가 살해될 때까지 민주화 투쟁의 선두에 서서 싸웠다. 그리고 살육과 부패로 얼룩진 제5공화국에서는 실로 90이 가까운 노구를 쉼없이 바쳐 싸웠다.

앞에서도 말했듯이 함 옹은 정치를 몹시 싫어하고 정치에 관여하려고 안했지만 결국 계속적인 정치적 사건에 연루되어 온갖 고초와 수모와 악형을 당했던 것이다. 함 옹이 살아온 우리 한국의 현실 - 일제의 암흑, 분단, 독재의 늪, 사랑과 진실은 어둠에 갇히었고 정의와 평화는 숨을 죽여야 했던 이 현실에서 평화를 추구하는 정의의 투사는 싸울 수밖에 없었다. 비록 그는 정치인은 아니었지만 일생 정치의 악과 부딪치며 선의 정치를 추구하는 싸움으로 일관했으니 역시 옳음과 때를 알고 실천한 분이었다.

문필가로서의 함석헌

함석헌 옹이 그의 나이 56세 때 침묵을 깨고 문필가로서 공인의 행동으로 나온 일이 있다. 이때 쓴 명문의 글이 「한국기독교는 무엇을 하고 있는가」였다. 이 글은 한국인들의 눈 앞에 당면해 있는 역사에 대한 고발로 주로 가톨릭과 개신교를 향한 충고의 글이었다. 이 글은 수사학적인 일반 문장의 궤도에서 벗어나서 옛글이라는 느낌을 주고 직설적인 말로 막힘없이 써내려간 글로서 특히, 6·25동란 후의 어려운 시기에 정신적 일침이 되었다. 그는 이때 쓴 글의 주체로 '씨올'이라는 신분을 내세웠고 그 씨올을 민족의 주체로 인식했다. 그 후 윤형중 신부와의 글싸움으로 「할 말이 있다」라는 글을 발표했는데 이는 당시의 독자들에게 십 년 묵은 체증이 확 뚫릴 만큼 시원스런 글이었다. 함석헌 옹의 글이 주는 감동의 원천은 말할 것도 없이 그 내용에 있다. 스스로 민초, 풀을 자처하면서도 현실의 온갖 거짓과 그릇됨을 깨어부수려는 그 치열한 역사의식과 올바른 현실의식에 있다. 또한 함 옹의 글의 특징은 철저하게 구어체를 사용하며, 쉽고 또한 해박한 지식의 소유자이면서도 결코 지식의 냄새가 없다는 것이다.

1956년 『사상계』 1월호에서 쓴 「한국 기독교는 무엇을 하고 있는가」부터 그 후에 쓴 글들이 원인이 되어 4·19혁명이 가능케 되었다는 설이 있다. 그럼 4·19혁명 전의 함석헌 옹이 쓴 글들에는 어떤 글들이 있었나 살펴보자.

『뜻으로 본 한국역사』, 「한국 기독교는 무엇을 하고 있는가」, 「진리의 향수(鄕愁)」, 『새 윤리(倫理)』, 「할 말이 있다」, 「할 말이 없다」, 『생각하는 백성이라야 산다』, 「겨울이 만일 온다면」, 「물 아래에서 올라와서」, 「남강, 도산, 조만식」, 「이단자가 되기까지」와 같은 큰 글들을 많이 남겼다. 그는 이러한 산문만이 아니라 시도 썼는데 대표적인 것이 1953년에 나온 『수평선 넘어』이다. 여기에는 80여 편의 시가 실려 있는데, '머리말'에 따르면 그는 45세가 될 때까지는 시를 써본 일이 없다 한다. 그러나 신의주 학생운동을 일으켜 그 배후로 지목되어 옥 속에 갇히게 되자, "눈물 사이 사이에 나오는 생각을 간수병의 눈을 피해가며 부자유한 자필로 적자니 부득이 시가의 형을 취하게 되었다" 한다. 그의 시에는 시적 아름다움이 무시되어 있고 재미를 덜 가지고 있기는 하지만 한국문학에서 이른바 시라고 규정하는 형식의 시에서는 볼 수 없는 직접적이고도 힘에 넘치는 호소력이 있다는 사실을 흘려 보아서는 안될 것이다. 또한 그의 시에는 경구적인 요소, 교훈적인 요소가 있어서 시가 곧 말을 그대로 옮겨 놓은 느낌을 주는 것도 사실이다. 우리 역사에 있어서 함 옹의 발자취는 여러 각도에서 살펴볼 수 있는데, 문필가로서의 그의 역할 또한 길이 기억되어야만 할 것이다.

(「한국현대사보고서」, 1994년 5월 31일자)

7. 『무악실학회총서』를 펴내면서

원 유 한 (동국대)

구산(龜山) : 세월이 빠르게 흐르는 물과 같아서, 어언간 홍이섭(洪以 燮) 선생 18주기를 맞게 되는군, 그래 듣자하니, 무악실학회(毋岳 實學會)는 홍 선생 18주기를 맞아 추모사업으로 총서(叢書)를 간행하기로 했다지? 그러니까, 홍 선생 16주기를 맞아서 지난 1990년에 학회지『실학사상연구』를 창간했던 것처럼.

구천(龜泉) : 뭘 그처럼 거창하게 추모사업이라고까지야 할 수 있겠습 니까만…… 저희 무악실학회 회원 일동은 홍 선생님 18주기를 맞아서, 지난날의 크나큰 학은에 보답하는 작은 정성으로『무악 실학회총서』를 펴내기로 뜻을 모았습니다. 그리하여 이번에 김정 의(金正義) 교수의 저작『한국소년운동사』를 총서 제1집으로 간 행하게 되었답니다.

구산 : 보람된 일을 시작하고 있다는 생각이 드는군. 그런데『한국소 년운동사』를『무악실학회총서』제1집으로 펴내는 것을 보면, 총 서의 명칭처럼 그 내용을 실학연구업적에만 한정하지는 않을 계 획인가 보군.

구천 : 그렇습니다. 선생님, 학회지『실학사상연구』의 편집방침이 그

러하듯이, 한국역사 내지 한국학 분야 전반에 걸친 연구업적을 『무악실학회총서』로 간행할 계획입니다. 그리고 총서는 1년에 한 책씩 펴내는 것을 원칙으로 삼고 있다는 점도 말씀드립니다.

구산 : 그러나 머지 않은 장래에 무악실학회 회원들의 훌륭한 연구업적이 많이 나와서, 1년에 총서를 몇 책씩 간행하게 될 때가 오리라고 믿고 있다네. 이 늙은이의 지나친 욕심이라 탓할런지 모르겠네만, 『실학사상연구』와 『무악실학회총서』의 간행에 뒤이어서, 앞으로 문고본 체재의 책을 하나쯤 더 펴냈으면 하는데……. 그러니까 관심있는 모든 이들이 가볍게, 아니 쉽게 읽을 수 있는 문고본을 펴내게 되었으면 좋겠단 말일세. 문고본의 명칭이랄까, 제호는 『실학문고』라 해도 좋을 것 같고.

구천 : '뜻이 있는 곳에 길이 있다'고 하지 않습니까. 그러니 오로지……

구산 : 그러니 오로지……, 어찌 하겠다는 말인가? 회원 일동은 '원어협곡이성천지해(源於峽谷而成川至海)'라는 무악실학회의 이상이랄까, 목표를 향해 뚜벅뚜벅 황소 걸음으로 걸어갈 뿐이라는 말이겠지. 쉬지 않고…….

구천 : 선생님께서 저희 학회발전을 위해 베풀어주시는 그처럼 깊은 관심과 자상한 배려에 늘 감사 감격하고 있답니다. 배전의 지도와 편달을 부탁드립니다.

　끝으로 역저 『한국소년운동사』를 집필하느라 땀흘린 김정의 교수께 감사하고, 총서의 출판을 도와준 민족문화사 신준호 사장께도 고마움의 뜻을 전하고자 합니다.

(『한국소년운동사』, 1992년)

8. 한국의 소년운동

최 보 식 (조선일보)

1백 년 전으로만 되돌아가보자. 어린이는 견마(犬馬)류의 취급을 받았고, '이놈' '자식새끼' 등으로 호칭됐다. 동학교주인 해월 최시형이 "아해를 때리지 말라. 이는 하늘을 때리는 것이다"라고 설교했을 정도다. 이런 참담한 지경에서 어린이 천국이 분명한 지금의 세상이 어떻게 도래하게 됐을까. 한양여자전문대학 김정의 교수가 최근 펴낸『한국소년운동사』(민족문화사 간)라는 책은 그 해답을 공개한다.

확실한 출발선은 19세기의 최남선이 창간한『소년』(1908)지이다. "금(今)에 아제국(我帝國)은 우리 소년의 지력(智力)을 자(資)하야 아국 역사에 대광채(大光彩)를 첨(添)하고 세계문화에 대공헌을 위(爲)코저 하나니……." 어린이의 위상을 새 시대 건설의 주인으로 올려놓은 '선언서'인 셈이다.

3·1독립운동은 격랑의 사회 속에서 어린이의 역할도 부각시켰다. 인천·시흥·당진·고창 등의 국민학교 학생들이 맹휴를 했고, 서울 정동학교 등에서는 만세시위가 벌어졌다.

20년대에 들면서 어린이 인권문제가 보다 사회적 이슈가 되고 있다. 일각에서 소년은 어른의 보호대상이냐 등으로 논란이 제기되곤 했다.

그러나 『개벽』지는 '어린이 해방'을 주장했다.

그런 과정에서 본격적인 소년운동단체인 천도교소년회가 발족됐다. 여기에 참여한 방정환은 순전히 아동용 잡지인 『어린이』지를 발간했다. '어린이'라는 호칭이 이때부터 보편화된다. "어린이는 결코 부모의 물건이 되려고 생겨나온 게 아니라, 훌륭한 한 사람으로 태어나오는 것이고……." 1923년 5월 1일 이 단체에 의해 어린이날이 선포되기에 이르렀다(광복 후부터 5월 5일로 바뀌었다).

20년대 중반쯤 소년단체 수는 약 5백 개에 달한 것으로 조사됐다. 좌·우익 바람은 이들 단체로까지 불어닥쳤다.

29년도에는 어린이날 기념행사를 어느 쪽이 주도하느냐로 쟁탈전이 벌어진 적도 있었다. 그로부터 일제의 탄압이 노골화돼, 『어린이』지 정간(34년), 어린이날 폐지(37년)로 이어졌다.

지금 어린이들은 질곡 속에 소년운동을 해온 '선배 어린이'에게 감사해야 할 것이다.

(『조선일보』, 1993년 5월 4일자)

9. 서평 : 『한국소년운동사』

이 현 희 (성신여대)

1

최근에 또 하나의 사학계를 빛낼 역저가 출간되어 눈길을 끌고 있다. 그것은 한양여자대학의 김정의 교수가 학위 논문을 근간으로 해서 증보·첨삭한 방대한 노작『한국소년운동사』이다. 저자 김 교수는 일찍부터 이 방면에 뜻을 두고 단편적이나마 한국소년사와 그 운동에 관한 학술논문을 발표해왔음을 눈여겨 보았다. 이번에 그같은 노력과 연찬이 결실을 맺어 378쪽에 달하는 신국판 양장의 무게있는 저술을 내놓기에 이른 것이다. 한국근대사 분야에는 아직도 개척해야 할 사실들이 많이 남아 있다고 생각해왔는데 그 중 하나가 곧 이 소년운동사라고 생각한다.

저자 김 교수가 이 학술서적을 보내오면서 비로소 그의 학구적 열정이 하나의 단행본 논문집으로 묶여진 것을 실감했으며 방대하고도 예리한 분석·접근에 우선 호감이 갔다. 나는 그가 장광설을 늘어 놓고 분위기를 잡는 스타일이 아니고 차분하고도 신중하게 천착하는 실천력이 뛰어나다는 점을 알아차리게 되었다. 그래서 그를 강한 집념과 놀라운 실천력이 뒷받침된 웅변적인 업적의 소유자라고 해도 과찬만은 아닐 것이다.

『무악실학회총서』 제1집으로 펴낸 이 무게있는 저서는 모두 9개 장으로 목차를 구성·서술해갔는데, 제1장의 머리말과 제9장의 맺음말을 제외하면 순수한 학문적 업적으로서의 천착은 7개 장에 이른다고 볼 수 있다. 국내외에서의 소년운동사를 개척적으로 집대성한 최초·최대의 성과라고 믿어 의심치 않는다.

2

첫째, 저자는 소년운동의 개시를 1860년 동학창도의 민족사적 의미로서 인내천과 보국안민의 개천(開天), 개벽(開闢) 사상에서부터 찾고 있다. 그것은 동학이 실학으로부터 연유한 사상적 맥락성을 의식한 것 같으며, 그것은 더 소급해 볼 때 단군의 홍익인간의 이념과 이화세계(理化世界)의 인류구원에서 '소년'의 존재 의미를 연결시켜 보고 있다. 이는 매우 탁견이 아닐 수 없다. 이후 독립협회와 애국(구국)계몽으로 연결되어 3·1혁명(운동)에 이르까지의 소년운동을 그 기반조성으로 잡아보고 있다. 약간의 비약된 입론(立論)의 여지가 눈에 보이고 있는 바 이는 목적설정에 쫓기다 보니 그런 약간의 미숙함을 보인 것이라 할 수 있다.

둘째, 천도교 경영의 『개벽』 잡지를 통해서 소년관을 검토하고 있다. 저자는 전통관에서의 '소년' 의식을 비판했고 소년문제를 운동사적 차원에서 다루고 있다. 소년운동의 목표와 반성을 동시에 나타내면서 소년사적 연구업적을 착실히 닦아가고 있다.

셋째, 저자 김 교수는 소년운동의 시초와 어린이운동의 유래를 학술적으로 정리한 뒤 김기전(金起田)과 방정환(方定煥)의 기여도를 높이 평가하고 있다. 이어 범민족적 소년운동의 성립과 그 각종 행사의 활성화라는 제목으로 구국운동적 차원에서 취급하고 있다. 그것은 조선소년운동협회의 성립과 그 확산책에 따라 각종 어린이날 기념행사로 구체화되고 있음을 뒷받침하고 있다. 여기서 저자는 비로소 우리나라 소년운동의 조직화, 체계화가 이룩되는 성숙단계로의 활약상을 예리한 필치로 비쳐주고 있다.

넷째, 소년단의 조직과 이념 문제가 다루어지고 있다. 조선소년군과 조철호(趙喆鎬), 소년척후대와 정성채(鄭聖采)의 공로가 뒷받침되면서 통합과 분리의 여러 가지 어려움을 전개하면서 '놀이'의 보급을 잔잔하게 서술해가고 있다. 조철호나 정성채 등이 소년운동에 끼친 영향은 전기적 차원을 넘어 이념적이고 민족사적 측면에서 그 분량을 더해 심층적으로 고찰함이 좋을 듯 싶어 아쉬움을 표한다. 조철호는 당시 중앙고보의 교사였으나 근대 소년운동의 창시자요, 중흥자로서의 위상을 정립해둠이 소년운동사 연구에 보탬이 되리라 믿는다. 아울러 일제가 소년운동을 탄압하기 전 소년운동계에 좌익이념이 전파 유입됨으로써 오월회, 조선소년연합회, 조선소년총연맹이 결성되는 과정과 특징을 좀더 예리하고도 집중적으로 다루었다면 금상첨화였을 것으로 본다. 왜냐하면 이 부분에서의 세련된 처리솜씨가 다음으로 나올 소년운동의 대립·격화를 무난히 소화할 수 있기 때문이다. 소년운동의 탄압은 침략자다운 너무나도 당연한 귀결인 것이다. 그 탄압을 다른 민족운동적 차원과 이념적 갈등 속에서 좀 더 명쾌하게 처리하였으면 소년운동이 지하활동으로 전이(轉移)되는 절차와 과정, 경과, 성격 등을 쉽게 이해할 수 있지 않겠는가 싶다. 소년운동도 같이 탄압받고 있었던 다른 운동과 비교·검토하는 항목설정이 필요했다. 비교와 구조적 서술은 소년운동사를 돋보이게 하고 성격규명이 더욱 명료해지기 때문인 것이다.

다섯째, 해외에서의 소년운동을 취급하고 있는 것은 소년운동의 시각이나 범위 규모, 인적 구성 등을 보다 다양하게 검토하겠다는 저자의 학문적 연구 영역의 확대 의욕이 빚은 결과로 찬사를 보내고 싶다.

일견 이미 발표된 단편적인 소년운동의 경우는 대개가 국내편 서술로 종결되는 아쉬움을 보였다. 저자는 중국의 상해 일대와 해간도(海間島), 미주지역으로까지 확장해서 고찰하려는 진지한 학구적 의욕과 열의를 보이고 있다. 그러나 여기서 더욱 욕심을 부리자면 구라파나 일본 지역에서의 소년운동에 관련된 자료가 속속 개발·보급되고 있으니만큼 소년운동의 해외연구 광역화라는 측면에서 더욱 검토·삽입해주었으면 하는 욕심을 나타내고 싶다. 이는 이 책의 재판 이후에 개정·증보판으로 보강해주었으면 이 연구의 가치를 더욱 돋보이게 할 것이 확실하다. 상해에서의 소년운동은 인성학교의 기여도가 컸는데 임정국무위원 이유필의 큰 자제 이만영(李晩榮) 등이 간여한 상해한인척후대, 상해한인소년동맹의 업적도 간결하면서도 심층적으로 엮어간 것을 볼 때 저자의 노고가 매우 컸음을 알게 한다. 연해주와 간도, 미주지역 등에서의 소년운동의 실상도 각종 자료를 수집·정리해서 소상하게 천착하고 있음을 본다. 저자의 연구태도는 이처럼 해외 소년운동을 서술하는 데까지지도 시종일관 질서있게 꿰뚫어 보려는 겸손한 자세까지지도 보여주어 일단 수긍가는 점이 많았다.

3

저자는 매우 섬세하게 이 책을 마무리하고 있다. 참고하려는 관심자에게는 좋은 길잡이가 되리라 믿는다. 물론 여기에는 색인이 들어 있는데 기왕이면 외국의 소년운동사 관련문헌이나 도표, 사진도 곁들여 출판했으면 보다 더 효과적이었을 것이라는 점을 아쉽게 지적하고 싶다.

그는 나와 관련된 논문을 쓸 때마다 와서 상의하고 토론한 일이 있었다. 이 방면에 큰 업적이 없는 내가 어떤 때는 그의 탁견에 동감을 표시해준 것이 그에게 힘이 되고 용약의 계기가 되었을지도 모를 일이다. 그는 분명히 개척적인 업적을 고심 끝에 하나의 집대성한 소년운동사로 묶어 상재하게 되었다. 그의 학구적 욕구와 용기에 새삼 경의를 표하지 않을 수 없다. 욕심을 낸다면 외국의 소년운동사는 어떻게 진행되었으며 그 이상, 이념은 무엇이었을까? 또 어떤 방향으로 나아가고 있는가? 라는 경향이나 성격, 특질 등을 우리의 소년운동사와 비교·검토해 주었으면 입체적이고, 세계적인 흐름을 독자에게 전달할 수 있지 않았을까 하는 생각이 앞선다.

개척적인 업적을 낸 만큼 추적당하는 원리가 작용되게 마련이다. 김교수는 이 업적으로 끝나는 것이 아니고 평생을 이 방면의 연구로 일관할 것이니만큼 더욱 정진해서 학계의 중심권이 되도록 분발해야 할 것이다. 그 업적은 연륜이 더 쌓여진 성숙의 경지를 보여주어야 할 것이다.

(『서평문화』 10, 1993년)

□ 지은이 소개

지은이 김정의는 1942년 경기도 포천에서 출생, 유년시절 청평으로 이주하였다. 그곳에서 국민학교와 중학교를 졸업하고 서울 성동고등학교로 진학하였다. 1965년 연세대학교 사학과를 졸업, 학훈단장교로 군복무를 하였다. 교직에 첫발을 디딘 이후에는 중·고교에서 가르치며 배우며 연세대학교 대학원을 졸업하였다. 서경대, 성신여대 등에서 한국사 강사를 역임하였고, 현직인 한양여자전문대학 교수로 자리를 옮겨서는 성신여자대학교 대학원에서 「한국소년운동사연구」로 문학박사학위를 취득하였다. 그 동안 교육과 학문의 외길을 걸으면서 교육부 교육과정심의회위원, 국사교육심의회위원, 국사교과서편찬심의회위원 및 대학입학학력고사출제위원 등에 수차례 종사하였다. 또한 무악실학회 창립 발기와 간도대륙, 일본열도 탐사에 참여하였다. 지금은 한국민족운동사연구회의 간사직을 맡고 있다. 저서로는『한국사의 이해』『한국소년운동사』 등이 있고, 공동집필서로는『한국민족독립운동사의 제문제』『파주군지』『동학혁명100년사』『경기도항일독립운동사』 등이 있다.

역사의 시공을 넘나들며

김정의 지음

1판 1쇄 인쇄 · 1995년 4월 20일
1판 1쇄 발행 · 1995년 4월 25일

발행처 · 도서출판 혜안
발행인 · 오일주
등록번호 · 제21-471호
등록일자 · 1993년 7월 30일

서울 서초구 잠원동 43-4
우편번호 137-030
전화 511-8651~2
팩시밀리 511-8650

ISBN 89-85905-08-2 03910

값 7,500원